贫困脆弱性的统计测度、发生机制及其在扶贫政策中的应用研究

李 丽 著

中国财经出版传媒集团
中国财政经济出版社

图书在版编目（CIP）数据

贫困脆弱性的统计测度、发生机制及其在扶贫政策中的应用研究／李丽著．--北京：中国财政经济出版社，2020.6

ISBN 978-7-5095-9847-4

Ⅰ.①贫…　Ⅱ.①李…　Ⅲ.①贫困问题-研究-中国②扶贫-经济政策-研究-中国　Ⅳ.①F126②F124.7

中国版本图书馆CIP数据核字（2020）第093020号

责任编辑：孙　琛　　　　责任校对：胡永立

封面设计：北京兰卡绘世

贫困脆弱性的统计测度、发生机制及其在扶贫政策中的应用研究

PINKUN CUIRUOXING DE TONGJI CEDU、FASHENG JIZHI JIQI ZAI FUPIN ZHENGCE ZHONG DE YINGYONG YANJIU

中国财政经济出版社出版

URL：http：//www.cfeph.cn

E-mail：cfeph@cfeph.cn

社址：北京市海淀区阜成路甲28号　邮政编码：100142

营销中心电话：010-88191537

北京财经印刷厂印刷　各地新华书店经销

710×1000　毫米　16开　15印张　211 000字

2020年6月第1版　2020年6月北京第1次印刷

定价：65.00元

ISBN 978-7-5095-9847-4

（图书出现印装问题，本社负责调换）

本社质量投诉电话：010-88190744

打击盗版举报热线：010-88191661　QQ：2242791300

前　言

如何减少贫困和缓解贫困带来的消极影响是国际社会、各国政府和社会各界一直关注和努力探索的重大问题。改革开放40多年以来，中国政府大规模的扶贫开发取得了举世瞩目的成就。党的十八大以来，把精准扶贫、精准脱贫作为基本方略，开创了扶贫事业新局面。习总书记在党的十九大报告中提出2020年脱贫目标后，密集出台了一系列针对性强的“滴灌式”扶贫措施，脱贫攻坚更是取得了决定性进展。然而在扶贫工作取得巨大成就的同时，还存在一些不容忽视的问题。首先，剩余贫困人口的分布更加分散，扶贫政策和措施的瞄准难度更大。其次，脱贫和入贫两种现象并存，原本不贫困的家庭在各类风险冲击之下可能陷入贫困。最后，脱贫家庭资源少，风险响应能力低，可用的风险响应策略有限，遭遇新一轮冲击时极易返贫。在实现了脱贫目标后，如何防止脱贫者返贫将是未来扶贫工作面临的一个巨大的长期挑战。

与世界上大多数国家一样，中国扶贫对象的瞄准仍以家庭或个人当前的贫困状况为主要依据。然而，当前贫困不等于未来贫困。建立在当前的收入或消费水平和贫困线基础上的贫困测度，忽视了影响未来福利水平的风险，缺少预见性和动态性。以此为依据的贫困救助固然极为重要，但因其忽视对家庭未来生存状态的预判，其意义更多地在于亡羊补牢和事后响应，而非未雨绸缪和事前干预。

正是意识到了传统贫困测度和扶贫实践的局限性，越来越多的研究者致力于探索如何在贫困评估的框架中纳入风险因素。特别地，世界银行2001年正式提出“贫困脆弱性”这一术语，将其描述为“冲击造成未来福利下降的可能性”。此后，这一兼顾前瞻性和动态性的研究视角迅速成为发展经济学的研究热点，因其独特的政策含义也逐渐受到一些政府部门的重视。我国关于贫困脆弱性的研究起步较晚，但近十年关注度逐渐增强。借鉴国外的研究成果，构建适合中国实际情况的贫困脆弱性研究框架，为提升扶贫政策设计和实施的前瞻性提供参考，具有重要的学术和实践价值。

本书的学术价值主要体现在以下四点：第一，贫困脆弱性不但是贫困的一个维度，也是贫困的重要原因，贫困脆弱性研究是对已有贫困研究的延伸。第二，已有的贫困脆弱性测度以收入或消费维度为主，非货币计量的维度研究极少，本书提出了两种多维贫困脆弱性测度方法，对贫困脆弱性研究是有益的补充。第三，我国贫困脆弱性研究起步较晚，而且比较常见的研究模式是先用某种常用方法测度贫困脆弱性，在此基础上分析其影响因素，关于测度方法和理论的研究很少。本书构建了从一维到多维的测度框架，具有一定的参考价值。第四，本书将贫困脆弱性发生机制概括为一个四环节框架：风险—资源禀赋—风险响应策略—结果，据此进行系统的理论分析，构建了贫困脆弱性发生机制分析的基本逻辑，并从影响因素和根源两方面展开实证研究，研究视角和因素筛选方面始终基于这一完整逻辑，极大程度地避免了已有研究往往只关注发生机制的单一环节不够系统且主观性较强的问题。

本书的实践价值主要体现在以下三点：第一，在政策设计中关注贫困脆弱性，突出了事前和事后扶贫相结合的必要性。对已经贫困者的救助政策的重要性不言而喻，但是真正有效的扶贫政策不应只是在家庭或个人贫困以后进行救助，还应该探讨如何在其可能陷入贫困之前就施以援手，将贫困治理的干预环节前置，防止其陷入贫困。第二，建立在贫困脆弱性测度基础上的脆弱群体识别，可作为前瞻性扶贫政策瞄准的依据，在为已经贫困者解决困难的同时，把那些贫困脆弱性较高的家庭也纳入扶贫的总体框架中，增强扶贫效果的稳定性，提高扶贫效率。第三，分析不同群体贫困脆弱性的发生机制，还可在前瞻性扶贫政策设计中突出差别化，有针对性地解决不同群体的问题。

本书主要围绕三个问题展开：怎样测度贫困脆弱性？贫困脆弱性的生

成机制是什么？贫困脆弱性研究怎样应用于扶贫理论和实践中？研究分为四个阶段：

第一，准备阶段，包括第 2、3 章。

第 2 章从贫困脆弱性的界定、测度、影响因素三个方面梳理已有的国内外文献，形成本课题研究的理论基础。第 3 章对各具优势的中国健康与营养调查（CHNS）和中国家庭追踪调查（CFPS）微观调查数据进行加工和匹配，并且从家庭人口学特征、家庭资源禀赋特征、家庭风险响应策略特征和外部环境特征等方面筛选较为合意的变量，以备后面实证研究中使用。

第二，测度阶段，包括第 4、5 章。

第 4 章构建了面板、截面和重复截面数据下的一维贫困脆弱性的测度框架，运用 CHNS 数据进行实证测度，并且对各种测度的准确性和稳健性进行评估。对于面板数据测度了基于负向变动率的贫困脆弱性和期望贫困脆弱性 VEP，测度 VEP 时尝试了跨期均值方差和回归均值方差两种估计参数的方法。对于截面数据利用 FGLS 法实现 VEP 的测度。对于多期截面数据构建伪面板实现 VEP 的测度。五种测度结果存在差异，但基本结论一致。第一，贫困家庭的贫困脆弱性远高于非贫困家庭。第二，农村家庭更贫困脆弱。贫困线越高时城乡差异越大，而且城镇内部差异要高于农村。第三，贫困不等于贫困脆弱性，两者锁定的群体有重合也有不同。第四，评估各种测度的准确性和稳健性，发现五种测度各有优劣，基于跨期均值方差的 V_{ep2} 表现最优。

第 5 章提出两种多维贫困脆弱性测度方法。一是借鉴 A－F 双界线法构建多维贫困脆弱性测度，二是借鉴 MPI 构建基于资产的多维贫困脆弱性测度。前者的测度结果显示：第一，农村消费维度的贫困脆弱率高于收入维度且呈恶化趋势。这为我们的农村扶贫工作提供了新的思路，农村贫困人口的救助，不仅关注如何提高其收入水平，还应采取有针对性措施促进其消费水平的提升。第二，健康维度的贫困脆弱率低于消费维度但也存在恶化趋势，而且存在明显的地区差异。第三，从动态上看多维贫困脆弱性指数呈上升趋势。后者的测度结果显示：第一，多维贫困脆弱率超过 1/4，且地域间、省份间差异较大。中部地区的多维贫困脆弱情况最严重，西部地区次之。第二，无论从全国看还是分地域看，都是暂时成分占主导，与持久成分的贡献率大体呈 2∶1 的比例，省份间差异很大。

第三，发生机制分析阶段，包括第 6 章。

第 1 节从理论上分析贫困脆弱性发生机制。家庭在面对风险冲击时，根据自己的资源禀赋和能力，以及社区和政府提供的相关干预，采用各种正规或非正规的、事前预防或事后补偿的风险响应策略进行风险应对。风险冲击过大或者家庭风险响应策略不足甚至选择错误时，家庭的持久福利水平和变动性会受到强烈影响，致使家庭陷入贫困脆弱的境地。由此得到贫困脆弱性发生机制分析的基本逻辑：风险冲击、资源禀赋、风险响应策略都可能影响到家庭的贫困脆弱性，而这些影响可归纳为两大路径：一是影响家庭持久福利水平；二是影响福利水平的变动性，共同引致了贫困脆弱性的最终结果。对发生机制进行实证分析时遵循这个基本逻辑，先探究风险冲击、资源禀赋、风险响应策略方面的各项因素怎样影响贫困脆弱性，再对贫困脆弱性进行分解，分解水平效应和变动效应的贡献度。

第 2 节分析一维和多维贫困脆弱性的影响因素。一维分析的主要结论有三点：第一，城乡家庭贫困脆弱性的影响因素互有异同。劳动力数、教育、医保、年龄及各类物质资产变量对城乡家庭贫困脆弱性都呈负向影响，家庭规模和健康都呈正向影响。职业类型和职业地位对城乡家庭的影响方向相反。第二，各因素的重要性不同。无论城乡物质资产类因素的重要性都远超过其他因素，职业地位、单位类型、医保也非常重要。第三，对于贫困脆弱性程度不同的家庭，各因素的影响也不一样。在城镇，总资产、职业地位、单位类型、劳动力数、职业层次、健康状况、地理等因素更能降低高贫困脆弱性家庭的贫困脆弱性，以救助高贫困脆弱性家庭为主的政策设计可重点关注上述因素。在农村，家电交通工具、农机、房屋、医疗可及性、社会资本更能降低高贫困脆弱性家庭的贫困脆弱性。多维分析的主要结论有两点：第一，多维与一维贫困脆弱性的影响因素互有异同。不同之处在于，一方面，模型中包含的变量组合不同，某些对一维贫困脆弱性影响显著的因素并未出现在多维模型中；另一方面，某些两类模型都包含的因素，回归系数的符号却完全相反。相同之处在于，两类模型确实有些共同的因素影响方向完全一致。比如体现社会资本的人情礼支出和体现响应策略的医保因素，回归系数符号相同。第二，各因素的影响在两年间基本稳定。

第 3 节对一维和多维贫困脆弱性进行分解。一维分解的主要结论有两点：第一，收入与贫困脆弱性呈反向关系，变动性与贫困脆弱性呈正向关系，贫困脆弱性相近的家庭，其脆弱的根源可能完全不同，城镇家庭贫困脆弱性主要源于高收入变动性，而农村家庭贫困脆弱性主要源于低收入水平。第二，在城镇，按年龄、家庭负担、教育、职业划分的贫困脆弱性最高的组，都是正向的变动效应占了主导。在农村，贫困脆弱性最高的组都是正向的收入效应占了主导。因此，农村扶贫政策措施应以提高收入水平为主要目标，城镇扶贫政策措施的设计要更复杂一些，对于贫困脆弱性程度最高的家庭以提高收入水平为主要目标。对于其他家庭则应以降低收入变动性为主要目标。多维分解的主要结论有两点：第一，消费维度贡献率远高于健康维度，未来农村扶贫工作除了努力增加农民收入以外，还要有针对性地推动农村家庭的消费需求。第二，健康维度内部各指标间的贡献率差异较大。医疗可及性和健康状况贡献率最大，旨在健康贫困脆弱性的干预措施应重点关注这两方面。

第四，政策应用阶段，包括第 7、8 章。

第 7 章以降低贫困脆弱性和预防贫困的效果为标准，且以新农保和农村低保为例对社会保障制度的防贫效应进行评估。主要结论有四点：第一，新农保显著降低了农村家庭贫困脆弱性，并且随着家庭中参保人数的增加新农保的政策效应更加明显。第二，新农保的防贫效应还很有限。原因在于新农保保障额度不高，而且相当多的参保家庭尚未开始领取养老金，新农保的政策效应还没有完整体现。第三，领取与未领取低保家庭的贫困脆弱性有差异但差异不大，而且负向差异大都不显著。说明低保不但没有显著降低农村家庭的贫困脆弱性，反倒有可能增加其贫困的风险，这个结论确实令人沮丧，却与多位学者的研究结论一致。第四，从动态上看，低保的政策效应呈微弱增强的趋势。

第 8 章基于贫困脆弱性的测度和发生机制分析的结论，得到扶贫政策瞄准与识别和前瞻性扶贫政策差别化设计方面的政策启示。

本书得到了国家社会科学基金一般项目（14BTJ028）和国家社会科学基金重大项目（17ZDA095）的资助。

目　录

第1章　导论

1.1　研究背景及意义

贫困是一个世界性的难题，是经济、政治、社会、文化、地理、生态条件等大环境的差异和家庭个人个体差异综合作用的结果。如何减少贫困、缓解贫困、消除贫困以及缓解贫困带来的消极影响是国际社会、各国政府和社会各界一直关注和努力探索的重大问题。自1980年起世界银行大约每隔10年发布一次以贫困为主题的报告，如2000年报告的主题为“与贫困作斗争”。1996年被联合国社会发展首脑会议确定为国际消除贫困年，10月17日被联合国大会确定为国际消除贫困日。2000年，联合国发表《千年宣言》，确定了到2015年将12亿贫困人口减少一半的发展目标。

作为一个发展中大国，贫困问题一直是中国面临的主要发展问题之一。20世纪70年代末，经济体制改革打破了原有的社会经济格局，贫困问题日益凸显。世界银行1992年的研究报告《中国减少贫困战略》，估算了1980年中国城乡贫困率及贫困人口数。其中，农村贫困率为28%，贫困人口约2.5亿人；城市贫困率为2%。贫困人口约400万人。可以认为，20世纪90年代之前，中国的贫困主要被看作是农村现象。农村贫困人口不但相对占比颇高，而且绝对人口数众多。城乡二元结构的长久影响、环境的脆弱及灾害的频发、生产性基础设施的匮乏、医疗和教育水平的低下、社会保障体系的不完善等因素都使农村家庭更可能陷入贫困。20世纪90年代以后，通货膨胀导致的居民实际收入下降、国有企业改革带来的失业和下岗、经济产业结构的进一步调整引起的资源重新配置、经济发展不平衡导致的收入差距拉大，都使城镇贫困问题渐露端倪。20世纪末全面推进城镇化成为中国未来发展重大战略，随着农村人口向城镇的集聚，城镇贫困问题也越来越不容小觑。

改革开放40余年以来，中国政府为解决贫困问题付出了艰辛努力。大规模的扶贫开发取得了举世瞩目的成就，在全球发展中国家中最早实现了联合国千年发展目标，为世界扶贫事业作出巨大贡献。党的十八大以来，将扶贫开发摆在更加突出的位置，把精准扶贫、精准脱贫作为基本方略，开创了扶贫事业新局面。习总书记在党的十九大报告中提出2020年现行标准下农村贫困人口全部脱贫、贫困县全部摘帽的明确目标后，密集出台了一系列针对性强的“滴灌式”扶贫措施，如强化养老和医疗保险、技能培训、土地财政补贴、农业税减免、精准贷款等，使贫困人口获得了极大实惠，脱贫攻坚更是取得了决定性进展。单就农村贫困来说，农村贫困发生率从1978年的97.5%下降到3.1%，年均下降2.4个百分点，贫困人口规模由1978年的7.7亿人减少到3046万人，年均减贫人口规模接近1900万人。其中，2000年末，农村贫困发生率和贫困人口规模分别为49.8%和4.6亿人。也就是说，改革开放以来近6成的减贫成就是在2000年以后完成的。特别是党的十八大以来，年均减贫人数约为1370万人，贫困发生率由2012年的10.2%下降为2017年的3.1%。预计到2020年底，全国贫困人口将脱贫95%，贫困县将摘帽90%。

在减贫工作取得巨大成就的同时，还存在一些不容忽视的问题。首先，贫困人口规模大幅下降的同时，剩余贫困人口的分布更加分散，扶贫政策和措施的瞄准难度更大。其次，脱贫和入贫两种现象并存，即一部分贫困家庭脱贫的同时另一部分家庭陷入贫困。未来是不确定的，家庭和个人可能会遭遇各种风险和冲击，自然、经济、社会环境的变化，家庭成员的健康、就业及突发事件的风险都可能会影响家庭的整体福利状况，原本不贫困的家庭可能陷入贫困。最后，返贫现象依然突出。脱贫家庭拥有的资源禀赋少，风险响应能力较低，能够用到的有效风险响应策略也有限，即使在扶贫政策的帮助下脱离了贫困，也可能只是刚刚高于贫困线的边缘家庭，这样的家庭在遭遇新一轮风险冲击时，极易返贫，这在几十年的扶贫实践中并不少见。党的十八大提出精准扶贫之前的若干年内，减贫速率逐年放缓已经是一个不争的事实，其中一个不容忽视的原因就是贫困线附近的家庭极其脆弱，返贫现象时有发生。因此，在未来相当长的一段时间内，即使是实现了习总书记提出的脱贫目标以后，扶贫工作也不能掉以轻心，如何防止已经脱贫的家庭和个人返贫将是未来扶贫工作的一个巨大且长期的挑战。

与世界上大多数国家一样，中国扶贫对象的瞄准仍以家庭或个人当前的贫困状况为主要依据，而家庭或个人当前贫困状况的测度则主要基于其收入和消费水平，具体来讲就是按上年度家庭人均纯收入是否低于贫困线来确定扶贫对象。然而，这种瞄准方法存在着一定的局限性。一方面，家庭或个人当前的贫困只是一种静态的测度，反映的只是刚刚过去的这个时点上家庭或个人的贫困状况。然而，当前贫困状况不等于未来贫困状况。当前贫困可能只是暂时现象，很快就能从贫困中解脱出来，也可能会很持久，较长一段时间内难以自拔。反之，当前不贫困也可能是暂时的，如果遭受失业、疾病或自然灾害等方面的负面冲击或者出现婚丧嫁娶、子女上学等额外的大额开销，即使当前家庭人均收入高于贫困线，未来也有可能陷入贫困。可见，建立在家庭或个人当前的收入或消费水平和贫困线基础上的贫困测度，只是在一个特定的时间点静态地度量家庭或个人的福利水平，忽视了将会影响家庭或个人未来福利水平的风险，缺少预见性和动态性，存在明显的事后性。以此为依据的贫困救助固然极为重要，但因其更多地关注家庭过去和现在的生存状态以及当前能力的提升，而忽视对家庭未来生存状态的预判，直接导致相应的政策设计过于滞后，其意义更多地在于亡羊补牢和事后回应，而非未雨绸缪和事前干预。另一方面，在收入或消费维度上测度的贫困只是贫困的一个维度，收入或消费水平不低的家庭，可能在其他的维度上受到严重剥夺。贫困者对于贫困的感受往往包含教育、健康、住房、权利等多个方面的缺乏，而不是仅仅局限于收入和消费水平的低下。收入或消费水平低确实可以反映一定程度的贫困，而且较低的收入水平在某种程度上会影响甚至决定一个家庭的受教育程度和健康状况，但是仅仅通过提高收入水平并不能使某些维度的匮乏得到改善。比如饮用水、电、卫生设施、道路等公共产品或服务的缺失与单个家庭或个人的收入水平并无直接联系，即使家庭或个人收入不低，如果处在基础设施薄弱的地区，也很难享受到与其他地区同等的基本商品或服务。显然，从单一维度认识和解决中国家庭的贫困问题是不全面的，据此进行的扶贫政策设计及相应的扶贫对象瞄准也属于基础层次的。在基本解决了这一层次的问题之后，有必要进行扶贫策略的升级，即将视角扩展到多个维度，全面提升贫困人口福利水平。

正是意识到了传统贫困测度和扶贫实践的局限性，越来越多的学者致力于探索如何在贫困评估的框架中纳入风险因素，并且取得了丰硕的成果。特别地，世界银行 2001 年正式提出“贫困脆弱性（vulnerability to poverty）”这一术语，将其描述为“冲击造成未来福利下降的可能性”。此后，这一兼顾了前瞻性和动态性的研究视角迅速成为了发展经济学的研究热点，同时因其独特的政策含义逐渐受到了一些政府部门的重视。中国关于贫困脆弱性的研究起步较晚，但近 10 年来对这一问题的关注度也在不断增强。借鉴国外的研究成果，充分考虑中国实际情况，构建合适的贫困脆弱性研究框架，为提升扶贫政策设计和实施的前瞻性提供参考，具有重要的学术和实践价值。

本书的学术价值在于：第一，贫困脆弱性不仅是贫困的一个维度，也是贫困的一个重要原因，对贫困脆弱性的研究是对已有贫困研究的补充和延伸。一方面，贫困脆弱性意味着风险和不确定性，对于那些资源缺乏、抗风险能力极弱的家庭或个人来说，无疑会带来不安全感。根据诺贝尔经济学奖得主阿玛蒂亚·森的能力理论，安全感是福利的一个重要维度，安全感的缺失无疑属于一种剥夺。另一方面，已有研究表明，较高的脆弱性会对家庭或个人的福利水平产生长期影响，从而使家庭或个人长久地陷入贫困状态。一个脆弱性程度较高的家庭或个人，往往不单单是收入水平和消费水平低，可能同时缺少可供选择的风险应对策略和手段。这类家庭或个人在面对较大的负面冲击时，常会被迫选择短视性的风险应对策略。例如，为了减少开支中断子女的教育，剥夺了子女提升人力资本的机会，从而降低了其在整个生命周期上的持久收入。为了应对当期的收入冲击而减少营养摄入或变卖资产甚至是生产性资产，营养不足可能引起的健康损失会增加远期的现金流出，而生产性资产的变卖也会减少未来的现金流入。为了规避风险而放弃高收益但高风险的生计策略，在较长时期内处于低收入陷阱当中，即使在经济高速增长的大环境中，也不能抓住机会，与富裕家庭或个人的差距逐渐拉大。第二，已有的贫困脆弱性测度以收入或消费维度为主，非货币计量的维度研究极少，探讨如何将收入和消费以外的维度纳入贫困脆弱性测度中进行多维测度对贫困脆弱性研究是有益的补充。第三，我国贫困脆弱性研究起步较晚，而且比较常见的研究模式是先用某种常用方法测度贫困脆弱性，在此基础上分析其影响因素，关于测度方法和理论的研究很少，系统地构建适合我国国情的贫困脆弱性测度框架具有一定的紧迫性。第四，已有的文献对贫困脆弱性影响因素的研究较多，但往往只是关注贫困脆弱性发生机制中的某个环节，而且构建影响因素分析模型时的因素筛选主观性和随意性较强，比较零碎。有必要对贫困脆弱性的发生机制进行系统和完整的分析。

本书的实践价值在于：将贫困脆弱性纳入扶贫政策设计和实施中，有助于提升扶贫效率。第一，在政策设计中关注贫困脆弱性，突出了前瞻性扶贫和事后型扶贫相结合的必要性。救助已经贫困的家庭或个人本就是扶贫政策的基本出发点，其重要性不言而喻。但是真正有效的扶贫政策不应只是在家庭或个人贫困以后进行救助，还应该探讨如何在可能陷入贫困之前就施以援手，防止其陷入贫困。两者的区别在于前者着眼于事后补救，而后者侧重于事前预防，其实质就是将贫困治理的干预环节前置，预防的成本往往少于补救，效率自然也更高。第二，建立在贫困脆弱性测度基础上的脆弱群体识别，可作为前瞻性扶贫政策瞄准的依据，在为已经贫困者解决困难的基础上，把那些很可能即将陷入贫困或者贫困脆弱性较高的家庭也纳入扶贫的总体框架中，从而更有效地配置扶贫资源，减少扶贫政策成本，增强扶贫效果的稳定性，提升扶贫效率。第三，分析不同群体贫困脆弱性的发生机制，还可在前瞻性扶贫政策设计中突出差别化，有针对性地解决不同群体的问题。

1.2 研究框架

家庭是中国社会的基本单位，是由家庭成员构成的利益共同体，医食住行等行为大都以家庭为单位进行安排。从这个意义上讲，对家庭行为的分析和研究，是了解中国社会问题的起点，因此本书以家庭为基本研究单位，家庭成员的相关信息和特征都在家庭层面上进行汇总和匹配。

1.2.1 研究内容和思路

贫困脆弱性研究起源于国外，基本的理论和方法也都由国外研究者率先提出，近年来国内关注贫困脆弱性的研究越来越多，但总体上仍然处在借鉴国外的方法进行实证的阶段。已有的研究相对比较零散，系统地构建一个完整的研究框架十分必要。本书主要围绕三个问题展开：怎样测度贫困脆弱性？贫困脆弱性的生成机制是什么？贫困脆弱性研究怎样应用于扶贫理论和实践中？

研究的技术路线如图 1－1 所示，分为四个阶段：

第一，准备阶段。先是从贫困脆弱性的界定、测度、影响因素三个方面梳理已有的国内外文献，构成本书研究的理论基础。再对各具优势的 CHNS 和 CFPS 微观调查数据进行加工和匹配，并且从家庭人口学特征、家庭资源禀赋特征、家庭风险响应策略特征和外部环境特征等方面筛选较为合意的变量，以备后面实证研究中使用。

第二，测度阶段。分别构建一维贫困脆弱性和多维脆弱性测度的基本框架，运用 CHNS 和 CFPS 数据进行实证测度和汇总。其中，一维测度部分构建了面板、截面和重复截面数据情况下的测度框架。多维测度则是通过对多维贫困测度指标的改造来实现，先借鉴 A－F 双界线法构建多维贫困脆弱性测度，再借鉴 MPI 构建基于资产的多维贫困脆弱性测度。

第三，发生机制分析阶段。先从理论上对贫困脆弱性的发生机制进行梳理和探讨，然后分析一维和多维贫困脆弱性的影响因素，旨在找到最关键的影响因素，最后再对贫困脆弱性进行分解，从而厘清贫困脆弱性中的持久性成分和暂时性成分的份额。机制分析的结论为前瞻性扶贫政策和措施的设计提供了参考。

第四，政策应用阶段。先从贫困脆弱性的视角对两项针对农村的社会保障制度的政策效应进行评估。再基于贫困脆弱性的测度和发生机制分析的结论得出扶贫政策瞄准与识别和前瞻性扶贫政策差别化设计方面的政策启示。

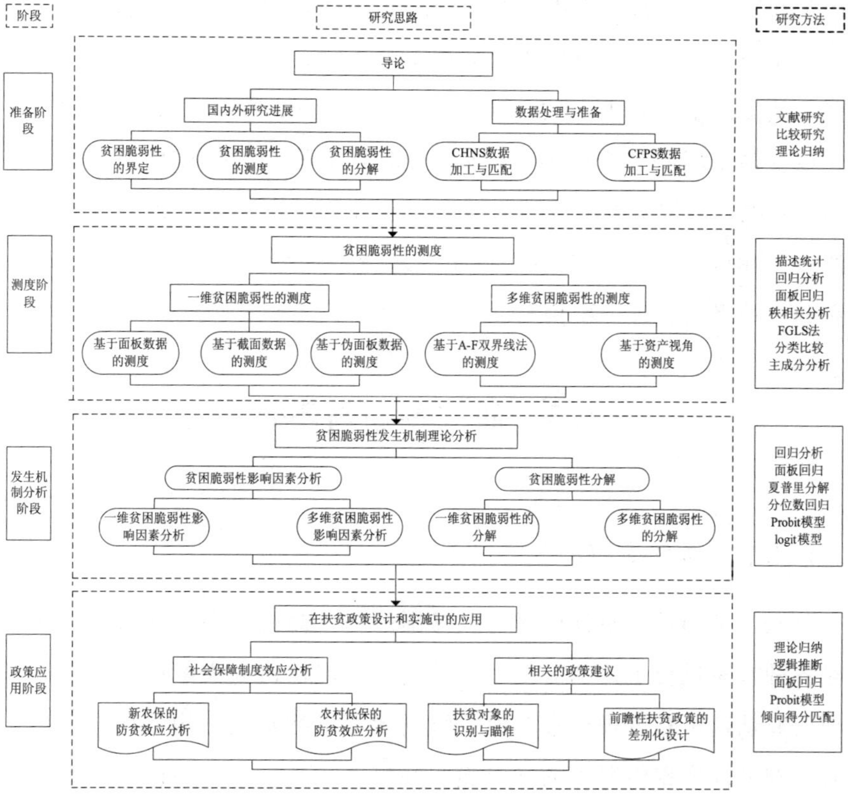

图1－1　技术路线图

1.2.2 研究方法和工具

本书采用三类研究方法：文献研究法、描述统计、计量模型法。

文献研究法用于文献综述部分。描述统计法贯穿于课题始终，除了经常计算一些均值方差等常用的描述统计量以外，还大量使用了统计表和统计图，如贫困脆弱性直方图、贫困脆弱性发生率曲线、贫困脆弱性影响因素的分位数回归比较图、贫困脆弱性分解图等。计量模型法分布于课题的各个部分，测度部分多次使用普通的回归模型、基于三阶段最小二乘法的回归模型、固定效应面板数据回归模型、秩相关分析等，机制分析部分使用了分位数回归模型、logit 回归模型、夏普里分解等，政策效应分析部分使用了固定效应面板数据回归模型、probit 回归模型、倾向得分匹配法等。

由于课题组成员各自擅长的分析工具不同，本课题使用的分析工具比较多，共使用了 matlab、R、Eviews、Stata、Spss、Excel 六种统计软件。其中，数据预处理部分主要通过 matlab 和 R 实现，一维测度部分主要通过 matlab 实现，多维测度部分主要通过 spss 和 matlab 实现，机制分析部分主要通过 matlab 和 Eviews 实现，政策效应分析部分主要通过 Stata 实现，测度和分析结果的整理主要用 Excel 实现。

1.3 研究创新与不足

1.3.1 研究创新

首先，按照数据条件构建一维贫困脆弱性测度体系，并且根据实证结果对各种方法进行了评估。在已有的贫困脆弱性研究文献中，尚未有任何一项研究从这个角度进行过全面系统的测度。特别地，构建伪面板以实现拥有多期截面数据情况下的贫困脆弱性测度，是一种有益的尝试。这种测度方法既能避免由多轮微观调查数据构建面板数据测度贫困脆弱性时只能在大样本短面板和小样本长面板之间二选一的困境，又能避免仅使用单一截面数据测度贫困脆弱性时因假设过强导致实际测度质量不高的问题。

其次，提出两种测度多维贫困脆弱性的方法。20 世纪 70 年代人们就开始认识到贫困的多维性并且致力于多维贫困的研究，迄今已经取得了大量的成果。作为贫困的前瞻性测度，贫困脆弱性也不应只停留一维上，然而目前对多维贫困脆弱性的研究还很薄弱。以多维贫困脆弱性为关键词进行搜索，只能找到有限的几篇文献，而国内关于多维贫困脆弱性的研究在公开的检索渠道中一篇也没有。正如一维贫困脆弱性的测度是在一维贫困测度的基础上发展而来，本研究对多维贫困脆弱性测度的尝试，也是通过对多维贫困测度指标的改造来实现。先借鉴多维贫困测度中的 A－F 双界线法构建多维贫困脆弱性测度，再借鉴多维贫困指数 MPI 构建基于资产的多维贫困脆弱性测度。

最后，将贫困脆弱性的生成机制概括为一个四环节框架：风险—资源禀赋—风险响应策略—结果，据此进行系统的理论分析，并从影响因素和根源两方面展开实证分析。已有的文献对贫困脆弱性影响因素的研究较多，但研究时往往只是关注贫困脆弱性发生机制中的某个方面，兼顾发生机制各个环节的研究很少见。另外，构建影响因素分析模型时的因素筛选主观性和随意性较强，比较零碎。本研究的优势在于，构建了贫困脆弱性发生机制的基本逻辑：风险冲击、资源禀赋、风险响应策略都可能影响到家庭的贫困脆弱性，而这些影响可归纳为两大路径，一是影响家庭长期发展能力，进而影响其持久福利水平，二是对家庭福利水平形成暂时冲击，进而影响其暂时福利水平，两者结合引致了贫困脆弱性的最终结果。发生机制实证分析中无论是研究视角还是具体因素的筛选均是源于这个基本逻辑。先探究风险冲击、资源禀赋、风险响应策略方面的各项因素怎样影响贫困脆弱性，再对贫困脆弱性进行分解，分解持久成分和暂时成分对贫困脆弱性的贡献度。

1.3.2 研究不足

首先，对多维贫困脆弱性的研究不够深入。对多维贫困脆弱性的测度只尝试性地提出两种测度方法：基于 A－F 双界线法的多维贫困脆弱性指数和基于资产的多维贫困脆弱性指数。在实证测度中，涵盖的维度也比较有限，前者只涵盖了消费和健康两个维度，而后者基于资产视角所做的测度虽然涵盖了教育、健康、收入、实物资产、社会关系等多个维度，但是选择的代表指标比较有限。另外，在多维贫困脆弱性生成机制分析中，仅以基于 A－F 双界线法的多维贫困脆弱性指数为例进行了影响因素分析和根源分解。

其次，政策效应评估的视角不够全面。我国政府历来重视贫困治理，党的十六大以来更是加大了对民生问题的关注，不断发展和完善社会保障，使越来越多的民众得到实惠和安定。本研究以政策是否能显著降低贫困脆弱性为标准，评估各项政策预防贫困的效应，但是评估政策效应的时候仅以新农保和农村低保为例进行了分析，在未来的研究中有必要进行拓展。

再次，数据可得性限制了贫困脆弱性研究的广度、深度和可靠性。理想的数据应包含贫困脆弱性生成机制各环节的信息，但是 CHNS 和 CFPS 数据中关于风险冲击和风险响应策略方面的信息极少，只能设法找一些替代变量，但是替代变量也很有限，因此关于贫困脆弱性测度和分析的某些理想化的理论难以真正实现，研究的广度和深度受到限制。此外，虽然课题使用的 CHNS 和 CFPS 数据各有所长，但在构建面板数据时都需要面临样本量和样本期之间的权衡，为了防止样本流失过于严重，就只能舍弃一些年份，得到一个短面板数据。CHNS 已发布 10 轮数据，但为了保证样本量，只选用了后 4 轮数据，在此基础上进行的分析可靠性和准确性都会受到影响。

最后，各章节使用数据不同，结果可比性不足。课题组成员分工合作，同步推进各项子课题。每个子课题的关注点不同，对数据的需求不同，关键变量也不同，使用和筛选出来的数据也不相同。单个看每个子课题内部都自成体系，但组合在一起子课题间的可比性不足。然而，要求各项子课题使用完全相同的样本数据也不现实，只在一种可能下实现，就是在进行各项子课题研究之前已经完全搞清了研究时需要用到哪些变量，在所有子课题开始实证之前就加工和匹配出兼顾所有子课题需求的数据样本。但这并不具有可操作性，毕竟研究是循序渐进的，最常见的情况是，随着研究的深入，发现更多的角度需要更多的数据。而且整个课题使用“一刀切”的样本数据还有一点局限性，就是由于关键变量特别多，剔除关键变量缺失的操作会造成过多的样本损失。

第2章　国内外研究进展

贫困脆弱性衍生自脆弱性，而脆弱性最初是在灾害学、环境学中用于描述系统暴露于外部灾害、危险、压力或扰动时易于受损的程度，随后才越来越多地用在社会科学领域。人们在研究中发现，某些比较脆弱的居民家庭在遭受自然灾害时可能会陷入或加深贫困。从20世纪70年代至今，贫困脆弱性研究的历史虽不算长，却已经成为一个跨学科的研究热点。来自经济学、社会学、管理学、环境学、营养学的专家学者们从不同的视角出发研究脆弱性，形成了大量的研究成果。对这些成果进行梳理和归纳后发现，主要围绕以下三个问题展开：贫困脆弱性的界定、贫困脆弱性的测度、贫困脆弱性的影响因素。

2.1　贫困脆弱性的界定

作为一个跨学科的研究热点，贫困脆弱性被赋予了多种内涵。环境学和灾害学专家关注引致贫困脆弱性的两个维度，即对环境变化或自然灾害风险的暴露程度和遭遇风险时的响应和风险管理能力，具体包括家庭和个人应对和抵御自然灾害以及迅速从灾害中复原的能力，那些风险暴露程度高但风险管理能力低的家庭或个人被界定为贫困脆弱者。营养学家设定了维持正常的有活力的生活所需要的营养摄入量标准，将家庭和个人营养摄入低于该标准以及因此引致的疾病或死亡的概率定义为贫困脆弱性；还从食品安全视角出发，将食品安全风险和风险响应能力的复合结果定义为贫困脆弱性。经济学家从贫困动态的视角研究贫困脆弱性，将其与家庭或个人陷入或脱离贫困的动态过程联系起来，还从可持续生计视角出发，将贫困脆弱性定义为由外部风险和家庭或个人本身的无防卫性带来的发生生计压力的概率。社会学家定义的贫困脆弱性是指面对变化的环境时家庭或个人的不安全感，这种不安全感是多方面的，反对仅用单一的经济结果来测度和识别脆弱家庭或个人。

2.1.1　环境和灾害学视角的贫困脆弱性定义

White（1974）将脆弱性定义为一个系统、子系统或系统某部分由于暴露在灾害中或干扰或压力中可能受到危害的程度。Moster（1998）等把脆弱性定义为家庭、个人或社区在面对变化的环境时，福利的不安全。Timmerman（1981）把脆弱性定义为受到灾害影响时系统产生的消极效应程度，取决于系统对灾害的承受力和恢复力。Blakei（1994）认为脆弱性是家庭或个人预测、应对、抵御自然灾害和从中恢复的能力，该定义的思维起点是，家庭和个人在灾害发生前的预知及相应的风险规避和预防、灾害发生后的风险应对和适应策略，都在客观上抵消灾害的影响。IPCC（Intergovernmental Panel on Climate Change，1996）将脆弱性定义为气候变化可能破坏或危害一个系统的程度，依赖于系统对气候条件变化反应的程度系统的敏感性和适应新的气候条件的能力，即系统的敏感性和适应性。Ahmed 等（1999）将家庭、个人或群体因环境变化而暴露于生计压力的风险定义为脆弱性。IPCC（2007）扩展了脆弱性的定义，引入了风险暴露的元素，将其定义为系统易受或不能应对气候变化的负面影响，是系统暴露于其中的气候变化的特征、数量和速率以及系统敏感性和适应能力的函数。Abidin 等（2008）强调不同国家或地区的脆弱性和复原性因其地理位置、社会经济环境以及对风险的预警而不同。Moss 等（2001）提出气候变化脆弱性应包括物理环境、社会经济和外部援助三个维度。

陈传波（2005）将农村家庭的贫困脆弱性定义为自然资源的不稳定、农户生计决策及两者结合的后果。冯振环（2013）将脆弱性定义为系统在内外部不利扰动下的表现。如果系统对这些扰动敏感且缺乏应对扰动并从中恢复的能力，其稳定机制就会被破坏且受到负向影响，当负向影响累积到某一临界点时，系统会震荡甚至崩溃。可见，脆弱性的关键在于其敏感性、应对与恢复能力。黄承伟（2008）将脆弱性概括为两个方面，一是暴露于不利影响的可能性和因不利影响而遭受损害的程度，包括系统内在的不稳定性、对外界自然或人为的干扰和变化的敏感性；二是承受不利影响的能力，包括预测、处理、抵抗不利影响并从不利影响中恢复的能力，取决于其在自然和社会环境中所处的位置。此种界定包含了风险、敏感性、适应性、恢复力等相关概念，兼顾系统内部条件与外部环境的交互作用。张倩（2014）根据 Turner 的综合脆弱性框架，将脆弱性分解为四个方面，内部社会经济脆弱性和内部生物物理脆弱性，即弹性和敏感性；外部社会经济脆弱性和外部生物物理脆弱性，即人为因素及影响和环境因素及影响。

2.1.2 食品和营养学视角的贫困脆弱性定义

食品和营养学视角的贫困脆弱性关注食品不安全或营养不足以及因营养不足带来的伤害。所谓食品安全，意味着家庭和个人在任何时间都能顺利地获取足够的食物，使其能够维持健康和有活力的生活。Barrett（1999）把食品不安全定义为由于营养摄入不足造成身体和精神上伤害的风险。与食品安全相关的文献往往使用儿童营养不良等易于收集的变量作为代表变量，测度食品不安全的程度，并在 FEWS（Famine Early Warning System，饥荒预警系统）的框架下构建食品脆弱性指数，预测家庭或个人乃至地区饥荒发生的可能性，识别饥荒倾向较高的家庭、个人或地区，作为瞄准救助和项目监测的依据。与营养相关的文献中的贫困脆弱性特指营养脆弱性。Davis（1996）将营养脆弱性定义为维持一种正常的、有活力的生活所需要的营养摄入达不到最低标准的概率，或因营养不足而患病甚至死亡的概率。经常使用的代表变量是某些人体测量学指标、化学分析指标、营养摄入指标。联合国粮农组织（2001）将脆弱性定义为家庭个人或群体可能面对的食品供给不稳定和营养不良的风险。孙梦瑶（2017）借鉴联合国粮农组织、世界粮食计划署等国际机构在食品安全方面的理论研究和扶贫实践，将食物安全脆弱性定义为食品不安全的家庭和个人未来继续处于不安全状态的概率以及食物安全的家庭或个人未来陷入食物不安全状态的概率。

2.1.3 经济学视角的贫困脆弱性定义

相对来讲，经济学视角下的贫困脆弱性内涵更加丰富，既有关注福利结果的，也有关注风险响应能力及风险管理手段的。

2.1.3.1 从贫困动态视角定义的贫困脆弱性

Bane 等（1986）强调贫困脆弱性的时间属性。Pritchett（2000）、Suryahadi 等（2000）、Mansuri 等（2001）、Mcculloch 等（2003）将贫困脆弱性定义为家庭或个人在接下来的一个时间段内至少贫困一次的风险。Chaudhuri（2002）将贫困脆弱性定义为在核算期间内收入和消费水平低于贫困线的概率。Kühl（2003）借鉴 FGT 指标的思想，将贫困脆弱性定义为家庭或个人经历某种冲击，从而使福利水平下降到某种社会公认标准以下的倾向。Christiaensen（2005）将贫困脆弱性定义为未来消费水平低于贫困线的概率与相对消费缺口的概率加权函数的乘积。Scaramozzino（2006）认为贫困脆弱性是指当前非贫困者落入贫困线以下以及当前的贫困者继续贫困或陷入更深的贫困的概率。Calvo（2005）、Dutta（2011）强调贫困脆弱性是对未来贫困威胁大小的事前测度，强调威胁在未来没到来之前始终存在，威胁的大小既包括贫困概率的大小，也包括贫困的严重程度。

陈传波（2005）提出了一个将风险与脆弱性结合在一起的分析框架。沈小波等（2005）把贫困脆弱性看作一种贫困的范式，由家庭或个人面临的外在风险和家庭抵御风险的内在能力决定。邹薇（2014）以世界银行界定的贫困脆弱性两要素为基础，强调贫困脆弱性是指边缘贫困人口因遭受负向外部冲击而重新落入深度贫困或持久性贫困之中的可能性。解垩（2015）认为贫困脆弱性是指未来风险冲击给家庭生存和发展能力带来约束的一种事前估计。

综上，由贫困动态视角出发的贫困脆弱性定义主要关注家庭陷入或脱离贫困的结果，且强调结果的不确定性和时间界限。

2.1.3.2 从可持续生计视角定义的贫困脆弱性

萨塞克斯大学的发展研究所提出生计脆弱性的概念，将生计看作一切令家庭获取生存所需的物质和精神资料的谋生手段，当家庭谋生手段受到威胁时，家庭就是脆弱的。Moster（1998）将生计脆弱性定义为家庭和个人因缺乏资产而面临的生计风险的增加，而降低生计脆弱性的有效手段就是对现有资产进行合理高效配置。世界粮食计划署（WFP）1995 年提出将风险、抵御风险能力和社会服务体系相结合的贫困脆弱性分析框架。Bebbington（1999）主张研究贫困脆弱性时应以家庭生计资本和能力为核心。Dercon（2001）强调生计脆弱性取决于三类风险，即收入风险、福利风险和自然、物质、人力、金融和社会资本等生计资本类风险。英国国际发展署（DFID，2000）给出规范的生计脆弱性分析框架，包括生产资产、生计策略、生计结果三要素。在不确定的生计背景下，家庭拥有的人力、自然、物质、金融、社会资产五种核心生计资产的数量和质量，决定了家庭的生计策略选择，即家庭选择何种生产活动进而决定了最终的生计结果。Daveis（1996）强调通过持续的风险响应策略管理资源、提高家庭生计水平，进而降低贫困脆弱性。将响应策略划分为应对和适应两种策略，前者指对非正常冲击的短期响应，后者是指那些同类风险反复发生的情况下，原本事后的响应策略逐渐成为常态性的适应，消极的适应策略往往会导致一种劣性循环，下一轮的贫困脆弱性可能更高。Moser（1998）认为，资产能为处于困境的家庭或个人提供缓冲和保护。一方面在事前和事后配置资产实现风险管理以预防或减少福利损失，比如提前购买保险以分散风险或事后变卖资产等；另一方面是将资产用于投资以增加预期收入。纵然只是少量持有资产，也在某种程度上有助于抵抗冲击和风险，从这个意义上讲，贫困脆弱性与产权紧密相联，拥有资产越多的家庭越安全，贫困脆弱性可能越小，而资产损失越多的家庭越不安全，贫困脆弱性越大。因此，将贫困脆弱性定义为家庭或个人的资产受到损失的风险以及因缺少有形或无形资产而陷入困境的风险。Carter and May（1999）也主张通过资产水平的变动测度脆弱性。Chambers 指出贫困脆弱性是家庭的复原性和灵敏度的函数。复原性是指家庭抵御负面压力和从冲击中恢复的能力，而所谓灵敏度是指家庭在进行风险应对之后，其资产可能耗减的程度。实质上复原性和灵敏度刻画的都是风险响应能力的高低。Alang（2001）认为，贫困脆弱性是家庭或个人未来遭受某种福利损失的概率，这种福利损失源于某种不确定事件，这种不确定事件的风险特征和家庭应对风险的能力决定了家庭或个人贫困脆弱性的严重程度，资产和风险应对能力有限的家庭更容易呈现较高的贫困脆弱性，并且贫困脆弱性有时间性。

伍艳（2015）将生计脆弱性定义为家庭在现有的生计资本配置状况应对风险的能力和陷入贫困的可能性。李小云等（2007）将贫困脆弱性定义为家庭在其拥有的资产条件下遭受打击的可能性、承受打击的能力、缓解生计风险的程度，其中生计资产缺乏的程度会直接决定贫困脆弱性的程度，而且不同类型的生计资产对缓解生计风险的作用不同，比如物质资本可转换性较差，风险来临时通过变现来降低生计脆弱性的难度较大。刘欢（2018）将贫困脆弱性定义为家庭对风险的敏感性、抵抗能力以及风险之后的恢复能力，并且强调贫困脆弱性具有动态性特征，在冲击的影响下家庭会主动或被动地改变其自身的特征，进而改变其抗风险能力和贫困脆弱性程度。

综上，从可持续生计视角定义的贫困脆弱性更多地关注家庭拥有的生计资产、由此决定的风险响应能力、在此基础上选择的生计策略和风险响应策略。

2.1.4　贫困与贫困脆弱性的关系

已有文献在贫困和贫困脆弱性的关系上已基本达成共识，都认为二者既有联系又存在差异，只是不同研究者的关注点各不相同。

在贫困和贫困脆弱性的联系方面，白雪梅等（2010）认为二者是正相关关系，强调越贫困的家庭越脆弱，并且剖析了这种关系的可能原因：一是贫困家庭可能因居住在自然灾害频发的地区而暴露于风险之中；二是贫困家庭可能因拥有较少的物质资产而难以应对风险；三是贫困家庭可能因没有足够的时间和资产用于维护社会关系而缺少社会资本；四是贫困家庭可能更倾向于牺牲人力资本积累的机会来应对眼前的风险，从而损失长期发展能力；五是贫困家庭可能因信息不畅或社会排斥等因素而游离于社会保护和社会服务范围之外。韩峥（2004）认为贫困和贫困脆弱性是互相影响互相依存的关系。前者是后者的原因，后者是前者的重要表现。贫困是贫困脆弱性较高的重要原因，贫困脆弱性是贫困的重要表现。国情调查课题组（2009）认为贫困和贫困脆弱性是互为因果的关系，因而扶贫可以从消除贫困脆弱性着手。黄成伟等（2010）认为贫困脆弱性是贫困的一个重要维度，贫困脆弱性在很大程度上导致了家庭的贫困甚至是持续贫困。李伯华等（2013）认为贫困和贫困脆弱性是相伴而生、互为因果的关系。

在贫困与贫困脆弱性的区别方面，第一，贫困不等于贫困脆弱性，贫困家庭也不总是脆弱的。Bronfman（2010）测度了智利的贫困脆弱性，发现贫困脆弱性家庭多于贫困家庭。Haughton 等（2009）也发现贫困脆弱性家庭占比会高于贫困家庭占比。万广华等（2009）、白雪梅等（2010）、胡洁怡（2015）实证测度后都发现贫困和贫困脆弱性锁定的群体既有重叠的部分，也有不重叠的部分。第二，贫困是一种事实性的测量，而贫困脆弱性是一种预测性的估计。贫困测度的是已实现的福利状况，将收入、消费或其他福利指标与相应的贫困线标准相比较，就可得到贫困的实际测度结果。但是贫困脆弱性测度的是未来的福利状况，强调的是风险对家庭或个人福利水平造成损失可能性，是不可观测的，只能通过各种方法去预测或估计。第三，测度贫困只需要当期的截面数据，而测度贫困脆弱性往往需要掌握之前若干期的数据以观察福利状况的变化、冲击对过去福利造成的影响、估计冲击未来发生的可能性以及冲击来临时家庭可能的应对能力，在此基础上最终实现对贫困脆弱性的判断。第四，贫困是确定性的，而贫困脆弱性是非确定性的。贫困是确定性环境下，对家庭福利不足状况的描述，而贫困脆弱性是对未来福利不足状态的预测，未来是不确定的，可能发生也可能不发生，当家庭拥有的资源禀赋、抵御和管理风险的能力、采取的风险响应策略变化时，贫困脆弱性状况也可能随之改变。第五，贫困关注的是结果，贫困脆弱性不只关注结果，还关注带来这些结果的家庭禀赋和能力。因此基于贫困测度的扶贫政策更多关注贫困后如何救助，而基于贫困脆弱性测度的扶贫政策更多关注贫困前如何预防。

2.2　贫困脆弱性的测度

贫困脆弱性的测度是贫困脆弱性研究中最为基础也最为重要的一环，目前尚未达成共识。除了最有代表性的期望贫困脆弱性 VEP、期望效用贫困脆弱性 VEU、期望风险响应贫困脆弱性 VER 以外，还进行了很多其他的尝试。

2.2.1　基于期望贫困的贫困脆弱性 VEP

基于期望贫困的贫困脆弱性（Vulnerability as Expected Poverty，简称为 VEP）通过计算传统的贫困测度 FGT 指标的未来期望值得到。

$$p_{\alpha}^{i} = \frac{(\max\{z - c_i, 0\})^{\alpha}}{z^{\alpha}} \tag{2-1}$$

当 $\alpha = 0$、1、2 时，相应的贫困脆弱性测度分别为贫困概率、期望贫困距、期望平方贫困距。Chaudhuri（2000，2002）指出计算 VEP 需要根据已有的信息集 I_T 估计未来福利的分布，给出了一个计算 VEP 的通用公式：

$$EP_{\alpha} = E(p(z, c_{i,t+1})) | I_T \tag{2-2}$$

估计未来福利的分布，首先要明确未来福利的分布形式，其次要估计分布参数，具体的估计方法还要取决于可行数据的特征。McCulloch 等（2003）直接用家庭收入的跨期均值和方差估计未来收入分布的参数，这种方法需要在面板数据足够长的时候使用才能有更可靠的效果。Prichett（2000）、Mansuri 等（2000）、Hoddinott 等（2003）Kamanou 等（2005）

假设未来收入服从对数正态分布，用可观测到的特征和冲击做收入均值和方差的回归，以此估计未来收入的分布，并在此基础上估计未来收入低于贫困线的概率作为贫困脆弱性的测度值。Prichett（2000）用这种方法测度了印度尼西亚贫困地区的贫困脆弱性，发现性别、教育程度、地区、职业部门不同的家庭其贫困脆弱性也存在显著差异。Badu 等（2016）运用埃塞俄比亚的面板数据在 VEP 框架下研究了偏远地区农户的贫困脆弱性，考虑了户主年龄、土地、灌溉、农场规模等诸多因素的影响。Chaudhuri（2000，2002）提出在仅拥有截面数据的情况下可以用三阶段最小二乘法（FSLS）估计未来福利水平的分布参数，虽然这种方法需要极强的假定，但是确实解决了面板数据难以获取的困境。

还有一些研究者对 VEP 进行了拓展。Dutta 等（2011）认为贫困脆弱性的测度不应只看家庭收入是否低于贫困线，还应考虑到家庭当前的生活水平，因此提出了一条兼顾了贫困线和个人生活水平的基准线，用下期生活水平与这条基准线的偏离程度来测度贫困脆弱性。Calvo 等（2005）更进一步地将家庭面对未来贫困冲击的心理成本也纳入期望贫困脆弱性的测度当中。黎洁等（2009）运用分层模型方法对 VEP 进行了改进，具体地讲就是分别构建了消费水平和消费波动对家庭各项内外部特征的两层分析模型，并且在此基础上对陕西周至县农户的贫困脆弱性进行测度。

VEP 是目前最常用的贫困脆弱性测度。特别是 $\alpha=0$ 时，VEP 的含义是未来贫困的概率，易于解释并且有明确的政策含义而倍受研究者的偏爱。

2.2.2 基于期望效用的贫困脆弱性 VEU

基于期望效用的贫困脆弱性（Vulnerability as Low Expected Utility，简称为 VEU）最早由 Ligon & Schechter（2002）提出。他们用未来消费的期望效用和确定地取得某种类似于贫困线的消费水平的效用之差来测度贫困脆弱性。

$$V_i = U_i(z) - E(U_i(c_i)) \tag{2-3}$$

$$U(c)=\frac{(c-z)^{1-\gamma}-1}{1-\gamma} \tag{2-4}$$

此效用函数 $U(c)$ 是经济学中应用较为广泛的双曲线型绝对风险厌恶型函数（Hyperbolic Absolute Risk Aversion，简称 HARA）。Ligon 等在其后的研究中对该测度进行了多次拓展，引入了风险、贫困、总风险、特殊风险，将期望效用贫困脆弱性分解为由贫困、特殊风险、共同风险解释的三个部分。

$$V_i=[U_i(\bar{c})-U_i(E(c_i))]+[U(E(c_i))-EU_i(E(c_i|X))]+[EU_i(E(c_i|X))-E(U_i(c_i))] \tag{2-5}$$

Ligon 等（2003）将这种方法用于分析保加利亚的面板数据，并且选择食品支出作为消费水平的代表指标，分解结果发现由贫困、共同风险、特殊风险解释的贫困脆弱性分别占到55%、13%、0.7%，其余的均为不可解释风险。何思妤等（2018）用 VEU 法测度和分解库区移民贫困脆弱性，发现自然灾害、健康风险和农业风险解释了大部分贫困脆弱性，可以通过提升教育程度，促进农村劳动力就业、耕地保护等方式降低库区移民的贫困脆弱性。Calvo 等（2003）沿用了 Ligon&Schechter 的测度思想，但是加入了类似 FGT 指标中贫困线作用的因素，其贫困脆弱性测度公式为：

$$\frac{E[\min\{z,c_i\}^{1-\gamma}-z^{1-\gamma}}{z^{1-\gamma}} \tag{2-6}$$

公式中最小化算子使得测度结果有了一个上截点，避免正向结果抵消掉负向结果情况的发生。Elbers 等（2003）在 VEU 测度过程中引入随机模型技术，在面板数据的基础上构建消费随机动态模型，用来模拟各种反事实情景下的家庭经济，并在此基础上对 VEU 进行分解，分解为低消费水平、低收入平滑能力、消费波动风险三个方面的影响。但是这种方法需要足够多期的面板数据，而且为了使模拟过程更易于计算和操作，不能引入过多的解释变量。

VEU 在贫困脆弱性测度中引入效用，经济学含义明确，而且将 VEU 分解成由贫困、特殊风险、共同风险解释的部分，对于有针对性地设计救助政策有参考价值。但是 VEU 使用通用的 HARA 效用函数去测度所有家庭的效用，忽略了家庭偏好的多样性，使其经济学含义的优势有所下降。

2.2.3 基于风险响应的贫困脆弱性 VER

基于风险响应的贫困脆弱性（Vulnerability as Uninsured Exposure to Risk，简称为 VER）最早由 Glewwe 等（1995）、Amin 等（1999）、Dercon 等（2000）提出，他们以家庭遇到的共同和特殊冲击为自变量，以家庭消费支出为因变量构建回归模型，用回归系数刻画家庭贫困脆弱性的大小，回归系数越大，说明家庭平滑消费的能力越弱，越容易受冲击的影响，贫困脆弱性程度越高。VER 测度基于这样一种思想，如果家庭风险响应能力低下或者缺乏有效的风险响应策略，冲击来临时消费水平就会受到影响而发生变动，变动的程度越剧烈，说明家庭对风险冲击越敏感，进而也就越脆弱。Glewwe 等（1998）用 VER 法测度秘鲁农村家庭的贫困脆弱性，其测度模型为：

$$E(c_i^t \mid \bar{x}, x_i) = \alpha_i + \eta^t + x_i\beta^t \tag{2-7}$$

假设家庭特征 x_i 非时变，则系数 β 主要刻画家庭消费水平对共同冲击的响应。Amin 等（1999）用 VER 法测度孟加拉农村家庭的贫困脆弱性，其测度模型为：

$$E(c_i \mid \bar{x}, x_i) = \alpha_i + \eta^t + x_i^t\beta_i \tag{2-8}$$

每个家庭的系数 β 刻画的就是家庭消费水平对家庭特殊冲击的响应。Dercon 等（2000）用 VER 法测度埃塞俄比亚农村家庭的贫困脆弱性，其预测模型是：

$$c_i^t = \alpha_i + \gamma x_i^t + \beta x^t + e_i^t \tag{2-9}$$

其中 x_i^t 是家庭随时间变化的特征，x^t 是总的随时间变化的特征，相应的 γ 刻画家庭对特殊冲击的响应，β 刻画对共同冲击的响应。研究结果发现除了家庭对种植风险和家畜风险这两类特殊冲击非常敏感外，还对季节性冲击十分敏感，因为不同季节劳动力需求数量和价格都有所不同，劳动力需求不足的季节，农户消费水平下降比较明显。Takashi（2006a）更进了一步，将正向和负向冲击分开，发现家庭只对负向冲击的响应比较大，说明其对负向冲击脆弱。

VER 用家庭消费对风险冲击的敏感性去测度家庭的贫困脆弱性，刻画的只是家庭对已实现风险的应对能力，本质上属于一种事后型的测度。这种测度的另一个局限性是测度结果的大小难以评价。

2.2.4　其他的贫困脆弱性测度

除了最常用的 VEP、VEU 和 VER 测度方法以外，研究者们还对其他的测度方法进行了大量的探索。有的对常用的测度方法特别是对 VEP 进行改造，有的从刻画风险的角度测度贫困脆弱性，有的在可持续生计的框架下测度贫困脆弱性，有的探讨收入消费维度以外的贫困脆弱性的测度，有的探讨如何测度多维贫困脆弱性。

Carlo 等（2006）对 VEP 进行改造。先将传统贫困线 z 扩展成为风险型贫困线 $z+\eta_i$，其中 z 满足基本需求的最低消费支出标准，η_i 是事先确定的一组家庭风险的保险成本，要覆盖包括社会注定不能承受的那些风险。然后基于风险型贫困线计算传统的贫困指标作为贫困脆弱性的测度结果，即

$$p_\alpha(y,\eta,z) = \frac{1}{n}\sum_{i=1}^{q}\left(\frac{(z+\eta_i)-y_i}{z+\eta_i}\right)^\alpha \tag{2-10}$$

这种测度方法的难点在于 η_i 的测算。一是识别出哪些风险是社会公认的难以承受的风险，二是对那些列入贫困线风险模块中的风险，根据保险市场上对于该种保险的费率水平，测算出所需成本。这种测度方法建立在传统的 FGT 指标基础上，指标含义清晰明确，不必设计新的指标和人为赋权。同时又在其测度中加入了对风险的考量，符合贫困脆弱性测度的基本思想。但是测算 η_i 时要列出一份可行的风险清单，而这份清单可能因时因地不同，并且有些时候风险清单中的风险可能并没有现成的保险产品市场，测算其成本难度极大，限制了这种测度方法在实践中的应用。

邹薇（2014）提出了一种反向 VEP 的贫困脆弱性测度方法。首先确定统一的贫困概率，然后根据每个家庭福利的分布特征计算与此贫困概率相对应的福利水平，这个水平越高，说明家庭经历冲击后仍然留存福利越多，家庭越不脆弱，因此就将这个与事先设定的贫困概率相对应的福利水平作为家庭贫困脆弱性的测度结果，相当于对 VEP 测度做了一个逆运算。这种测度方法的优势在于，其测度值是一个具体的福利水平，跟一个抽象的概率相比，无疑更容易找到差距，并且制定有针对性的政策，但是这种反向思维理解起来确实不大习惯，也从某种程度上限制了这种方法的推广。

Kochar（1995，1996）、Takashi（2006a）用福利变动性的大小来测度贫困脆弱性。变动性是刻画风险的常用指标，被用来测度与风险密切相关的贫困脆弱性也并不奇怪。Ravallion（1995）用两期的面板数据计算福利变化量 Δc_{it}或者 $\Delta\ln(c_{it})$ 来测度贫困脆弱性，正向变化量绝对值越小或负向变化量绝对值越大，越脆弱。当拥有的面板数据多于两期时，则用各期福利值的标准差或方差来测度贫困脆弱性。用变动性的大小测度贫困脆弱性操作简单、易于理解，但是不考虑贫困线，测度结果难以自圆其说。同样一个单位的负向变动，在贫困线上方和下方发生，其影响截然不同，但是用变动性测度的贫困脆弱性却无法做出区分。另外，这种方法测度出来的贫困脆弱性大到什么程度可以识别为脆弱家庭很难确定。

李小云等（2005）、杨云彦等（2009）、郭圣乾等（2013）将可持续生计框架引入到贫困脆弱性的测度中。李小云等（2005）将包括自然、物质、人力、金融、社会资本在内的五类生计资产指标值进行加总，测度宁夏、江西、云南、广西 4 省（区）的农村贫困家庭的生计脆弱性。郭圣乾（2013）根据生计资本脆弱性的界定，生计资本指标体系，在 5 省 10 县市进行生计资本状况调查，然后利用因子分析法计算农户的生计脆弱性，结果发现造成农户生计脆弱性的关键在于金融资本和人力资本的差异。此外，黄建伟等（2009）主要关注自然资本对失地农户生计脆弱性的影响，刘燕丽等（2008）主要关注金融资本中的小额信贷降低农户生计脆弱性的作用。郜秀君等（2009）、徐伟等（2011）从社会资本的视角出发研究农村家庭的生计脆弱性。

一些研究者尝试测度收入消费以外的其他维度的贫困脆弱性。Carter 等（2001）、段志民等（2018）尝试测度资产维度上的贫困脆弱性，但二者的做法不同。Carter 等（2001）提出设法找到一个与家庭各项福利指标的决定因素高度相关的资产，然后用这种资产的水平和波动性来测量贫困脆弱性。段志民等（2018）先将多种家庭资产降维组合成一个家庭资产指数，然后指定相应的资产贫困线，再利用 VEP 的测度公式测算出家庭资产贫困脆弱性，将测度结果与传统的收入贫困脆弱性比较后发现，资产贫困脆弱性对家庭贫困状况的预测更准确。Dercon 等（2000）研究了健康维度的贫困脆弱性，用 BMI 的变化对各项冲击的敏感性的大小来刻画健康贫困脆弱性，研究发现埃塞俄比亚的低收入家庭和妇女的 BMI 对降雨等外部冲击最为敏感。Jacoby 等（1997）、Sawada 等（2001）研究了教育维度的贫困脆弱性，用孩子的入学率对各项冲击的敏感性来刻画教育贫困脆弱性，冲击可能导致教育中断或辍学时，就称家庭是脆弱的。Chritiaensen（2000）测度了马里的食品贫困脆弱性。

还有一些研究者尝试测度多维贫困脆弱性。Atkinson 等（1982）认为贫困脆弱性应该从多个维度进行测度，但是多个维度间并不独立，可能存在替代或互补的关系，例如，健康和消费维度就存在一定的替代关系，这种关系的存在增大了多维贫困脆弱性测度的难度。Calvo（2008）指出仅从收入、消费或健康这些单一维度测度贫困脆弱性是不够的，还应将教育、住宅、工作等维度都纳入进来，测度多维贫困脆弱性，他构建的多维贫困脆弱性测度为：

$$VMP_i = 1 - E[(\sum_{j=1}^{J} \gamma_j x_{ij}^{\rho})^{\frac{\alpha}{\rho}}] \tag{2-11}$$

$$x_{ij} = \frac{Min(y_{ij}, z_j)}{z_j} \tag{2-12}$$

其中，y_{ij}是家庭 i 在维度 j 上的福利值，z_j 是维度 j 的贫困线，J 是贫困的维度数，γ_j 是各维度的权重，$\frac{\alpha}{\rho}$表示两个维度的关系，$\frac{\alpha}{\rho}>1$ 时是补充关系，反之是替代关系。崔新新（2017）尝试借鉴 A－F 双界线法对中国农村家庭的多维贫困脆弱性进行测度，并在此基础上分析了影响农村家庭多维贫困脆弱性的因素。

2.2.5　贫困脆弱性测度方法的比较

随着贫困脆弱性测度方法的不断涌现，越来越多的研究者开始关注测度方法的评估。

Calvo 等（2005）系统地讨论了好的贫困脆弱性测度方法应该满足的多项准则。一是对称性。贫困脆弱性测度结果与各个不确定状态的排列顺序无关，只与各状态的概率和结果有关。因此如果两种冲击的概率相等，两种冲击下的福利结果也相同，那么这两种冲击贫困脆弱性的影响就是等价的。二是聚焦性。当福利水平超过贫困线时，就令福利结果等于贫困线本身，也就是说测度贫困脆弱脆弱性时忽略贫困线以上的福利变化。聚焦性旨在消除正向冲击从数值上简单抵消掉负向冲击的影响，原因在于负向冲击对贫困脆弱性的影响要远远大于正向冲击。三是结果的概率依赖性。某种风险冲击对贫困脆弱性的影响大小仅与本项风险冲击的概率及本项风险冲击下的福利结果有关，而与其他风险冲击的概率及其他风险冲击下的福利结果无关。四是概率转换性。当结果差的状态概率下降，而结果好的状态概率提高时，贫困脆弱性不会提高，但是如果反过来则会提高贫困脆弱性。五是风险敏感性。不确定情况下的贫困脆弱性等价于一个低于其期望值的确定性情况下福利水平的贫困脆弱性，当风险增加时，贫困脆弱性程度也会增加。六是规模不变性。当福利结果与其贫困线的同比例变化时贫困脆弱性并不改变，也就是说贫困脆弱性的测度结果不受量纲的影响，只取决于福利结果到贫困线的相对距离。李丽（2010）对照 Calvo 的六条准则，对常用的贫困脆弱性测度方法进行了比较。发现只有 $\alpha=2$ 时的 VEP 测度满足所有六项准则，$\alpha=0$ 时 VEP 测度对由较差向较好结果的概率转移不敏感，不满足概率转换性准则，$\alpha=1$ 时 VEP 测度对贫困线以下结果的概率分布不敏感，不满足风险敏感性准则。总的来讲，VEP 测度对准则的满足程度最高，其次是 VEU 型测度，剩下的测度方法的准则满足度就比较低了。比如，VER 测度仅关注对冲击的响应，此时贫困脆弱性只与福利结果的变化有关，与福利结果的水平、福利结果的贫困线标准、冲击的概率均无关，因此也就不满足聚集性、概率依赖性、概率转换性准则。

Ravallion（1988）曾经对贫困进行分解，发现 $\alpha=0$ 时的 FGT 测度 P_0 不能反映贫困深度，而且不会随着福利方差变大而变大，在此基础上构建的贫困脆弱性 EP_0 自然也就继承了这一缺陷。当福利的变动增大时，那些平均福利在贫困线以下的家庭的 EP_0 测度值可能会变小，虽然这些家庭的福利可能会因为风险增加而下降。从理论上讲 EP_0 不是一个好的贫困脆弱性测度指标。Kamanou 等（2005）指出，建立在平方贫困距 P_2 的贫困脆弱性测度比建立在贫困率 P_0 基础上的贫困脆弱性测度更合适。Christiaensen & Subbarao（2005）也强调期望 EP_0 计算可能产生误导，而期望平方贫困距 EP_2 更好些。可见，研究者们对 VEP 的三种测度的评价是比较一致的，都认为 EP_2 优于其他两种，但是实践中用的最多的仍然是 EP_0，最主要的原因是 EP_0 的含义更易解释更具有政策含义。Celidoni（2013）用不同的方法对相同的数据进行测度，根据测度结果对几种主流的方法进行了比较，发现 Calvo 等（2005）提出的基于绝对风险密度的贫困脆弱性测度方法和 Dutta 等（2011）提出的将当前生活水平纳入贫困脆弱性测度的方法在预测准确性方面高于传统的 VEP 测度。

国内贫困脆弱性研究起步较晚，目前仍处于借鉴国外的研究方法进行本国的测度实践的阶段，但是研究者们对各种测度方法也做出了自己的评价。万广华等（2011）将各种测度方法的结果与贫困实际发生情况进行对照，进而检验其预测的准确性。黄承伟等（2010）认为 VER 型测度的局限性是仅关注对已经发生的冲击的过度敏感性，本质上是一种事后型测度，与贫困脆弱性测度的初衷不符。杨文（2012）指出了 VEP 测度的局限性在于需要人为对收入或消费的分布做出假设，当假设与实际不符时将会出现偏差。林文等（2014）认识到 VEU 型测度的局限性在于当数据维度不足以刻画家庭消费波动或拟合家庭效用函数时，VEU 的测度效果将大打折扣。

综上，迄今为止，关于贫困脆弱性如何测度仍然没有达成共识，研究者们从不同视角提出的贫困脆弱性测度均有一定的价值，但也都存在一定的局限性。相对来讲，认可度较高的是 VEP 和 VEU 型测度，但这两类测度也在不断地完善和扩展中。

2.3 贫困脆弱性的影响因素

国内外的文献对贫困脆弱性的影响因素的关注也越来越多，研究的视角各有不同。有的将影响因素划分为内部和外部因素，有的将影响因素划分为宏观和微观因素，有的将影响因素划分为家庭、社区、地域因素，有的将影响因素划分为政策、资产和特征因素，有的将影响因素划分为能力和行动因素。总的来讲，对贫困脆弱性影响因素划分的角度可谓五花八门，但相互之间又有重叠和交叉。设想一下贫困脆弱性的生成过程，家庭面对着不确定的未来，可能遭遇各种风险和冲击，这些冲击有些是每个家庭都要面对的共同冲击，如自然灾害经济危机等，有些是单个家庭要独自面对特殊冲击如疾病或失业。在这些冲击可能到来或真的到来的时候，家庭要掂量自己拥有的所有资源和能力，选择合适的风险响应策略进行事前的防范和事后的应对。如果风险冲击不那么大，家庭不会有太大的风险，即使风险冲击很大，只要家庭拥有的资源够多，风险响应能力够强，风险响应策略优质而高效，家庭也很大可能会平安度过风险，但是如果反之，家庭就可能陷入困境。从这个角度看来，无论研究者将这些影响因素划分到哪个类别中，从贫困脆弱性的生成过程来看，这些因素都必然处于生成过程中的某个环节上，这些因素可能对应着某种风险或冲击，可能是在刻画家庭拥有哪些禀赋和能力，也可能是在列举家庭可以使用的风险响应策略。因此本节将按照贫困脆弱性生成机制的各个环节对研究者曾探讨过的各影响因素进行梳理。

2.3.1　风险及冲击因素

借鉴 Ligon 构建 VEU 测度时的基本思想，风险和冲击总的来讲分为共同风险冲击和特殊风险冲击两类，前者具有普遍性，会涉及冲击覆盖区域的所有家庭和个人，后者具有专属性，只涉及单个家庭和个人。共同风险冲击按照来源不同具体表现为自然灾害、经济波动、政治动荡、社会不安定等，特殊风险冲击按照起因不同具体表现为疾病风险、家庭变故、重大事件等。

第一，自然灾害类的共同冲击往往会产生持久的影响。这类冲击对家庭和个人的收入造成直接影响的同时，还可能会对其抵御冲击的资产、健康、社会网络等手段造成间接影响。ligon 等（2003）将 VEU 法应用于保加利亚的面板数据，研究发现风险与贫困对贫困脆弱性发挥相同的影响，而共同冲击对贫困脆弱性的影响要高于特殊冲击的影响。Datt 等（2003）对菲律宾的研究发现，负外部冲击会对家庭的生活质量有负向影响，对贫困程度有正向影响。Günther 等（2003）用埃塞俄比亚的农村家庭调查数据所进行的研究中，用社区降水作为共同冲击的代表变量，用降水问题指数、农业生产受影响指数、家庭成员生病天数作为特殊冲击的代表变量，用价格指数、劳动需求低峰季节作为趋势影响的代表变量，分析各类因素的影响后发现，共同冲击、农业受影响的指数对家庭的贫困脆弱性有显著影响。Jalan 等（2004）用 6 年的中国农村家庭调查数据度量了家庭经历规模不同的冲击之后的恢复时间。发现小型冲击恢复时间较短，而且一般不会引致持久贫困，而大中型冲击恢复时间较长，特别是大型冲击甚至会使那些缺乏有效风险响应手段的家庭陷入贫困陷阱。Dercon 等（2005）用 6 年的埃塞俄比亚村庄数据研究发现，干旱对家庭资产和消费均产生了显著的负面影响。Kinsey（2006）研究发现，雨水和干旱与家庭人力资本的下降高度相关。Günther 等（2006）用马达加斯加的农村家庭调查数据研究发现，共同风险是农村家庭贫困脆弱性的根本决定因素。K. T. Jakobsen

(2012) 对尼加拉瓜的研究发现，飓风灾害会造成农村家庭非生产性资产的大幅减少，但对生产性资产却没有明显影响。Gloede 等 (2015) 研究发现，冲击对贫困脆弱性的影响会因来源、类别、范围、意外的程度而不同，但是总的来讲负向冲击的经历会直接影响到家庭的风险态度，进而对家庭的贫困脆弱性产生更深远的影响，比较典型的是，那些经历过负向风险冲击的贫困和脆弱家庭会有更强的风险规避倾向。方迎风 (2014) 研究发现共同冲击会影响贫困家庭在消费与能力投资之间的资源配置决策，当冲击造成收入减少时，较富裕家庭的教育和培训支出不会受太大影响，但是贫困家庭往往会倾向于牺牲其在教育和培训投资而满足当期消费。杨浩等 (2016) 用全国 592 个贫困县的贫困监测数据研究发现，各种气象灾害都会显著增加农村家庭贫困脆弱性，农户往往减少生产性支出以应对气象灾害，抑制了其生活水平和右持续发展能力，进而加剧了贫困脆弱性。

第二，经济和社会环境的变化和风险也会产生系统性影响。经济危机、价格波动、市场疲软、贸易开放都可能会对家庭或个人产生负向或正向的冲击。Dhanani 等 (2002) 研究了 1997 年亚洲金融危机的影响，发现此次危机对印度尼西亚教育和健康两个维度的贫困影响不大，消费维度的贫困也只是出现了暂时性的增加。Dessus 等 (2008) 研究发现，食品价格的变化只在短期内对贫困影响严重，而在长期上的不利影响要小得多。Morduch (1994) 认为恶性通胀是贫困脆弱性增加的重要宏观经济原因。Dercon 等 (2000) 研究发现，无论是单一市场价格波动还是一般价格波动都会使贫困边缘家庭的贫困脆弱性增加。恶性通胀发生但当实际工资没有同步上涨时，家庭需要花更多的钱购买生活必需品，对于原本贫困边缘的家庭来说也许是难以承受的，可能会减少生活必需品的消费，甚至挤占子女的教育投资。Chaudhuri (2002) 研究发现，通货膨胀会削弱贫困边缘家庭的消费平滑能力。家庭的消费平滑能力取决于家庭拥有的资源禀赋、家庭当前收入水平、家庭未来预期收入水平，但是贫困边缘家庭的财富水平和预期收入水平都容易受到通胀的影响。Morduch (1994) 认为贸易开放度对贫困脆弱性有双向影响。货币体系不完善的国家更容易发生通胀或受到输入型通胀的影响，也更容易受到国际热钱的攻击，过大的贸易开放度会提高贫困脆弱性。货币政策稳定的国家适当的贸易开放则有利于降低贫困脆弱性。De Ferranti 等（2000）研究发现，拉美各国在贸易开放度更高的 90 年代，工人的工资收入更稳定。Bourguignon 等（2004）研究发现，东亚各国的贸易自由化对贫困脆弱性没有显著影响。林文（2014）研究发现，贸易开放显著降低了我国农村居民家庭的贫困脆弱性，不仅如此，整体收入水平和受教育程度越高的地区农村家庭贫困脆弱性越低。聂荣（2014）利用微观调查数据研究农村家庭贫困脆弱性，发现慢性贫困脆弱比重与其所在省份的整体经济发展水平呈负相关关系，东部地区慢性贫困脆弱性比重最低。

第三，家庭自身的特殊风险会对家庭福利状况产生程度不同的影响。疾病、突发状况、重大事件都将产生额外的支出需求，当家庭无力承担这些支出时，就会陷入困境。与共同冲击不同，除了流行病爆发以外，健康冲击往往只影响到单个家庭，家庭中有成员患病时，家庭资源需要在消费、医疗、健康投资之间重新配置，当主要收入者患病时会对家庭的整体经济状况产生更大的甚至持久性的影响。Alderman 等（2009）马达加斯加的贫困脆弱性进行分层研究后发现，家庭层面的特殊冲击是城镇家庭贫困脆弱性的主要影响因素，而社区层面的共同冲击是农村家庭贫困脆弱性的主要影响因素。Slam 等（2012）用孟加拉的微观面板数据研究发现，为了应对健康冲击的影响，贫困家庭常会选择出售牲畜，影响未来的收入能力，而小额信贷能显著缓解健康冲击的负面影响。武拉平等（2012）用 VEU 法测度山西农村家庭的贫困脆弱性，发现家庭成员中体弱多病者占比、劳动者受教育程度和是否发生重大事件三个因素对贫困脆弱性是最主要的影响因素。邹薇等（2013）研究健康冲击与贫困脆弱性关系，发现健康冲击不但会直接减少低收入家庭的劳动所得，还会改变低收入家庭资源配置决策，在经历严重的健康冲击时，低收入家庭可能会减少能力投资、健康投资和生产性支出，从而换取当期消费水平的平滑，长期来看容易陷入贫困的恶性循环。黄潇（2013）测算了贫困脆弱性与健康的关系，发现健康水平下降会引起物质和社会资本减少，进而提高贫困脆弱性。方迎风等（2013）发现健康冲击挤出生产性支出与健康投资，从而提高贫困脆弱性。Echevin（2014）研究发现特殊风险冲击特别是健康风险冲击对海地农村家庭的贫困脆弱性的影响远高于共同风险冲击的影响。刘伟（2014）用山东省农村家庭的调查数据研究发现，因健康风险而陷入贫困的家庭占很大比重。杨龙（2015）用中国农村贫困监测数据研究贫困脆弱性，发现购置房屋、婚丧嫁娶、子女升学等重大事件、罹患大病健康冲击是农户贫困脆弱性最主要的影响因素。韩静舒等（2016）采用反事实框架分析了疾病与贫困脆弱性的关系，有就医行为的家庭贫困概率会增加，而且医疗支出对贫困脆弱性的影响因家庭而不同。何思妤等（2018）用VEU法测度库区移民的贫困脆弱性，发现自然灾害与健康风险普遍增加了库区移民农户的脆弱性。

2.3.2 资源禀赋因素

家庭拥有的资源禀赋是家庭在不确定的生计背景下赖以生存的资本，资源禀赋的数量和质量不但决定了面对风险冲击时的风险响应能力大小，也会影响到风险降临前后的风险响应策略选择。

第一，贫困脆弱性往往呈现出性别和年龄差异。关于性别的影响，一些研究发现性别对贫困脆弱性没有显著影响，另一些研究发现女性户主家庭的贫困脆弱性低于或高于男性户主家庭。Glewwe等（1998）研究秘鲁的贫困脆弱性，发现女性户主家庭的贫困脆弱性并不高于男性户主家庭，但是子女较多的家庭确实呈现出更高的贫困脆弱性。Glewwe等（2010）用秘鲁面板数据研究实证宏观经济冲击来临时不同群体的贫困脆弱性，也得出女性户主家庭贫困脆弱性与男性户主家庭没有显著差别，但子女较多的家庭贫困脆弱性程度更高的结论。Oswald等（2013）认为女性作为户主时两种可能性并存，一方面，因男性外出工作而担任户主的女性可能因负担过重而引发疾病和不适，从而加剧了家庭的贫困脆弱性，另一方面，女性户主因承担大部分生产、养育和教育活动而获得了更多的权力和能力，收入更高，而且更多地参与社区事务中获取了更多的社会资本，在冲击来临时有了更多的抵御冲击的手段，从而使家庭贫困脆弱性有所降低。Andersen 等（2014）研究气候变化的条件下拉丁美洲农村家庭的贫困脆弱性，发现女性户主受教育程度虽然普遍低于男性户主，但是面对气候变化时的贫困脆弱性却低于男性户主家庭，而且冲击后的复原性远高于男性户主家庭。lipton 等（1998）认为女性户主家庭相对来讲比较封闭，往往远离市场，因而免受市场波动的影响，贫困脆弱性程度可能较低。阪本等（2011）认为女性户主家庭因更容易暴露于各类风险中且缺乏足够的抵御能力而更脆弱。张颖莉等（2018）用中国微观数据研究女性户主家庭的贫困脆弱性，发现女性户主家庭持有资产更少、风险暴露程度更高、面对风险时更容易选择不利于长期发展的风险响应策略，因此总的来讲贫困脆弱性程度更高。关于年龄的影响，研究者的结论基本一致。Ligon 等（2003）发现女性户主家庭和老年户主家庭贫困脆弱性高于其他家庭。Kurosaki（2006）研究巴基斯坦贫困率高发地区农户的贫困脆弱性，发现没有转移收入的老年家庭对负向收入冲击的应对能力较弱，家庭消费水平的波动性大，贫困脆弱性更高。聂荣（2014）利用微观调查数据对中国农村家庭的贫困脆弱性并对总体贫困脆弱进行测度和分解，发现慢性贫困脆弱比重与户主年龄和家庭规模呈“U”形关系，说明户主年龄较大或较小时可能因资源禀赋不足、创富能力和风险分担能力弱而更容易陷入贫困陷阱。

第二，教育、健康、工作方面的人力资本都会对贫困脆弱性产生一定的影响。人力资本不外乎以两种方式影响贫困脆弱性，一是提高收入水平，二是通过人力资本投资提高长期发展能力从而阻断贫困的代际传递。Imai（2009）指出受教育程度、拥有的土地、公共设施和灌溉设施的完善程度是降低农村家庭贫困脆弱性的关键。杨文等（2012）用 CFPS 数据对测度分解我国农村家庭的贫困脆弱性，发现家庭收入、劳动力平均受教育程度、社会资本都是显著的影响因素。梁凡等（2018）用秦巴山区的农户调查数据研究人力资本对贫困脆弱性的影响，发现脆弱性家庭与非脆弱性家庭的人力资本差异显著，劳动力自评健康状况越好、受教育程度越高、工作年限越长，家庭的贫困脆弱性越低。陈灿平（2018）用基于可持续生计的方法测度西部地区新生代农民工的贫困脆弱性，发现所有的生计资本与贫困脆弱性都呈现负相关关系，人力资本降低贫困脆弱性的作用最大，其次是自然和物质资本，社会资本和金融资本的影响极小。Sohns 等（2017）研究自雇对农村家庭贫困脆弱性的影响会因环境而不同，不发达地区农户自雇对贫困脆弱性没有显著影响，在经济环境较好、基础设施和市场发达程度较高的地区自雇会显著地降低贫困脆弱性。Imai（2015）研究发现，非农就业能够有效地降低贫困地区农村家庭的的贫困脆弱性。

第三，社会资本对贫困脆弱性的影响近年来逐渐受到研究者的关注。Bourdieu（1986）将社会资本界定为一种建立在相互认同和彼此熟悉基础上的社会关系，是一种可供利用的资源。Grootaert（1999）研究发现，作为一种非市场力量，社会资本能够起到增加就业、提高收入、抵御冲击的作用。李伯华等（2011）关注家庭社会关系网络的变迁，认为农村互助体系瓦解、交往观念变化、贫富差距增大等因素都提高了农村家庭的风险，进而提高了农村家庭的贫困脆弱性。徐伟等（2011）研究发现社会网络可以直接降低农村家庭的贫困脆弱性，还可以抵消负向冲击的影响间接降低贫困脆弱性。杨文（2012）以农村家庭的礼金支出作为代表变量研究社会资本的影响，发现礼金支出越多的家庭贫困脆弱性越低。丁冬等（2013）研究发现，家庭社会资本越充足，就越能有效抵御风险冲击，也能获得越多的家庭福利，从而减少贫困的发生。胡金焱（2015）用 CFPS 数据研究社会资本对贫困脆弱性的影响，发现中国农村的社会资本仍以亲缘关系为主体，不但可以直接增加农民家庭当期收入，还可以通过促成民间借贷间接增加农民家庭收入水平，从而降低其贫困脆弱性。刘俊文等（2015）从网络规模、网络差异和信任互助三个维度验证了社会资本能够显著提高农村家庭收入水平。刘一伟等（2018）研究发现社会资本能够显著提高农村家庭的非农就业水平，从而降低其贫困脆弱性。徐戈（2019）用陕西省秦巴山区的调查数据研究社会资本、收入多样化和农村家庭贫困脆弱性的关系，发现社会资本降低了贫困脆弱性，同时社会资本带来的社会网络和信息渠道又有利于发现多种收入来源，从而对收入多样化有显著正影响，而收入多样化又对贫困脆弱性有显著的正影响。

2.3.3　风险响应策略因素

家庭在面对风险冲击时，可供使用的风险响应策略和手段有哪些，家庭最终使用了哪些策略和手段，这些策略和手段的有效性如何，将最终决定家庭是否能够很好地抵御风险，免于陷入困境。Calvo 等（2005）研究发现，贫困家庭往往因风险厌恶倾向更强而尽可能地回避风险较高的生计策略，这个选择虽然可能使其远离风险，但与此同时也失去了获得高收入改变命运的机会。对低风险低回报的生计策略的偏爱拉大了这些家庭与富裕家庭的差距。

第一，私人转移支付、外出务工、民间借贷都是比较常用的非正规风险响应策略。Aejandro 等（2010）用墨西哥农户调查数据检验私人转移支付对贫困脆弱性的影响，发现对那些高度脆弱的家庭而言，汇款不会降低贫困脆弱性，汇款金额越多的家庭，贫困脆弱性越高。解垩（2014）研究老年家庭的贫困脆弱性，发现子女在经济上的支持或转移支付对老年家庭的贫困脆弱性没有显著影响。解垩等（2015）在将贫困脆弱性分解为暂时贫困脆弱和慢性贫困脆弱的基础上研究私人转移支付的影响，发现子女流向父母的私人转移支付规模逐渐增长，但对两类贫困脆弱性均没有显著影响。从理论上讲，外出务工带来劳动力和资金的双向流动，对家庭贫困脆弱性可能产生双向的影响。一方面外出务工引起留守劳动力的减少，相应的生产活动会受到约束，另一方面，外出务工带来的资金又可用于增加生产性投入或改善留守成员的生活水平。郃秀军等（2009）研究了西部山区农村家庭的外出务工行为，发现外出务工确实能够增加家庭收入，从而更好地抵御农业风险的冲击，降低贫困脆弱性，但是外出务工因教育限制往往不能提供稳定的收入流。李聪等（2014）研究发现外出务工带来的收入回流对家庭的影响取决于留守家庭成员对这份收入的用途。用于投资的家庭其长期收入水平会提升，而用于消费的家庭则只会改善短期的生活状况。徐超（2017）用CHIP数据研究农民自主创业的影响，发现自主创业能够显著降低非贫困家庭的贫困脆弱性，却对贫困家庭无效。高若晨等（2018）用CHIP数据和住户调查数据研究外出务工的影响，发现无论是暂时性贫困家庭还是慢性贫困家庭外出务工都显著降低了他们的贫困脆弱性。胡金焱（2015）用CFPS数据研究民间借贷的影响，发现民间借贷能够显著增加农村家庭当期收入，却不能显著降低农村家庭的贫困脆弱性，小额的民间借贷只能在短期满足资金需求，却无法从根本上提升农村家庭的财富水平。

第二，社保、商业保险、政府转移支付、金融普惠都是比较常用的正规风险响应策略。何平（2010）研究发现农村养老保险和养老保障政策有助于拉动消费需求和降低农村家庭脆弱性。李齐云等（2015）用CFPS数据研究新农保的影响，发现新农保提高了家庭抵御风险的能力，降低了参保家庭的贫困脆弱性，但是影响不大。田子等（2018）分析城居保、新农保的影响，发现领取新农保降低了农村老年人的贫困脆弱性，领取城居保提高了城镇老年人的贫困脆弱性，但是二者均不显著。徐超（2017）用CFPS数据研究城乡低保的影响，发现低保挤出了私人转移支付，降低了居民工作意愿，而且存在瞄准偏差，不但没有显著地降低贫困脆弱性反而可能提高贫困脆弱性。章晓懿等（2014）用上海市城乡居民生活状况跟踪调查数据研究上海市医疗救助制度的影响，发现医疗救助显著降低城乡低收入家庭的贫困脆弱性，而且对农村低收入家庭更有效。樊丽明等（2014）用CHNS数据研究公共转移支付的影响，发现公共转移支付并未表现为显著降低贫困脆弱性，将贫困脆弱性分解为慢性和暂时性贫困脆弱性也未能改变这个结论。林文（2014）用CHNS数据测度农村家庭的贫困脆弱性，发现公共支出并没有起到减贫的作用。Alejandro等（2015）用墨西哥家庭调查数据研究贫困脆弱性的影响因素，发现大多数的社会项目对贫困脆弱性都没有明显的效果。刘欢（2018）用CHNS数据研究农村老龄家庭的贫困脆弱性，发现收入和风险是最重要的影响因素，与生产性资产、养老金收入、医保参保情况一样，转移支付收入也与老龄家庭的慢性贫困脆弱性显著负相关，但是转移支付收入与老龄家庭的暂时贫困脆弱性的相关性却并不显著。姚鸣镝（2018）用 CFPS 数据测度西南地区各省居民家庭的贫困脆弱性，发现教育对贫困脆弱性有显著的负向影响，政府转移支付虽然直接增加了家庭收入但却没有降低家庭的贫困脆弱脆弱性，反而呈现出显著的正向影响，虽然影响不大，但说明只能在短期内补贴家庭收入损失的政府转移支付的效果确实与家庭的长期自我增值要差很多。在解决贫困家庭短期生活窘迫的同时，推动强化贫困家庭的长期发展能力确实是政府转移支付未来努力的方向。家庭在遭遇收入冲击时，如果能够从金融机构贷款，有助于家庭平稳度过冲击，金融普惠程度越高，家庭选择金融手段进行风险响应的可能性就越大。国外相关研究较多，Milcher（2010）用东南欧国家的数据研究发现，使用银行服务的家庭贫困脆弱性远低于那些没有使用银行服务的家庭。Choudhury（2014）指出金融普惠促进了家庭对金融服务的获得和使用，提高家庭风险响应能力，从而降低了贫困脆弱性；Swain（2014）关注印度小微金融项目的家庭，发现这些家庭的贫困脆弱性低于没有参加此类项目的家庭。张栋浩等（2018）用 CHFS 数据研究金融普惠的影响，发现金融普惠显著地降低了农村家庭贫困脆弱性，在金融普惠的三个维度中最重要的是金融普惠的渗透度特别是村镇银行等新型金融机构的渗透度，其次是金融普惠的使用度上，数字金融服务比传统金融服务更有效。

2.4　对现有文献的述评

国内外研究者在贫困脆弱性界定、测度和影响因素方面做了大量的探索，也取得了相当多的研究成果，为本课题的研究奠定了理论基础和实践依据，但是已有文献除了在贫困脆弱性的界定方面达到了一定程度的共识以外，在贫困脆弱性的测度和影响因素方面还处在百家争鸣的状态，尚有很多问题需要进一步探索，也表现出一些不足之处。

2.4.1 贫困脆弱性测度研究中存在的不足

第一，已有的贫困脆弱性测度并未完整地体现贫困脆弱性的内涵。不同学科对贫困脆弱性的定义虽然不同，但都普遍认可贫困脆弱性应包含风险、风险响应及福利结果等要素，然而已有的测度方法并不能做到同时涵盖这三个要素。比如 VEP 测度侧重于收入或消费等福利结果，基于变动性的测度更像是在测度风险，VER 测度实质是在测度风险响应的程度，可持续生计类的测度侧重于风险响应的能力。已有的数据中关于风险和风险响应的信息不多，在测度中纳入贫困脆弱性的所有要素确实有难度，极大地限制了贫困脆弱性测度的完整性。

第二，很多测度未能真正实现前瞻性。贫困脆弱性测度的初衷在于预测贫困，即在贫困发生之前对家庭未来的福利状况进行预判，对于那些未来可能贫困的家庭采取提前干预和保护，起到预防贫困的作用。但是有些贫困脆弱性测度没有据此定义和测度，还有些虽然在理论上具有前瞻性，实际测度却是建立在事后损失的观测上，测度结果实质上并未体现出对未来的预测。例如，VEU 用贫困线的效用与当前或过去的平均消费水平的效用之差来测度贫困脆弱性，实质就是个事后测度。VER 用家庭福利对冲击的回归系数来刻画贫困脆弱性，最多只是测量了家庭对已经发生的风险的暴露或响应能力，仍然是一种事后测度。VEP 在这方面的表现要好很多，其测度是基于对未来福利分布的估计。

第三，测度大都建立在极强的假设基础上。贫困脆弱性的大小取决于未来的福利水平，但是未来福利水平是不可观测的，能观测到的只有过去和现在的福利水平，却要据此估计未来福利的分布特征。为了实现这一点，就需要做出能够将过去的福利结果映射到未来的假设。比如 VEU 测度中需假设家庭偏好已知且不变，而且指定了一个统一的 HARA 效用函数族为所有家庭共用。再如，为了用过去的信息估计未来，还需做出平稳或差分平稳的假设。即假设未来福利分布不随时间而不同，在此假设上可以用历史数据模拟某个典型时期的分布。当没有面板数据可以使用只能用截面数据实施测度时，还要做出更强的同质性假设，即假设观测福利取自同一分布。

第四，测度大多在单一维度上进行。受到数据可得性和方法可操作性的现在，当前贫困脆弱性测度大多是在货币尺度计量的收入和消费维度进行。但是收入和消费并不能代表家庭福利的全部，一些无法用货币计量的维度如健康、教育、公共服务、安全感也是家庭福利状况的重要方面，但是尝试测度其他维度贫困脆弱性的文献并不多。更进一步地，在贫困研究领域人们对贫困测度的探索早已由一维扩展到多维，贫困脆弱性的测度也不应只停留在单一维度上，但是目前对多维贫困脆弱性的研究更是少之又少。

第五，测度结果可比性不足。不同测度方法侧重点不同，测度结果本身不具有可比性。即使采用同一种测度方法，由于研究者使用不同的数据测度，结果也不可比。而目前研究中很普遍的情况就是测度结果的数据依赖问题，研究者为了深入研究某个命题在小范围内单独组织调查，并以此为基础进行测度，由于样本量过小范围过窄，其研究结论不具有代表性难以推广。由于研究者的研究结果不可比，关于哪种测度方法更准确可靠就更加无从得知。虽然已经有些研究者尝试用同一数据进行多种测度后进行比较，但是得出的结论也会受到样本数据质量以及测度过程中一些人为因素的影响。

2.4.2　贫困脆弱性影响因素研究中存在的不足

第一，贫困脆弱性影响因素研究的视角不够全面。已有文献在研究贫困脆弱性的影响因素时，往往只关注某一方面。对风险冲击影响的研究涉及较多的是健康冲击和自然灾害。对家庭资源影响的研究主要集中在教育人力资本和物质资本方面，金融资本和社会资本方面相对较少，把各类资本与风险冲击联系起来的研究也很少。近年来虽然对社会资本的关注越来越多，但主要集中社会网络这个维度上。家庭的风险响应策略和国家的相关政策也是非常关键的影响因素，但是这方面的研究还很有限，而且时常出现相互矛盾的结论，限制了其在扶贫实践中的应用。另外，关于影响因素的研究大都在均值层面上进行，很少细化到分布的其他位置，但是实际上对于高脆弱性群体贫困脆弱性的研究可能更有意义。

第二，贫困脆弱性影响因素研究缺乏系统性。影响因素研究中最常用的做法是以贫困脆弱性作为被解释变量构建回归模型，虽然具体的模型形式各有不同，有普通的线性回归，也有二元选择的 logit 或 probit 模型，还有面板回归模型等，甚至在分析中还要用到倾向值匹配或倍差法等具体的方法，但是均需筛选各种因素作为模型的解释变量。可是已有文献中对因素的筛选随意性和主观性较强，没有在事先设定的完整分析框架下进行，因此进入模型的因素感觉比较碎片化，不够系统。

2.4.3 国内外贫困脆弱性研究的比较

首先，从研究进展来看，贫困脆弱性的研究起源于国外，基本的理论、思维框架、概念界定、测度方法也都由国外研究者率先提出。国内贫困脆弱性研究起步较晚，虽然近 10 年来关注者越来越多，但是大多是借鉴国内理论和方法，用国内的数据进行实证研究，仍然处于模仿和应用阶段。

其次，从研究内容和范围来看，国外贫困脆弱性方面的文献中以中国为研究对象的理论和实证研究很少，以亚非拉的发展中小国为研究对象者居多，比如孟加拉、印尼、秘鲁等国，模型和结论都未必适合中国国情，需进行本土化检验和应用。国内贫困脆弱性文献中，最常见的研究模式就是先用某种常用方法测度贫困脆弱性，然后在此基础上分析其影响因素，关于测度方法和理论的原创性研究很少，有待加强。

再次，从研究结论来看，无论国外还是国内研究，研究视角都或多或少地受到数据的限制，会有某个因素可能对贫困脆弱性有显著影响，但是由于数据不可得而无法纳入影响因素分析模型的情况。另外因为使用的数据、方法、研究对象存在差异，各项研究的结论也不具有可比性，甚至会出现同一因素在不同研究中的影响方向和显著性截然相反的情况。

最后，从研究前景来看，中国有着与世界上任何国家都不同的国情，贫困群体的实际情况比任何国家都更复杂，在扶贫方面的制度创新是世界上任何国家都无法相比的。在这样的大背景下，突破个体研究的局限，在更全面的视角和研究逻辑上研究各项因素对贫困脆弱性影响机制，特别是各项扶贫政策对贫困脆弱性的政策效应均有非常大的空间。

第3章　数据选择与处理

目前，我国社会科学研究领域微观数据可得性不足的问题正在逐渐改善。在学界、政府、非政府组织、研究机构和大学的共同努力下，越来越多高质量的大型微观调查在不断地积累着极具研究价值的数据库。其中，影响力较大的有 CHNS（中国健康与营养调查，China Health and Nutrition Survey）、CFPS（中国家庭追踪调查，China Family Panel Studies）、CHARLS（中国健康与养老追踪调查，China Health and Retirement Longitudinal Study）、CHIPS（中国家庭收入调查，China Household Income Projects）、CGSS（中国综合社会调查，Chinese General Social Survey）、CHFS（中国家庭金融调查数据，China Household Finance Survey）。这些数据库在社会科学研究领域被广泛使用，除了数据质量高、样本量大、覆盖面广以外，其使用门槛较低，对数据用户开放度高也是重要的原因。各项微观调查都有自己的侧重点，CHNS 和 CFPS 相对来讲与本项目的研究目的和内容更为契合，而且二者各有所长，前者调查轮数较多，但仅限于几个省份，后者开始调查较晚，但在全国铺开，覆盖面较广。因此本项目以这两个大型微观调查为主要数据源。

3.1　中国健康与营养调查（CHNS）数据

3.1.1　中国健康与营养调查（CHNS）数据简介

本研究使用的第一个数据来源于中国健康与营养调查（简称 CHNS）。

该调查始于 1989 年，是中国疾病与预防控制中心、北卡罗来纳大学人口研究中心和美国国家营养与食物安全研究所三家机构的合作项目。从调查时间来看，CHNS 几乎是对外发布的几个有影响力的微观数据库中开始最早的，迄今为止已经正式公开发布了 1989 年、1991 年、1993 年、1997 年、2000 年、2004 年、2006 年、2009 年、2011 年、2015 年共 10 轮数据，见证和记录了中国市场化的进程，是进行动态研究不可多得的数据。从调查方式、调查范围和样本量来看，CHNS 具有极强的代表性。调查采用多阶段抽样的方式。第一阶段在全国抽选若干省份，其中，前三轮调查了辽宁、江苏、山东、河南、湖北、湖南、广西、贵州共 8 个省和自治区，第四轮由黑龙江替代了辽宁，第五轮恢复了对辽宁的调查，同时依然保留黑龙江，第九轮又增加了北京、上海和重庆三个直辖市。调查省市涉及东、中、西三个地区，兼顾了经济和社会发展水平高、中、低的不同层次。第二阶段是在调查省份各自随机抽取四个调查点，包括两个城市点和四个农村点，各省份的城市点要抽选省城和一个较低收入的城市，各省份的农村调查点要根据收入分层和一定权重随机抽取 4 个县。第三阶段是在城市调查点随机抽取城区，农村调查点的四个县中，要抽选县城镇和按收入分层抽选的三个村落。第四个阶段是在中选的城区、县城镇或村落随机抽取样本家庭，每个村落要调查 20 户。可见 CHNS 的抽样组织方式极为严谨科学，而且每轮调查组织下来，都会得到 3400—4400 个家庭样本，15000 个左右的个人样本，样本量之大可以满足多个层次研究的需求。从调查内容来看，CHNS 的侧重点在于居民的健康和营养，并非为研究收入或贫困问题而设计，但是在其问卷中除了营养和健康方面的问题以外，还设计了相当多其他的问题。如各项收入或补贴、支出、资产、教育、工作、保险、转移支付等方面，为研究贫困脆弱性问题提供了可能。

当然，CHNS 数据也有一定的局限性。从调查时间上看，数据间隔时间不同，严格来讲不能算是合格的时序数据，对于动态比较分析来说不够理想。从调查范围上看，来源省份有限，且东、中、西部样本数量不够平衡。从数据质量来看，还有提升的空间。如 2000 年数据质量明显低于其他年份，收入项过于笼统；健康类变量数目众多但数据缺失较为严重，迫使研究者放弃经济意义上更合适的变量而选择数据缺失较少但解释力有些牵强的变量。从数据跟踪率来看，样本流失较为严重，各轮都参与的家庭很少，不能构成足够规模的面板数据，这种现象在城镇更为严重。从数据的动态调整来看，有利有弊。有些问题从无到有，有利于适应新情况新问题，但某些既有问题的选项与之前调查不同，不利于数据的纵向匹配。

表 3-1　　CHNS 各轮样本量　　单位：个

时间 / 范围	1989年	1991年	1993年	1997年	2000年	2004年	2006年	2009年	2011年	2015年	合计
城镇样本量	1254	1170	1052	1258	1390	1381	1400	1434	2450	2413	15188
农村样本量	2537	2437	2386	2580	2939	2958	2974	3006	3362	3314	28493
总样本量	3791	3607	3438	3838	4329	4339	4374	4440	5812	5727	43695

3.1.2　CHNS 变量选择与处理

Chaudhuri（2003）在对中国、印度尼西亚等国家的贫困脆弱性研究中，从家庭规模与构成、户主特征、指示变量、地理变量等方面筛选变量。具体选择了成人数、抚养比、各年龄段占比、不同教育程度家庭成员占比、15 岁以下学龄孩子占比等家庭特征，户主的性别、年龄、年龄平方、婚姻状况、教育程度、职业等户主特征以及土地、用电、集体归属等指示变量，地貌、地区特色（旅游区、少数民族地区）、医疗设施、农业和交通基础设施等地理变量。章元（2009）在对中国农村家庭贫困脆弱性的研究中，从固定资产、人力资本、金融资产等方面筛选变量。具体选择了耕地面积、灌溉及其他设备价值、家庭成员数量、户主年龄、性别、受教育年限等变量。Kühl（2003）在对埃塞俄比亚农村家庭贫困脆弱性的研究中，从家庭结构、总冲击和特殊冲击和趋势方面筛选变量。具体选择了成人数、抚养比等家庭结构变量，社区降雨、降水问题指数、庄稼受影响指数、成人生病天数等冲击变量，价格指数、后收获季节等趋势变量。Ravallion 在对中国家庭贫困脆弱性问题的研究中，从家庭变量、其他资本和地理变量三个方面筛选变量。具体选择了年龄、各种年龄孩子占比、小学和初中生占比、各种受教育程度的成年人占比、国有部门就业成员占比等家庭变量，面积、亩产、家庭人均收入、家庭人均支出、家庭人均财富等其他资本变量，地貌、旅游区与否、少数民族地区与否、文盲率、非农就业机会、人口密度、医务人员数、省份等地理变量。

从本书的研究框架出发，借鉴以往研究变量选取的经验，同时兼顾 CHNS 数据的可得性。本书将从家庭人口学特征、家庭资源禀赋特征、家庭风险响应策略特征、外部环境特征等方面进行变量筛选。

3.1.2.1　家庭人口学特征

家庭的基本人口学特征分为两个方面：户主的相关特征和家庭规模和结构。

（1）户主特征

户主是家庭的带头人，往往也是家庭各种重要事件的决策者，决定了家庭发展的路径和方向。户主的年龄、性别、婚姻状况是在各项研究中公认的重要变量。但是 CHNS 数据库中并没有现成的户主特征数据，所有的户主特征均需在两个甚至两个以上数据中进行匹配得到。

（2）家庭规模和结构

家庭规模即为家庭人口数，家庭规模越大，可能负担越重，也可能赚取收入的人更多。很自然地，家庭中劳动力数量越多，赚钱养家的人就越多，家庭整体收入水平越高。所谓劳动力数量，即为劳动年龄人口数。但是对于劳动年龄人口，划分标准却并不一致，有的主张 15—59 岁，有的主张 16—64 岁，为了后面使用时更加灵活，这里将分别按两种年龄标准计算家庭劳动力数量。

可见，家庭中非劳动力占比越高，家庭负担越重，这个占比通称为抚养比，计算的方法是，按照劳动年龄标准数除以劳动力人数，再用 1 减去劳动力人数在家庭规模中的占比。这个计算公式有个漏洞，并非所有家庭都全员参与了调查，此公式暗含的假设是未参与调查的家庭成员均为非劳动力，当情况并非如果时，显然会高估抚养比。

子女教育是中国家庭与住房并列的两大支出项之一，家庭中学龄人口及学龄前人口的占比越高，家庭负担也越重。学龄人口和学龄前儿童在教育支出结构上又有很大差异，有必要分别统计。因此分别统计家庭6岁以下儿童数和16岁以下人口数及其占比，作为家庭结构的另一类代表变量。

表3-2　　CHNS家庭人口学特征变量

变量编号	变量代码	变量名	变量含义
1	hgender	户主性别	虚拟变量，男=1，女=0
2	hage	户主年龄	户主周岁年龄
3	hmarrige	户主婚姻状况	虚拟变量，已婚=1，其他=0
4	size	家庭规模	家庭人口数
5	labor	劳动力数	家庭劳动年龄人口数，按两种标准统计
6	dep	抚养比	1-劳动力数/家庭规模
7	age16-	16岁以下人数	16周岁以下的家庭成员数
8	age6-	6岁以下人数	6周岁以下的家庭成员数

3.1.2.2　家庭资源禀赋特征

贫困脆弱性高的家庭往往缺乏应对风险冲击的能力。家庭拥有的资源禀赋越少，其风险响应能力也越低下。资源禀赋决定了家庭长期发展能力，也影响着家庭在短期内的风险响应策略选择。由柯布道格拉斯生产函数，家庭拥有的人力资本、物质资本、金融资本是家庭收入的关键影响因素。家庭会根据其对风险冲击的预期或根据风险发生后的影响和程度，将其资源禀赋进行分配。如将家庭劳动力在各种生计策略中分配，将金融资产在教育和消费间分配。家庭资源禀赋存量越少，越容易在分配中捉襟见肘，其做出短视性决策的可能性越大，越容易陷入禀赋越来越少，能力越来越弱的恶性循环。

（1）人力资本

根据Schultz（1968）的人力资本理论，正规与非正规教育、劳动力市场培训、经验的积累均能提升人们的能力，进而提高劳动生产率和收入水平。健康状况影响劳动者的劳动时间、劳动生产率，也可能影响家庭成员的就业和劳动时长，还会直接或间接影响劳动者的受教育程度。幼儿期的营养和健康状况会直接影响其认知和学习成绩，进而影响其终身受教育程度，健康状况越好的人预期寿命越长，人力资本折旧率越低，投资教育的收益率也越高。另外，人们的职业安排也体现了基于人力资本而选择的实现收入途径。

①教育状况。教育是人们研究人力资本时最常用变量。一方面因为教育确实是提升人力资本主要途径，另一方面是因为教育数据可得性较强。国内国外的研究者都对教育收益率给予了极大的关注。CHNS 成人问卷中 A11 和 A12 都是关于两个教育的问题。前者询问正规教育的年限，选项非常具体，根据选项就可明确被访者的正规教育年限。后者询问最高受教育程度，是个定序变量。对这两个变量按不同方式进行加工和匹配，得到户主受教育程度、户主受教育年限、劳动年龄人口平均受教育年限 3 个教育变量。

②健康状况。健康也是人力资本研究中被广泛关注的因素。最早将健康与教育并列为人力资本主要组成部分的是 Mushkin（1962）。Grossma（1972）把健康界定为通过投资而增长、但会随年龄而折旧的特殊人力资本。然而由于健康数据缺失，国外关于健康人力资本的研究直到 20 世纪 90 年代中后期才开始兴起，我国的研究则更晚一些，直到 2004 年以后刘国恩、张车伟、魏众等才开始关注这一命题。CHNS 问卷中设计了大量营养健康方面的问题，但是相当一部分数据缺失严重。与本书研究内容相关度较高，同时数据较为完整的变量有以下几个：U2，U3 分别是身高和体重，U4，U5，U6，U22 是关于血压的问题，前三个询问舒张压和收缩压，U22 是询问是否曾被诊断为高血压。U48a：自评健康状况。过去四周是否受伤或生病。过去四周的医疗支出。是否有慢性病或急病。过去三个月是否因患病而影响工作。

首先，由个人的身高体重计算国际通用的身体质量指数 BMI = 体重/身高^2。按世界卫生组织标准 BMI 在 18—25 之间为正常，小于 18 为偏瘦，大于 25 则为偏胖。医疗实践证实，肥胖者患心血管病、糖尿病、高血压、脑中风等疾病的风险更高。偏瘦者往往营养摄入不良，在低收入群体中发生率更高。根据 BMI 和上述标准加工和匹配出 BMI 相关的 7 个变量：户主的 BMI、户主 BMI 是否正常、家庭成员中是否有人 BMI 不正常、家庭成员中 BMI 正常的人数、家庭成员中偏胖人数、家庭成员中偏瘦的人数，家庭成员 BMI 不正常者占比。

其次，据统计，中国人十大死亡原因中一半与高血压密切相关，如脑血管病、心脏病、高血压、糖尿病及肾病。可见高血压是一个非常重要的健康指标。按世卫组织的标准，未服药的情况下收缩压≥140mmHg 或舒张压≥90mmHg 为高血压。另外，医生诊断出高血压也是一个重要的指示指标，如果症状不明显，患者可能不会去医院找医生诊断。根据 U4、U22，加工和匹配出 6 个高血压相关的变量：户主是否为高血压、家庭成员是否有人患有高血压、家庭成员高血压占比、户主是否曾诊断为高血压、家庭成员是否有人诊断为高血压、家庭成员诊断为高血压占比。

再次，自评健康状况是被访者对自己健康状况的主观评价，CHNS 问卷中这个问题有四个选项：非常好、好、一般、差。由这个变量加工和匹配出 2 个变量：户主自评健康状况、家庭成员中自评健康状况在一般及以下的人数。自评健康状况是健康人力资本研究中较常用的变量之一，但是这个变量的主观性较强，不同年龄、不同受教育程度、不同收入水平、不同职业的被访者，对健康状况的评价标准和感受可能不同。

最后，过去四周是否受伤或生病，过去四周的医疗支出，是否有慢性病或急病，过去三个是否因患病而影响工作，均从某种程度上体现了家庭遭受的健康冲击大小。

③工作状况。除教育和健康人力资本之外，劳动者的工作状况一方面取决于教育和健康资本，另一方面也是利用教育和健康资本实现收入的基本路径。

首先，技术管理类工作者的收入普遍高于其他职业。CHNS 问卷中，B4 询问了被访者的职业类别，将选项中的高级专业技术工作者、一般专业技术工作者、管理者、技术工人或熟练工人四类合并为技术管理人员，进而加工出 3 个职业变量：户主是否为技术管理人员、家庭成员中是否有技术管理人员、家庭成员中技术管理人员占比。

其次，工作单位的性质和规模极大地影响了个人及家庭收入的水平和稳定性。多项研究表明，公共部门与非公共部门之间，国有单位与非国有单位之间，大型单位与小型单位之间，职工的收入水平、福利待遇、工作稳定性、工作强度、福利都存在显著差异。另外，自雇者和受雇者的收入水平和收入决定机制完全不同。CHNS 中，B5、B6a、B7 分别给出了工作地位、工作单位类型、工作单位规模信息。但是这几个变量分类过细，需重新加工。对于工作地位 B5，将有雇工的个体经营者和无雇工的个体经营者（包括农民）归并为自雇者。对于工作单位类型 B6a，按是否国有单位和是否公共部门进行归并，将政府机关、国有事业单位和研究所、国有企业归并为国有单位，将政府机关、国有事业单位和研究所归并为公共部门。对于工作单位规模 B7，单位人数大于等于 100 的划分为大型单位。在此基础上，加工出 12 个工作类变量：户主是否为自雇者、家庭成员是否有自雇者、家庭成员自雇者占比、户主是否在国有单位工作、家庭成员是否有人在国有单位工作、家庭成员在国有单位工作者占比、户主是否在公共部门工作、家庭成员是否有人在公共部门工作、家庭成员在公共部门工作者占比、户主是否在大型单位工作、家庭成员有否有人在大型单位工作、家庭成员在大型单位工作者占比。

表 3-3　CHNS 人力资本类变量

变量编号	变量代码	变量名	变量含义
1	hedu	户主受教育程度	户主的最高学历
2	hedu_y	户主受教育年限	户主的受教育年限
3	adultedu	劳动年龄人口平均受教育年限	15-59 岁家庭成员的平均受教育年限
4	hbmi	户主的 BMI	户主的 BMI
5	hbmi_i	户主 BMI 是否正常	虚拟变量，是 =1，否 =0
6	bmi_i	家庭是否有人 BMI 不正常	虚拟变量，有 =1，没有 =0
7	bmi_n	家庭成员 BMI 不正常的人数	家庭成员 BMI<18 或 BMI>25 的人数
8	fat_n	家庭成员偏胖人数	家庭成员 BMI>25 的人数
9	thin_n	家庭成员偏瘦人数	家庭成员 BMI<18 的人数

续表

变量编号	变量代码	变量名	变量含义
10	bmi_p	家庭成员 BMI 不正常占比	家庭成员 BMI 不正常人数/家庭规模
11	hpres_i	户主是否有高血压	虚拟变量，是 =1，否 =0
12	pres_i	家庭成员是否有人高血压	虚拟变量，有 =1，没有 =0
13	pres_p	家庭成员高血压占比	家庭成员高血者人数/家庭规模
14	hpresd_i	户主是否诊断为高血压	户主是否曾被诊断为高血压
15	presd_i	家庭成员是否诊断为高血压	虚拟变量，有 =1，没有 =0
16	presd_p	家庭成员诊断为高血压占比	家庭成员曾被诊断为高血压人数/家庭规模
17	hhealth	户主自评健康状况	非常好 =1，好 =2，一般 =3，差 =4
18	health	家庭成员自评健康不佳者占比	自评健康状况为一般以下的人数/家庭规模
19	ill_i	过去四周是否受伤或生病	过去四周家庭成员是否有人受伤或生病
20	medcost	过去四周的医疗支出	过去四周家庭成员总共花费的医疗费用
21	chronic	是否有慢性病	家庭成员是否有人患有慢性病
22	illeff	过去三月是否因患病影响工作	过去三月家庭成员是否有人因患病影响工作
23	htech	户主是否为技术管理人员	虚拟变量，是 =1，否 =0
24	tech_i	家庭成员是否有技术管理人员	虚拟变量，是 =1，否 =0
25	tech_p	家庭成员技术管理人员占比	家庭成员技术管理人员人数/家庭规模
26	hself	户主是否为自雇者	虚拟变量，是 =1，否 =0
27	self_i	家庭成员是否有自雇者	虚拟变量，是 =1，否 =0
28	self_p	家庭成员自雇者占比	家庭成员自雇者人数/家庭规模
29	hstate	户主是否在国有单位工作	虚拟变量，是 =1，否 =0
30	state_i	家庭成员是否在国有单位工作	虚拟变量，是 =1，否 =0
31	state_p	家庭成员国有单位工作者占比	家庭成员在国有单位工作人数/家庭规模
32	hpub	户主是否在公共部门工作	虚拟变量，是 =1，否 =0
33	pub_i	家庭成员是否在公共部门工作	虚拟变量，是 =1，否 =0
34	pub_p	家庭成员公共部门工作者占比	家庭成员在公共部门工作人数/家庭规模
35	hbig	户主是否在大型单位工作	虚拟变量，是 =1，否 =0
36	big_i	家庭成员有否在大型单位工作	虚拟变量，是 =1，否 =0
37	big_p	成员在大型单位工作者占比	家庭成员在大型单位工作人数/家庭规模

（2）物质资本

物质资本是传统生产函数中最重要的影响因素，家庭物质资本的多少直接体现了家庭再生产能力。CHNS 问卷中包含了几十个资产类问题，包括住房、家电、交通工具、农机、耕地等。其中，某些属于生产性资产，如耕地和农业机械。有些属于非生产性资产，如家用电器。也有些用途介于两者之间，如交通工具和住房。交通工具除了用于日常生活以外，也可能会用于生产经营，而住房除了自住外，还兼具投资功能，不但可能在长期升值，还可能在短期内产生租赁收入。与住房相配套的卫生设施和生活条件，也影响着居住质量及房屋的租赁及升值空间。基于上述考虑中，加工和匹配了 15 个物质资本类变量：耕地面积、农机价值、家用电器价值、交通工具价值、各类资产总值、生产性资产价值、非生产性资产价值、家用电器数量、各类资产数量是否拥有住房、住房评估租赁价值、饮用水种类、饮用水来源、厕所类型、做饭用燃料。

从广义上讲，收入也可看作是一类特殊的物质资本。收入首先是家庭和个人运用其健康和教育人力资本，实现职业选择，获得回报的结果。同时，家庭或个人的收入的相当一部分会用于提升教育程度，维持良好健康状况，搜寻合适的工作岗位等。CHNS 提供了各种来源的收入数据。包括来自农、林、渔、牧、商业的收入和工资收入，还有各项补贴、退休金、奖金及其他现金收入。CHNS 汇总了家庭总收入、家庭净收入和人均家庭净收入，并且均以名义收入、按照 CPI 平减到 1988 年的收入、按照 CPI 折算到 2015 年的收入三种方式报告。不过 CHNS 提供的净收入不是严格意义上的净收入，而是从总收入中减去了婚嫁、随礼、教育方面的支出，并且许多家庭出现了负的净收入，因此本书更倾向于使用总收入数据。为了研究需要，加工和匹配了 6 个收入类变量：总收入、人均总收入、生产性收入、非生产性收入、农业收入、非农业收入。

表 3－4　　　　CHNS 物质资本类变量

变量编号	变量代码	变量名	变量含义
1	land	耕地面积	去年耕种的面积
2	agrm_v	农机价值	所有农业机械的价值总额
3	appli_v	家用电器价值	所有家用电器的价值总额
4	traff_v	交通工具价值	所有交通工具的价值总额
5	asset_v	各类资产总值	家用电器、农机、交通工具的价值总额
6	prom_v	生产性资产价值	生产性资产价值总额

续表

变量编号	变量代码	变量名	变量含义
7	noprom_v	非生产性资产价值	生产性资产价值总额
8	appli_n	家用电器数量	16 项家用电器中，拥有的数量
9	asset_n	各类资产数量	各类资产的总数量
10	house_i	是否拥有住房	虚拟变量，有 =1，无 =0
11	rent_v	住房租赁价值	住房的评估租赁价值
12	waterty	饮用水种类	室内自来水/院内自来水/院内井水/瓶装水
13	waterso	饮用水来源	地下水/敞开井水/溪泉河湖/冰雪水/水厂/瓶装水
14	toilet	厕所类型	没有/室内冲水/室内马桶/室外冲水公厕/室外非冲水公厕/开放式水泥坑/表开放式土坑
15	fuel	做饭用燃料	煤/电/煤油/液化气/代表天然气/木柴柴草/木炭
16	inc	总收入	所有来源收入总和，折算到 2015 年
17	inc_pc	人均总收入	所有来源收入总和/家庭规模
18	proinc	生产性收入	农林牧渔商业收入和工资收入，折算到 2015 年
19	noproinc	非生产性收入	补助、福利、补贴、亲友赠与、退休金等（2015）
20	agrinc	农业收入	农林牧渔业收入
21	noagrinc	非农业收入	农业收入以外的所有收入

（3）社会资本

社会资本原本是一个社会学概念，其反贫困功能日益受到重视。Grootaert（1999）、Knack（2001）Putnam（1993）都在研究中发现了社会资本对家庭福利状况的影响。社会资本是家庭拥有的另一类资源禀赋，家庭拥有的社会资本越多，可利用的人际关系就越广，越多机会获取更多有效信息，越能在遭遇风险时获取帮助。社会资本是抽象的，同时也是多维度的。以社会网络为载体，同时包含着社会参与、社会信任、社会声望等多个维度。CHNS 在社会资本数据方面是个短板，几乎没有设计能够直接衡量社会资本的问题，只能从某些其他问题中搜寻能够从某个侧面反映家庭社会联系广度与深度的变量。L145、L146、L148 分别询问了过去 12 个月是否有婚礼支出、婚礼支出金额和本户嫁娶支出金额。无论对哪个层面的家庭，婚丧嫁娶都是社会交往中的大事，婚礼支出虽然表面看是一种花销而不是收入，但是也从另一个侧面反映了家庭的人际关系情况，没有人际关系的家庭是很难有场合去参加别人家婚礼的。本户嫁娶支出也是一种花销而不是收入，但是这类花销越大，说明来参加婚礼的人越多，同时也说明家庭的财力越雄厚。因此，选择这三个变量间接地反映家庭社会资本。

表 3-5　　CHNS 社会资本类变量

变量编号	变量代码	变量名	变量含义
1	wed_i	是否有婚礼支出	过去 12 个月是否有参加婚礼支出
2	wed	参加婚礼支出金额	过去 12 个月的婚礼支出金额
3	selfwed	本户婚嫁支出	自家婚嫁支出金额

3.1.2.3　家庭风险响应策略特征

家庭遭遇风险后或在遭遇风险前，会采用多种风险响应策略去防范或应对风险。正式的风险响应策略包括养老保险、医疗保险、最低生活保障，申请各种补贴等。而非正式的响应策略则包括向亲人或朋友求助、民间借贷等。CHNS 问卷中包含多个医疗保险方面的问题，包括医保类型，医保保费等。鉴于目前的医疗费用水平，如果家庭成员有人患病特别是患大病，很难独立承担高额的医疗费用，很容易因病致贫甚至返贫。拥有医疗保险特别是商业医疗保险，就相当于有了安全网，大病风险来临时能够为家庭分担医疗费用。此外 CHNS 在结构性收入部分也提供了有关补贴、政府救助、养老金、来自家人或朋友的转移支付等方面的信息，虽然这些都是收入信息，但是从深层次来看，恰恰反映了家庭是否在风险来临之前就做好了分担风险的准备或者在风险来临之后是否能够得到相应的救助。例如，子女给父母的现金体现了养儿防老的传统观念，属于一种代际间的向上转移支付，对父母的老年生活提供了经济保障。再如，政府以各种形式提供的公共转移支付，包括各种困难补助、残疾补助、福利金也起到了保底安全网的作用。基于上述考虑，在家庭风险响应策略特征这方面，加工和匹配了 10 个变量：户主是否有医保、家庭成员有医保的比例、户主是否拥有商业医保、家庭成员有商业医保的比例、家庭购买医保的总保费、家庭成员领取退休金的人数、家庭公共转移支付总额、家庭人均公共转移支付额、家庭成员公共转移支付比例、收到子女给的现金。

表 3-6　　　　CHNS 家庭风险响应策略特征变量

变量编号	变量代码	变量名	变量含义
1	hins_i	户主是否有医保	户主是否拥有医疗保险
2	ins_p	家庭成员有医保者比例	家庭成员拥有医保的人数/家庭规模
3	hcins_i	户主是否拥有商业医保	户主是否拥有商业医疗保险
4	cins_p	家庭成员有商业医保的比例	家庭成员拥有商业医疗保险的人数/家庭规模
5	ins_v	家庭购买医保的总保费	家庭成员购买各种医疗保险的总保费
6	pension_n	家庭成员领取退休金的人数	家庭成员领取退休金的人数
7	trans_v	家庭公共转移支付总额	家庭收到的公共转移支付总额
8	trans_pcv	家庭人均公共转移支付额	家庭收到的公共转移支付总额/家庭规模
9	trans_p	家庭成员公共转移支付比例	家庭成员收到的公共转移支付的人数/家庭规模
10	ptrans_v	收到子女给的现金	子女给的现金总额

3.1.2.4　外部环境特征

关于家庭的外部环境，大到地域或省份，小到社区，其经济和社会发展水平、社会稳定和繁荣的程度、基础设施完善程度、教育发达程度、医疗水平高低等都存在显著差异，身处在不同的外部环境中，家庭可能遇到不同的外部冲击和风险，也可能会享有不同的待遇或保障。另外，城乡居民家庭在生活方式、收入途径、社会文化、亲缘关系等诸多方面存在显著差异，因此，从位置、城乡和社区三个方面筛选外部环境特征变量。首先，中国经济发展水平省域差距巨大，这种差距与各省份在地理位置上处于哪个区域、是否沿海关系很大。所以筛选出 5 个位置变量：省份、是否东部地区、是否中部地区、是否西部地区、是否沿海。其次，关于城乡有地域和户籍两种划分方式，CHNS 也同时给出了两种划分方式的信息，本课题选择前一种划分。

CHNS 中 T2 和 Urban 都是划分城乡的变量。但前者具体指调查点的城乡划分，由 CHNS 选择城乡调查点的过程我们知道，农村调查点会抽取县城，而县城应算作城镇，显然 T2 划分的城乡并不合适，Urban 变量则弥补了这点不足。最后，社区是居民家庭外部环境的最小单元，最贴近家庭的生活，社区在交通、市场、医疗、教育、休闲等方面的发达程度对家庭的影响也最直接最具体。CHNS 有社区问卷，但并未广泛发布。在其家庭问卷里询问了就诊医疗机构类型、候诊时间和医疗服务价格、就诊交通工具、就诊交通时间和就诊交通费等方面，但是数据缺失比较严重，最终分别计算整个社区一次感冒费用、就诊交通时间平均数来刻画社区的医疗可及性，作为社区代表变量。

表 3－7　　CHNS 外部环境特征变量

变量编号	变量代码	变量名	变量含义
1	provi	省份	省份代码
2	east	东部	＝32 或 37，江苏、山东
3	mid	中部	＝23 或 41 或 42 或 43，黑龙江、河南、湖北、湖南
4	west	西部	＝45 或 52，广西、贵州
5	coast	沿海	＝32 或 37，江苏、山东
6	urban	城市	城市的居委和县城
7	illtime	看病在途时间	去医疗机构的在途时间的社区平均值
8	coughcost	一次感冒费用	在就诊机构治疗一次感冒的费用的社区平均值

3.2　中国家庭追踪调查（CFPS）数据

3.2.1　中国家庭追踪调查（CFPS）数据简介

本书使用的第二个数据来源于中国家庭追踪调查（CFPS）。该调查始于 2008 年，是北京大学中国社会科学调查中心和美国密歇根大学调查研究中心的合作项目。从调查时间来看，2008 年和 2009 年在北京、上海和广东三地开展测试调查，2010 年开始正式访问，并且每两年开展一轮调查。迄今为止除了 2008 年和 2009 年的两轮测试样本数据以外，已经发布了 2010 年、2012 年、2014 年、2016 年和 2018 年共五轮正式样本数据。从调查范围来看，CFPS 覆盖了除港澳台、海南、内蒙古、新疆、西藏、青海、宁夏和内蒙古以外的25个省、市、自治区，而这25个省、市、自治区占中国除港澳台以外的总人口数的94.5%，因此CFPS基本上可以看作是一个全国性调查。从抽样方式来看，CFPS采用内隐分层的多阶段抽样，第一阶段可视为全国性代表样本强的代表性。调查采用多阶段抽样的方式。第一阶段，区分一类省市和二类省市分别构建抽样框，以每个市级行政区下的区/县级市/县为初级抽样单元PSU进行抽样，其中上海较为特殊。第二阶段，对上海的每个PSU随机抽取两个村/居，而对其他省份的每个PSU随机抽取4个村/居。第三阶段，对入选的样本村/居，首先绘制村级调查地图得到住户列表制作抽样框，其次采用随机起点的循环等距抽样方式抽取25个样本家庭。整个抽样组织十分严谨和专业，充分保证了样本的代表性，每轮调查的家庭样本量均在13000—15000户，而相应的个人样本量达到30000人以上，这么大的样本量，为学术研究和政策效果分析提供了良好的数据基础。从调查内容来看，CFPS关注中国社会经济、教育、家庭、人口和健康等多个方面，问卷设计中几乎涵盖了劳动经济学关注的基本领域和范畴。通过家庭问卷收集了家庭规模和结构、户籍性质、收入支出、财产、医疗、保险等信息，通过成人和儿童问卷收集了家庭成员的人口学特征以及收入、财产、职业、婚姻、教育、健康等方面的信息。通过社区问卷收集了医疗、教育、交通、卫生、物价、经济、环境及社会发展水平等方面的信息。

表3-8　　CFPS各轮样本量　　单位：个

范围＼时间	2010年	2012年	2014年	2016年	2018年	合计
城镇样本量	7104	6050	6789	6917	7252	34112
农村样本量	7694	7126	7042	6782	6744	35388
总样本量	14798	13176	13831	13699	13996	69500

3.2.2 CFPS变量选择与处理

对CFPS变量选择的思路与CHNS相似，但两个数据的基本关注点不同，相对而言 CFPS 的问题设计分布比较均匀，特别是资产、社会资本、保险保障、公共政策方面的信息较为全面，为多维贫困脆弱性的测度、政策效应的评估提供了良好的数据基础。因此，对于 CFPS 数据的变量选择和处理也重点关注这几个方面。另外，CFPS 样本量较大，样本跟踪率高，农村样本的数据更完整，因此本项目在使用 CFPS 数据时，仅保留其农村样本数据，研究农村贫困问题。

3.2.2.1　家庭人口学特征

在家庭人口学特征方面，CFPS 数据库的变量选择与 CHNS 没有太大差异，仍然从户主信息和家庭规模结构两方面筛选变量。共筛选 8 个变量：户主性别、户主年龄、户主婚姻状况、家庭规模、劳动力人数、成人平均年龄、抚养比、6 岁以下家庭成员占比、16 岁以下家庭成员占比。

表 3－9　CFPS 家庭人口学特征变量

变量编号	变量代码	变量名	变量含义
1	hgender	户主性别	虚拟变量，男 =1，女 =0
2	hage	户主年龄	户主周岁年龄
3	hmarrige	户主婚姻状况	在婚/同居 =1，未婚/离婚/丧偶 =0
4	size	家庭规模	家庭人口数
5	labor	劳动力数	家庭劳动年龄人口数，按两种标准统计
6	dep	抚养比	1 − 劳动力数/家庭规模
7	age16 −	16 岁以下人口数	16 周岁以下的家庭成员数
8	age6 −	6 岁以下儿童数	6 周岁以下的家庭成员数

3.2.2.2　家庭资源禀赋特征

（1）人力资本

在教育人力资本方面，CFPS 中包含很多与教育有关的信息，包括在学状态、上学阶段、已完成的最高学历，其中，已完成的最高学历更适合描述成年人的教育程度。将不同的学历水平按照常识赋值，就得到了相应的教育年限，在此基础上，加工出 3 个教育变量：户主最高学历、户主受教育年限、成人平均受教育年限。鉴于农村老年人口没有退休年龄限制，劳动时间长于城镇老年人口，因此将劳动年龄上限设置为 64 岁。

在健康人力资本方面，CFPS 中虽然没有设置 CHNS 那么多营养健康类的问题，但是相关的变量仍然不少，提问角度各异，而且数据缺失不严重，可用性很强。健康方面的变量不但有常见的身高体重、自评健康状况、过去两周或半年的疾病史，还询问了有关住院治疗的花费和照料信息、心理健康状况。对这些变量进行加工和匹配，得到 9 个健康类变量：户主 BMI、户主 BMI 是否正常、家庭成员 BMI 不正常的比例、户主健康状况、家庭成员不健康者占比、户主是否有慢性病、家庭成员慢性病者占比、家庭成员是否有人住院、家庭医疗总花费。

关于工作状况，CFPS 成人库提供了被访者的工作、实习与兼职、当前工作状态、第一份工作、主要工作五大方面的信息，内容十分丰富，根据本项目研究需要，筛选和匹配了 7 个工作类变量：户主工作状态、家庭是否从事农业、家庭从事农业占比、家庭是否从事个体私营、家庭从事个体经营占比、家庭是否有人有工资收入、家庭有工资收入者占比。

表 3－10　　　　CFPS 人力资本类变量

变量编号	变量代码	变量名	变量含义
1	hedu	户主最高学历	8 种学历，从 1－8 赋值；或设置虚拟变量，文盲半文盲组作为对照组
2	hedu_y	户主受教育年限	文盲/半文盲＝0，小学＝6，初中＝9，高中/中专/技校/职高＝12，大专＝15，大学本科＝16，硕士＝19，博士＝22
3	adultedu	成人平均受教育年限	15－64 岁家庭成员的平均受教育年限
4	hbmi	户主的 BMI	户主的 BMI
5	hbmi_i	户主 BMI 是否正常	BMI＜18 或 BMI＞25 时＝1，否则＝0
6	pmi_p	家庭成员 BMI 不正常占比	家庭成员 BMI 不正常人数/家庭规模
7	health	户主健康状况	非常健康＝1，很健康＝2，比较健康＝3，一般健康＝4，不健康＝5
8	health	家庭成员健康不佳者占比	自评不健康的人数/家庭规模

续表

变量编号	变量代码	变量名	变量含义
9	ill_i	过去四周是否受伤或生病	过去四周家庭成员是否有人受伤或生病
10	medcost	医疗总支出	过去 12 个月家庭成员总共花费的医疗费用
11	chronic	是否有慢性病	过去 6 个月家庭成员是否有人诊断为慢性病
12	hwork_i	户主工作状况	工作 =1，不工作 =1
13	agri_i	家庭是否从事农业	过去 12 个月家庭是否从事农林牧副渔类生产活动
14	agri_p	家庭成员从事农业占比	家庭成员从事农业人数/家庭规模
15	priv_i	家庭是否从事个体私营	过去 12 个月家庭是否从事个体经营或开办私营企业
16	priv_p	家庭成员个体经营占比	家庭成员个体经营或开办私企人数/家庭规模
17	outwork_i	是否外出打工	过去 12 个月，家庭是否有人外出打工
18	outwork_p	外出打工占比	家庭外出打工人数/家庭规模
19	wager_i	家庭是否有人拿工资	家庭成员中是否有人有工资收入
20	wager_p	家庭有工资收入者占比	家庭成员有工资收入者/家庭规模

（2）物质资本

在物质资本方面，CFPS 提供了当前住房及其他房产、土地、耐用品、农业机械、金融资产五个方面的信息。包括房屋产权、面积、价值、租赁、拆迁补偿、房贷，土地类型、租赁、占地补偿，耐用消费品价值，农业机械价值，现金银行存款、金融产品等变量，根据数据的完整性、可靠度和本项目研究需要，加工和匹配出 8 个物质资本类变量：农业机械价值、耐用消费品价值、住房所有权情况、住房当前市价、做饭水源、做饭燃料、其他现金和存款总额、是否持有金融产品。

在家庭收入和支出方面，CFPS 提供了包括工资性收入、经营性收入、财产性收入、转移性收入、其他收入、家庭纯收入、家庭人均纯收入在内的各种口径的收入信息，也提供了设备日用品支出、衣着支出、食品支出交通通信支出、医疗保健支出、文教娱乐支出、转移性支出、福利性支出以及总支出在内的支出信息，其中相当一部分信息数据缺失较多，因此经过比较和选择，留下6个收入类变量：人均纯收入、工资性收入、经营性收入、财产性收入、转移性收入、其他收入。

表3－11　　　　CFPS物质资本类变量

变量编号	变量代码	变量名	变量含义
1	agrm_v	农业机械价值	所有农业机械的价值总额
2	appli_v	耐用消费品价值	所有家用电器的价值总额
3	car_i	汽车拥有情况	是否有汽车
4	houright	住房所有权情况	虚拟变量，有＝1，无＝0
5	house_v	住房当前市价	住房的评估租赁价值
6	money	现金和存款总额	家庭现金和存款总额
7	finance_i	是否持有金融产品	是否持有股票、基金、国债、信托产品、外汇产品
8	water	做饭用水	江河湖水/井水/自来水/桶装纯净过滤水/雨水/窖水/池塘水山泉水/其他
9	fuel	做饭燃料	柴草/煤炭/罐装气/管道气/太阳能沼气/电
10	netinc_pc	人均纯收入	人均家庭纯收入，与2010年可比
11	wage	工资性收入	工资性收入，与2010年可比
12	operinc	经营性收入	经营性收入，与2010年可比
13	propinc	财产性收入	财产性收入，与2010年可比
14	traninc	转移性收入	转移性收入，与2010年可比
15	otherinc	其他收入	其他收入，与2010年可比

（3）社会资本

在社会资本方面，CFPS提供的相关信息主要包括以下两方面：显示人情往来广度和深度的重大事件收入、礼金支出、借款被拒经历，显示家庭政治和组织人脉的是否为某组织成员、是否有党员。

表3－12　　　　CHNS社会资本类变量

变量编号	变量代码	变量名	变量含义
1	giftin	重大事件总收入	过去12个月收到的礼物礼金
2	giftout	人情礼支出	过去12个月包括实物和现金共出了多少人情
3	refuse	借款被拒	是否有向亲友借款被拒的经历

续表

变量编号	变量代码	变量名	变量含义
4	horg	户主是否为某组织成员	是否工会、宗教信仰团体、个体劳动者协会成员
5	hparty	户主是否党员	户主是否为党员

3.2.2.3　家庭风险响应策略特征

在风险响应策略方面，CFPS 提供了非常丰富的数据。关于正式的风险响应策略，提供了医疗保险、养老保险、政府补助、退休金、银行贷款方面的信息。关于非正式的风险响应策略，提供了民间借贷、外出打工、子女资助等方面的信息。CFPS 以多选题的形式询问了医疗保险和养老保险的类型，前者备选项为公费医疗、城镇职工医疗保险、城镇居民医疗保险、补充医疗保险、新型农村合作医疗、以上都没有，后者备选项为离退休后从所在机关或事业单位领取离退休金、基本养老保险、企业补充养老保险、商业养老保险、农村养老保险（老农保）、新型农村社会养老保险（新农保）、城镇居民养老保险。政府补助包括低保、退耕还林补助、农业补助、五保户补助、特困户补助、工伤人员供养直系亲属抚恤金、救济金、赈灾款等项目，不过比较遗憾的是，CFPS 后两轮数据将各类政府补助作为一个问题，无法再区分居民家庭获取的补助类型。在贷款方面，CFPS 询问了有关银行贷款和民间借贷两方面的信息，但是农村地区正规金融普惠力度欠缺，普通家户往往难以从正规渠道借到款，而民间借贷就成了他们获取资金支持的现实选择。不过胡金焱（2015）发现，东中部民间借贷的户均水平比较接近，但西部地区民间借贷的户均水平则显著低于东中部地区，说明经济发展水平相对落后的西部地区，家庭通过民间借贷度过难关的可行性更小。农村劳动力外出务工中不发达地区十分常见，客观上确实起到了提升家庭收入水平的作用。CFPS 在外出务工方面询问了多项信息：是否有人外出打工、打工的人员、打工收入、打工寄回家金额。最终，从正规和非正规响应策略两方面加工和匹配了 20 个变量：户主是否有医保、家庭成员有医保的比例、户主是否参加新农合、家庭成员是否参加新农合、家庭成员参加新农合占比、户主是否有养老保险、家庭成员有养老保险的比例、户主是否参加新农保、家庭成员是否参加新农保、家庭成员参加新农保占比、是否有人领退休金、领取退休金总额、家庭是否获得政府补助、家庭获得政府补助额、民间借贷金额、是否外出打工、外出打工占比、打工收入、子女给的钱。

表 3－13　　　　CFPS 家庭风险响应策略特征变量

变量编号	变量代码	变量名	变量含义
1	hmedins_i	户主是否有医保	户主是否拥有医疗保险
2	medins_p	家庭成员有医保的比例	家庭成员拥有医保的人数/家庭规模
3	hrmedins_i	户主是否参加新农合	户主是否参加新农合
4	rmedins_i	家庭成员是否参加新农合	家庭成员是否有人参加新农合
5	rmedins_p	家庭成员参加新农合占比	家庭成员参加新农合占比
6	hins_i	户主是否拥有养老保险	户主是否拥有养老保险
7	ins_p	家庭成员有养老保险的比例	家庭成员拥有养老保险的人数/家庭规模
8	hrins_i	户主是否参加新农保	户主是否参加新农保
9	rins_i	家庭成员是否参加新农保	家庭成员是否参加新农保
10	rins_p	家庭成员参加新农保占比	家庭成员参加新农保人数/家庭规模
11	pension_i	是否有人领退休金	家庭是否有人领取养老金退休金
12	pension_v	领取退休金总额	家庭成员领取退休金总额
13	mlg	家庭是否领取低保	家庭是否领取低保
14	trans_i	家庭是否获得政府补助	家庭是否获得政府补助，包括低保、救助等
15	trans_v	家庭获得政府补助额	家庭获得政府补助总额
16	infoloan	民间借贷金额	家庭的民间借贷金额
17	outwork_i	是否外出打工	过去 12 个月，家庭是否有人外出打工
18	outwork_p	外出打工占比	家庭外出打工人数/家庭规模
19	outinc	打工收入	打工收入
20	ptrans_v	子女给的钱	子女给的现金总额

3.2.2.4　外部环境特征

对于外部环境特征，从地域、社区两个方面筛选和变量。地域变量筛选方法与 CHNS 相同，根据已经公认的标准划分为东、中、西部和沿海内地即可。在社区变量方面，CFPS 目前发布的五轮样本数据中，只有 2010 年和 2014 年有社区数据。鉴于某些社区特征随时间变化不大，可视为社区的非时变属性，用 2014 年社区数据作为各年社区数据的代表值，并且在社区变量筛选时，侧重非时变特征，最终选择了 6 个社区变量：基础设施、村规模、少数民族聚居区、到县城距离、矿产资源区、自然灾害频发区。

表 3 - 14　　CFPS 外部环境特征变量

变量编号	变量代码	变量名	变量含义
1	provi	省份	省份代码
2	east	东部	东部地区省、市
3	mid	中部	中部地区省、市、自治区
4	west	西部	西部地区省、市、自治区
5	coast	沿海	沿海的省、市、自治区
6	facil_n	基础设施	16 项基础设施中，社区拥有的项目数
7	vilsize	村规模	村总户数
8	miner	矿产资源区	是否属于矿产资源区
9	disaster	自然灾害频发区	遭遇过自然灾害 =1，没有 =0（选项有 9 项自然灾害）
10	distance	到县城距离	到本县县城距离（里）
11	ethnic	少数民族聚居区	是否是少数民族聚居区

第4章　一维贫困脆弱性测度

国内学者对贫困脆弱性研究关注越来越多，不论是研究贫困脆弱性的影响因素还是研究相关政策的效应，均需首先测度贫困脆弱性，多数学者选择了用截面数据测度贫困脆弱性的方法。究其原因，主要是考虑数据的可得性。不论是我国还是其他的发展中国家，大型调查数据并不少见，但面板数据却并不多，在开发截面数据的基础上探索相关问题的研究是一种可行并实用的选择。然而并非每位研究者使用的数据库都不具备构建面板数据的可能性，CHNS、CFPS、CHIP、CHARLS 等多项大型微观调查均已进行了多轮，完全有条件将样本数据整合成面板数据。毕竟，基于贫困脆弱性的动态性和前瞻性的性质，如果能在面板数据的基础上进行贫困脆弱性的测度及相关的其他研究，还是最理想的。还有一种选择，就是将二者相结合，用重复截面数据构建伪面板进行相关的测度与研究。本章将分别尝试用面板数据、截面数据和伪面板数据测度一维贫困脆弱性。

4.1　基于面板数据的贫困脆弱性测度

面板数据可得的情况下可以观测到家庭福利状况的动态变化、引致这些动态变化的外在或内在冲击，以及家庭如何利用自身的资源禀赋选择风险响应策略去应对风险。在此基础上进行的贫困脆弱性测度信息更加全面，可以选择的测度方法也较多。本节将尝试两种测度方法，一是基于福利变动性的贫困脆弱性，设计了一个负向变动率来刻画福利变动性，二是基于期望贫困的贫困脆弱性，探讨了两种估计未来福利分布的方法。

4.1.1 测度方法框架

4.1.1.1 基于福利变动性的贫困脆弱性

贫困脆弱性是家庭风险、风险响应能力和响应策略的综合结果。家庭福利的变动性指标虽然简单，但却从一定程度上涵盖了贫困脆弱性的这几个要素：家庭福利变动性的大小不但可以直接体现风险和冲击的大小，还可间接体现家庭的风险响应能力。当家庭并未遭遇风险或遭遇较小风险时，家庭福利变动性不会太大。当家庭遭遇了较大风险时，如果家庭风险响应能力较强，福利变动性也有可能较小。但是如果家庭遭遇了较大冲击，同时风险响应能力又不强，则风险的冲击极有可能带来较大的福利波动性。从这个意义上讲，利用变动性指标测度贫困脆弱性是比较可行的。

福利变动性有多种测度指标：标准差最为常用，却并非一个好的贫困脆弱性测度指标。标准差并不区分福利变化的方向，这就意味着相同的标准差，对应的福利变动情形可能差异甚大。福利持续增长的家庭、福利持续下降的家庭、福利双向变动的家庭有可能标准差完全相等，但是显然三类家庭的贫困脆弱性程度不可同日而语。可见，标准差指标最大的缺点在于将正向和负向冲击带来的变动性同等看待。此外，受到福利指标自身量纲的影响，标准差的大小难以给出一个统一的标准，因而也就难以据此评价家庭贫困脆弱性的高低。另一个较为常用的变动性指标平均差也与标准差有着类似的局限性，同样不可取。

用福利变动性指标测度贫困脆弱性，首先，要区分正向和负向冲击，保留变动正负号的平均变差满足这点要求。正向冲击带来的福利结余弥补了负向冲击带来的福利短缺，客观上体现了家庭在不同年份实现福利平滑的能力和结果，具有一定的合理性。但是其局限性是默认了负向冲击能够由正向冲击等量抵消，而实际上负向冲击的影响要远高于正向冲击的影响。因此，用福利变动性指标测度贫困脆弱性，不但要区分正向和负向冲击，还要更关注负向冲击。其次，福利变动性指标的选择，还需消除量纲的影响，将绝对数表示的变动性指标除上相应的平均水平即可。

基于以上几点考虑，设计了一个负向平均变差率指标，用以测度贫困脆弱性：

$$V_{\mathrm{nv}} = \frac{\sum_{t=2}^{T} \min(0, \Delta w_{ht})}{(T-1)} / \overline{w}_h \quad (4-1)$$

即，只在家庭遭遇负向冲击发生福利减少时将其变动值计入，家庭没有遭遇冲击或遭遇正向冲击，表现为福利不变或增长，变动值计为 0。其中，$\overline{w}_h$ 是用家庭前 T－1 期的平均福利水平。

4.1.1.2 基于期望贫困的贫困脆弱性

(1) 测度指标

贫困脆弱性的各种测度指标中，最有代表性的三种分别为：基于期望贫困的脆弱性 VEP、基于期望效用的脆弱性 VEU、基于风险响应的脆弱性 VER。VER 间接测度了家庭的风险响应能力，但针对已实现的风险，不具有前瞻性。VEP 和 VEU 都将风险纳入未来福利结果的测度中，测度结果均为福利水平的非线性函数，均具有前瞻性。相对来讲，VEU 更深入一些，关注未来的福利水平给家庭带来的效用。但是从理论上讲，不同家庭的效用函数并不相同，已有的数据维度又不足以测度单个家庭效用曲线，共同适用的效用函数又尚未达成共识，因此 VEU 的实际应用受到很大限制。VEP 建立在传统贫困指标 FGT 的基础上，具有先天的理论优势，是目前贫困脆弱性研究中使用最多的测度方法，本书也采用这一指标测度贫困脆弱性。

$$V_{ep_\alpha} = E[p(w_{h,t+1}, l)] \quad (4-2)$$

其中，V_{ep_α}表示第 h 个家庭第 t 期的贫困脆弱性，$w_{h,t+1}$表示家庭 $t+1$ 期的福利水平（收入或消费），l 为贫困线，p（）的函数形式是 FGT 贫困指标，即：

$$p(w_{h,t+1}, l) = \left(\frac{\max(l - w_{h,t+1}, 0)}{l}\right)^{\alpha} \quad (4-3)$$

α 取 0、1、2 时，FGT 指标分别表示贫困发生率、贫困距、平方贫困距。

显然，想要测度家庭的期望贫困值，必须要知道未来福利水平 $w_{h,t+1}$ 的分布 $F(w_{h,t+1})$。而 $F(w_{h,t+1})$ 是由家庭的各项内部和外部特征共同决定，需要根据过去的信息进行估计：

$$V_{ep_\alpha}=E[p_{\alpha,h,t+1}(w_{h,t+1})\mid F(w_{h,t+1}\mid I_T)] \tag{4-4}$$

其中，V_{ep_0}为未来贫困的概率。V_{ep_1}为期望贫困距。V_{ep_2}为期望平方贫困距，为数不多的贫困脆弱性测度方法比较研究大都得出 V_{ep_2}优于 V_{ep_0}的结论，但是因为 V_{ep_0}含义比较明确，且在评价标准上也达成了一定的共识，所以仍然是当前用得最多的贫困脆弱性测度指标，本书将在后面使用这三个指标分别测度贫困脆弱性并进行相应的比较。

（2）估计未来福利分布

消费水平是度量家庭福利水平的理想指标，但在本书使用的微观数据中，消费数据不全，因此退而求其次，用收入指标作为家庭福利水平的测量值。估计未来收入的分布，先要确定分布形式，然后估计分布参数。

①收入分布形式。研究者普遍认为不同收入群体的收入分布呈现不同的特征。Harrison 等认为中等收入群体的收入更接近于伽马分布。Singh 等（1976）认为，高收入群体的收入更接近于帕累托分布，Cowell（1995）也认为，帕累托分布更适合描述中等以上收入群体、特别是最富裕的 1/5 群体的收入分布，与帕累托分布相比，对数正态分布右尾部密度小于帕累托分布，与低收入群体的收入分布更吻合。Chaudhuri（2002）、章元（2009）也运用对数正态分布研究贫困脆弱性问题。本书采纳这种观点，用对数正态分布来刻画未来收入分布。进而 V_{ht-ep_α}可具体化为：

$$V_{ep_\alpha}=\int_{-\infty}^{\ln l}\left(\max\left\{\frac{\ln l-\ln w_{h,t+1}}{\ln l},0\right\}\right)^{\alpha}dF(\ln w_{h,t+1}) \tag{4-5}$$

$$\ln w_{h,t+1}\sim N(\mu_{\ln w_{h,t+1}},\sigma^2_{\ln w_{h,t+1}}) \tag{4-6}$$

②收入分布参数。收入服从对数正态分布，其均值方差可以采用两种方法：一是计算家庭收入的跨期均值和方差做为均值方差的估计值，二是用回归的方法估计收入均值和方差。

Jalan 等（2000）、McCulloch 等（2000）曾使用跨期均值和方差估计

收入分布参数，用于中国和巴基斯坦贫困脆弱性的研究。Mansuri & Healy（2001）从理论上论证了这种方法的合理性，符合 Friedman 持久收入假说，持久收入可以作为未来收入均值的估计量，而 Chaudhuri（2002）、McCulloch 等（2003）则用面板数据验证了收入的跨期均值和方差是未来收入均值和标准差的无偏估计量。章元等（2009）计算跨期收入均值时考虑到权重，且在确定权重时兼顾了折现和增长率。但是 CHNS 数据的调查年份间隔并不规则，同时各年收入数据已经按 CPI 进行了折算，此时计算增长率和贴现率意义不大，据此确定的权重也未必能恰当地体现各年数据的重要性。所以本书倾向于使用简单平均法计算跨期收入的均值，并在此基础上计算跨期方差，作为收入对数正态分布的均值和方差估计值。

$$\mu_{\ln w_{h,t+1}} = \frac{1}{T}\sum_{t=1}^{T}\ln w_t \tag{4-7}$$

$$\sigma^2_{\ln w_{ht+1}} = \frac{1}{T-1}\sum_{t=1}^{T}(\ln w_{ht} - \mu_{\ln w_{h,t+1}})^2 \tag{4-8}$$

Chaudhuri（2002）首先利用观测数据构建收入对家庭内部和外部特征的回归模型，得到收入的回归估计作为未来收入分布均值的估计值，然后构建收入方程残差对各项特征的回归模型，相应的估计值作为收入分布的方差估计。此估计方法的依据在于：首先，家庭收入是众多影响因素共同作用的结果，这些因素既包括家庭自身特征，又包括家庭外部环境特征，有些因素会对家庭收入产生根本性影响，而有些因素只是偶尔起作用。以回归模型主体部分为持久收入，随机波动部分为暂时性收入是已有文献中比较常见的做法。其次，通过回归的方法估计收入分布的方差，主要是考虑到家庭的异质性，即不同家庭收入的波动性也不相同。富裕家庭因其收入水平高，可能相对而言其收入变动的绝对量也更高，即有可能均值越高方差越大，但是也有另一种可能，有的家庭虽然平均收入不高却非常稳定，而有的家庭虽然平均收入很高却波动极大，比如公务员和自营者，就可能出现上述的对比。家庭收入波动性的高低极有可能受到家庭的各种特征的影响。公务员与自营者的典型区别就在于二者的职业特征不同。在估计未来收入分布方差的时候考虑这一点，最简单的做法就是构建误差项方差对家庭特征的回归模型。Chaudhuri 的收入模型为：

$$\ln w_{hjt} = \alpha_j + x_{ht}\beta_j + z_h\gamma_j + \tau_j t + \eta_h + e_{ht} \tag{4-9}$$

其中，w_{hjt}是第 j 个地区、第 h 个家庭、第 t 期的收入，X_{ht}是时变家庭特征，z_h是非时变家庭特征，τ_j是 j 区的增长率，对该地区的所有家庭都一样，η_h是未观测的非时变家庭效应，误差项 e_{ht}反映 t 期冲击（包括共同冲击和特殊冲击）和测度误差。

上述模型可适当地简化：首先，不必分地区估计收入方程；其次，把非时变特征看作时变特征取相同值的特例，从而不在模型中区分时变和非时变的家庭特征；再次，去掉时期变量，用时期固定效应模型刻画不同时期外部变化对家庭收入的影响；最后，考虑到我们估计的目标上 $t+1$ 期的收入分布参数，如果完全按 Chauhuri 的模型来执行，想估计 $t+1$ 期的期望收入，需要收集 $t+1$ 期各项影响因素的数值，数据收集难度极大甚至不可能实现，因此对 Chauhuri 的模型做一期滞后。从而得到下列的简化收入模型，并以此估计作为未来收入的期望：

$$\ln w_{ht+1} = \sum_{j=1}^{k} \beta_j X_{ht} + e^* \tag{4-10}$$

$$\mu_{\ln w_{h,t+1}} = \ln \hat{w}_{ht+1} \tag{4-11}$$

相应的，方差估计模型如下：

$$\hat{e}^2_{\ln c_{ht+1}} = X_{ht}\gamma + u_{ht} \tag{4-12}$$

$$\sigma^2_{\ln c_{ht+1}} = \hat{e}^2_{\ln c_{ht+1}} \tag{4-13}$$

虽然在均值和方差的估计模型中，都用 X_{ht}代表包括家庭内部和外部特征的所有影响因素，但并不意味着两个模型包含完全相同的解释变量，每个模型包含哪些解释变量，需在实证分析的过程中根据情况来确定。

比较而言，估计未来收入分布参数的两种方法各有优劣。跨期均值方差方法简单易行，且假定较少，但是用到各期收入信息，忽略其他的家庭特征过于粗略。基于回归的方法基于收入的 DGP 过程，利用到家庭收入的影响因素信息，数据足够充分时估计效果会很理想，但是，如果因数据缺失导致样本量减少代表性降低，据此得到的分布参数估计可靠性将大大下降。到各种影响收入水平或变动性的因素，数据质量较高时会取得很好的效果，但是如果数据缺失严重，应用这种方法将导致最后留在样本中的家庭大大减少，使样本代表性降低，最终影响脆弱性测度的效率。本书在接下来的实证测度中，将会尝试这两种方法分别估计收入分布参数，但是为了与截面数据测度部分减少重合的内容，将着重汇报基于跨期均值和方差法的测度结果。

4.1.2 实证测度结果

面板数据测度一维贫困脆弱性采用 CHNS 数据。CHNS 已完成十轮调查，但是各轮都参与调查的家庭数过少，因此舍弃前六轮数据，仅筛选 2006 年、2009 年、2011 年、2015 年四轮都参与的家庭构成面板。鉴于北京、上海和重庆三个直辖市是从 2011 年开始调查，仅有两轮数据，这个四轮面板数据自然没有包含这三个城市的样本，这不能不说是个遗憾。剔除掉关键变量缺失的家庭，剩余总样本量为 2744 户，其中城镇样本 724 户，农村样本为 2020 户。另外，用 2006 年、2009 年、2011 年数据测度家庭 2011 年的贫困脆弱性，用 2015 年数据作为测度结果的对照。

4.1.2.1 基于变动性的实证测度结果

根据前面的分析，选择负向变动率作为基于变动性的贫困脆弱性的测度指标，即：

$$V_{\mathrm{nv}} = \frac{\sum_{t=2}^{T} \min(0, \Delta w_{ht})}{(T-1)} / \overline{w}_h \tag{4-14}$$

测度 V_{nv} 之前，需要事先明确两个问题：一是计算负向变动率的福利指标。二是测度出单个家庭的 $V_{ht-\mathrm{nv}}$ 之后，需要指定一个标准，用以判断每个家庭是否贫困脆弱，即贫困脆弱线。关于福利指标，CHNS 以名义收入、按 CPI 平减到 1988 年的收入、按照 CPI 折算到 2015 年的收入三种形式报告了家庭各项汇总收入，包括总收入、净收入、人均净收入。

但这里的净收入并不等同于真正意义的净收入，因此本项目舍弃净收入的概念，选择按 CPI 折算到 2015 年家庭总收入除上家庭规模得到家庭人均收入作为计算负向变动率的福利指标。关于脆弱线，章元等（2009）、白雪梅等（2010）曾进行过相关的探讨，对 V_{ep_0} 已基本达到共识，即以贫困发生率为低贫困脆弱线，而以 0.5 为高贫困脆弱线。对 V_{ep_0} 以外的其他贫困脆弱性测度的脆弱线，白雪梅等（2010）进行了系统的研究，并且指出可以借鉴 V_{ep_0} 贫困脆弱线的设置方法，用所有家庭的平均贫困脆弱性作为低脆弱线，本项目也将采用这条贫困脆弱线作为判断家庭是否贫困脆弱的标准。

至此，将家庭人均收入代入公式测度所有家庭的 V_{nv}。将所有家庭的测度结果进行汇总，得到总体、城镇和农村的平均贫困脆弱性。计算所有家庭的平均贫困脆弱性作为贫困脆弱线，将每个家庭划分为贫困脆弱家庭和非贫困脆弱家庭，在此基础上汇总不同层面的贫困脆弱率。

表 4-1　　基于变动性的贫困脆弱性测度结果

范围	平均贫困脆弱性	贫困脆弱率	贫困率
总样本	0.2337	0.4227	0.1347
城镇	0.2073	0.3890	0.0994
农村	0.2427	0.4342	0.1441

由表 4-1 可知，城镇平均贫困脆弱性低于农村，城镇贫困脆弱率也低于农村。不论城镇还是农村，脆弱率均高于贫困率，说明确实有相当多的家庭虽然当前不贫困，但是却存在贫困的风险。基于变动性的贫困脆弱性测度结果本身与贫困线无关，各条贫困线下贫困脆弱率都相同，贫困线越低，贫困脆弱率比贫困率就差得越多。

为了检验贫困脆弱性测度结果与实际贫困状况的一致性程度，以国家贫困线为标准，测度每个家庭的贫困状况，然后按照 2011 年和 2015 年的贫困状况对全部家庭进行分组汇总，得到不同贫困动态组的平均贫困脆弱性和贫困脆弱率如表 4-2、表 4-3 所示：

表 4-2　　基于变动性的贫困脆弱性按贫困动态平均

贫困线	范围	平均贫困脆弱性	2011 不贫 2015 不贫	2011 不贫 2015 贫	2011 贫 2015 不贫	2011 贫 2015 贫
2 美元	总体	0.2337	0.1838	0.2505	0.4631	0.4689
	城镇	0.2073	0.1608	0.2517	0.4838	0.4829
	农村	0.2427	0.1926	0.2502	0.4583	0.4647
1 美元	总体	0.2337	0.2089	0.2963	0.5555	0.5910
	城镇	0.2073	0.1847	0.2140	0.5771	0.6121
	农村	0.2427	0.2172	0.3244	0.5504	0.5779
国家线	总体	0.2337	0.2197	0.3249	0.6150	0.6551
	城镇	0.2073	0.1869	0.2135	0.5908	0.6244
	农村	0.2427	0.2303	0.3943	0.6264	0.7165

由表 4-2 可知，两年都不贫困组的平均贫困脆弱性最低，其次是 2011 年不贫困但 2015 年贫困组，然后是 2011 年贫困但 2015 年不贫困组，平均贫困脆弱性最高的是两年都贫困组。这一顺序对所有贫困线和城乡均适用。概括起来，贫困者的平均贫困脆弱性高于不贫困者，贫困状况呈现改善势头的家庭，贫困脆弱性低于贫困状况恶化的家庭，这些结论都与常识相符。

表 4-3　　基于变动性的贫困脆弱性按贫困动态汇总

2011 年 贫困状况	范围	2015 年不贫困		2015 年贫困	
		平均贫困 脆弱性	贫困 脆弱率	平均贫困 脆弱性	贫困 脆弱率
2011 年 不贫困	城镇	0.1608	0.2947	0.2517	0.4906
	农村	0.1926	0.3331	0.2502	0.4000
2011 年贫困	城镇	0.4838	0.8929	0.4829	0.8333
	农村	0.4583	0.8519	0.4647	0.8167

表 4-3 列示了 2 美元贫困线下，不同贫困动态组的贫困脆弱率。两年都不贫困组的贫困脆弱率也是最低，其次是 2011 年贫困但 2015 年不贫困组，然后是 2011 年不贫困但 2015 年贫困组，贫困脆弱率最高的也是两年

都贫困组。贫困状况呈现改善势头的家庭，其贫困脆弱率也低于贫困状况恶化的家庭，结论都与常识相符，进一步说明基于变动性的贫困脆弱性测度确实具有一定可信度。

4.1.2.2 基于期望贫困的实证测度结果

（1）基于跨期均值方差的期望贫困脆弱性测度结果

测度基于跨期均值方差的期望贫困脆弱性，需事先明确三个问题：一是测量期望贫困的福利指标，与前面选择一致，仍然采用按 cpi 折算到 2015 年的家庭人均收入。二是贫困线，学界比较常用的贫困线有 4 条：1 美元、1.25 美元、2 美元和国家线。相当多的学者认为国家贫困线标准较低，推荐采用美元贫困线，并且章元（2009）和白雪梅等（2010）专门验证了这几条贫困线，都得出 2 美元测度效果更好的结论。本书分别应用 1 美元、2 美元、国家线三条贫困标准进行相关的测度，但是为了控制表格宽度，在正文中仅汇报基于 2 美元贫困线时的测度和分析结果。三是贫困脆弱线，沿用前面的做法，计算全部家庭的平均贫困脆弱性为脆弱线。

明确了上述三个问题，就可按照前述的步骤分别计算 α 取值为 0、1、2 时所有家庭的贫困脆弱性 V_{ep_α}。将测度结果进行汇总，得到总体、城镇和农村的平均贫困脆弱性。计算所有家庭的平均贫困脆弱性作为贫困脆弱线，将每个家庭划分为贫困脆弱家庭和非贫困脆弱家庭，在此基础上汇总不同层面的贫困脆弱率。

表 4－4　　基于跨期均值方差的的期望贫困脆弱性测度结果

测度指标	范围	平均贫困脆弱性	贫困脆弱率	贫困率
$\alpha=0$	总体	0.2072	0.4045	0.1347
	城镇	0.1702	0.3547	0.0994
	农村	0.2199	0.4215	0.1441
$\alpha=1$	总体	0.0221	0.2498	0.1347
	城镇	0.0219	0.2191	0.0994
	农村	0.0222	0.2603	0.1441

续表

测度指标	范围	平均贫困脆弱性	贫困脆弱率	贫困率
α=2	总体	0.0062	0.0917	0.1347
	城镇	0.0070	0.0879	0.0994
	农村	0.0060	0.0930	0.1441

由表4-4可知，不论α取值为几，城镇平均贫困脆弱性都低于农村，城镇贫困脆弱率也低于农村。不论城镇还是农村，贫困脆弱率均高于贫困率，而且随着α取值越来越大，贫困率和贫困脆弱率的差距越来越小。

为了检验贫困脆弱性测度结果与实际贫困状况的一致性程度，以国家贫困线为标准，测度每个家庭的贫困状况，然后按照2011年和2015年的贫困状况对全部家庭进行分组汇总，得到不同贫困动态组的平均贫困脆弱性和贫困脆弱率如表4-5所示。

表4-5　不同贫困动态组基于跨期均值方差的期望贫困脆弱性

2011年贫困状况	测度指标	范围	2015年不贫困		2015年贫困	
			平均贫困脆弱性	贫困脆弱率	平均贫困脆弱性	贫困脆弱率
2011年不贫困	α=0	城镇	0.0995	0.2357	0.1609	0.4151
		农村	0.1305	0.2710	0.2423	0.4773
	α=1	城镇	0.0112	0.1236	0.0147	0.2075
		农村	0.0103	0.1395	0.0253	0.3182
	α=2	城镇	0.0032	0.0418	0.0029	0.0943
		农村	0.0019	0.0376	0.0066	0.1091
2011年贫困	α=0	城镇	0.5358	1.0000	0.6469	1.0000
		农村	0.5380	0.9547	0.5656	0.9750
	α=1	城镇	0.0736	0.6964	0.1087	0.8889
		农村	0.0633	0.6872	0.0707	0.6833
	α=2	城镇	0.0256	0.2679	0.0403	0.4722
		农村	0.0198	0.2798	0.0235	0.3250

由表4-5可知，首先，不论α取值为几，各贫困动态组的平均贫困脆弱性和贫困脆弱率都呈现出相同的顺序，两年都不贫困组最低，两年都贫

困组最高，2011 年不贫困 2015 年贫困组次低，2011 年贫困 2015 年不贫困组次高。当 α 取不同值时，各贫困动态组的贫困脆弱性和贫困脆弱率的力量对比有一定差异。其次，城镇家庭收入水平高于农村。然而在贫困群体中城乡差距恰好相反，农村贫困家庭的收入水平反倒高于城镇贫困家庭，农村贫困家庭的贫困脆弱性低于城镇贫困家庭，说明虽然城镇整体生活水准高于农村，但在低收入群体中这种优势却消失不见。最后，贫困线越高贫困和非贫困家庭收入差距越大。很自然地，不论城镇还是农村，贫困家庭的平均贫困脆弱性和贫困脆弱率都高于非贫困家庭。但是城镇家庭二者之间的差异要高于农村。例如，α 取 1 时，城镇非贫困家庭的平均贫困脆弱性仅为贫困家庭的 1/3，但是农村的这个对比却达到了 1/2。

分别绘制各贫困动态组的平均贫困脆弱性直方图如图 4－1、图 4－2、图 4－3 所示。

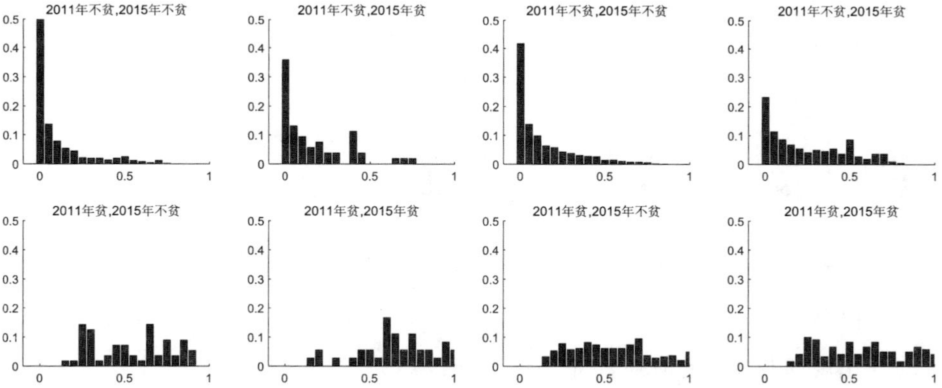

图 4－1　城乡不同贫困动态组基于跨期均值方差的期望贫困脆弱性（$\alpha=0$）

由图 4－1 可知，两年都不贫困组中，绝大部分家庭的 V_{ep_0} 接近于 0，城镇和农村家庭的贫困脆弱性分布都呈倒“J”形，且断崖式下降。2011 年不贫困 2015 年贫困组中，城乡贫困脆弱性分布仍呈倒“J”形，但下降的速率明显放缓。2011 年贫困 2015 年不贫困组中，已经不再呈明显的左偏分布，贫困脆弱性接近 0.5 甚至大于 0.5 的比例大幅增加，两年都贫困组中，贫困脆弱性高于 0.5 的占了绝大比例。

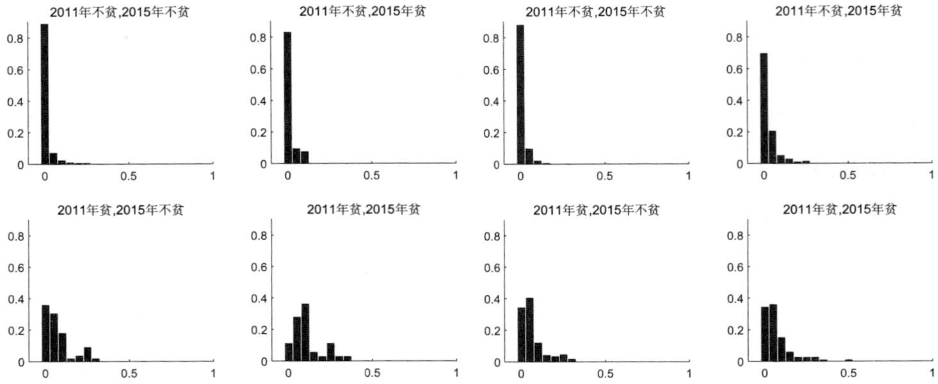

图 4－2　城乡不同贫困动态组基于跨期均值方差的期望贫困脆弱性（α＝1）

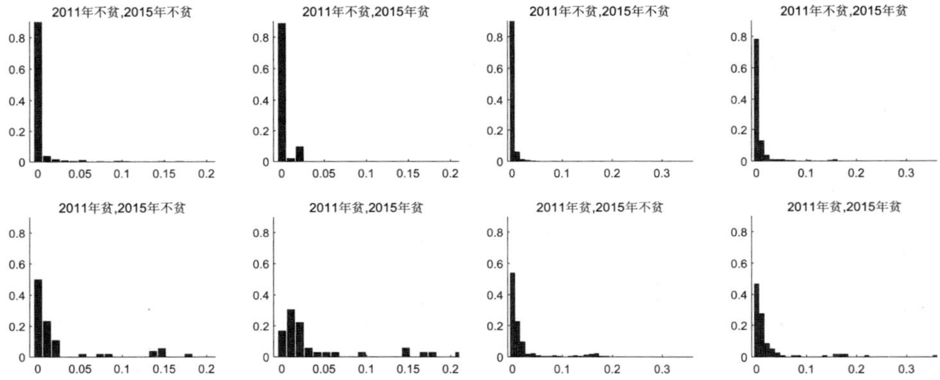

图 4－3　城乡不同贫困动态组基于跨期均值方差的期望贫困脆弱性（α＝2）

由图 4－2 和图 4－3 可知，V_{ep_1} 和 V_{ep_2} 的直方图中，各不同贫困动态组的变化规律与 V_{ep_0} 类似：首先，贫困状况越差的组，贫困脆弱性较低家庭占比越低，贫困脆弱性较高家庭占比越高。其次，不论 α 取何值，城乡家庭贫困脆弱性的分布都存在差异。对照城乡贫困动态相同组，城镇家庭在脆弱性较低区间占比高于农村，而农村家庭在脆弱性较高区间上占比高于城镇。

为了更深入地了解贫困脆弱性的分布特征，借鉴生存曲线的思想绘制贫困脆弱性发生率曲线。具体的做法是：首先，找到所有家庭贫困脆弱性的最小值和最大值，把这两个值之间的区间十等分。其次，分别计算贫困脆弱性大于等于这些等分点的家庭比例，这个比例即为相应等分点下的贫困脆弱性发生率。最后，以这些等分点为横坐标，相应的贫困脆弱性发生率为纵坐标绘制带线散点图，即为贫困脆弱性发生率曲线。之间取若干个等分点（本书取十等分），按照上述步骤分别绘制总样本、贫困和非贫困家庭在 α =0、1、2 时的脆弱性发生率曲线如图 4 -4 所示。

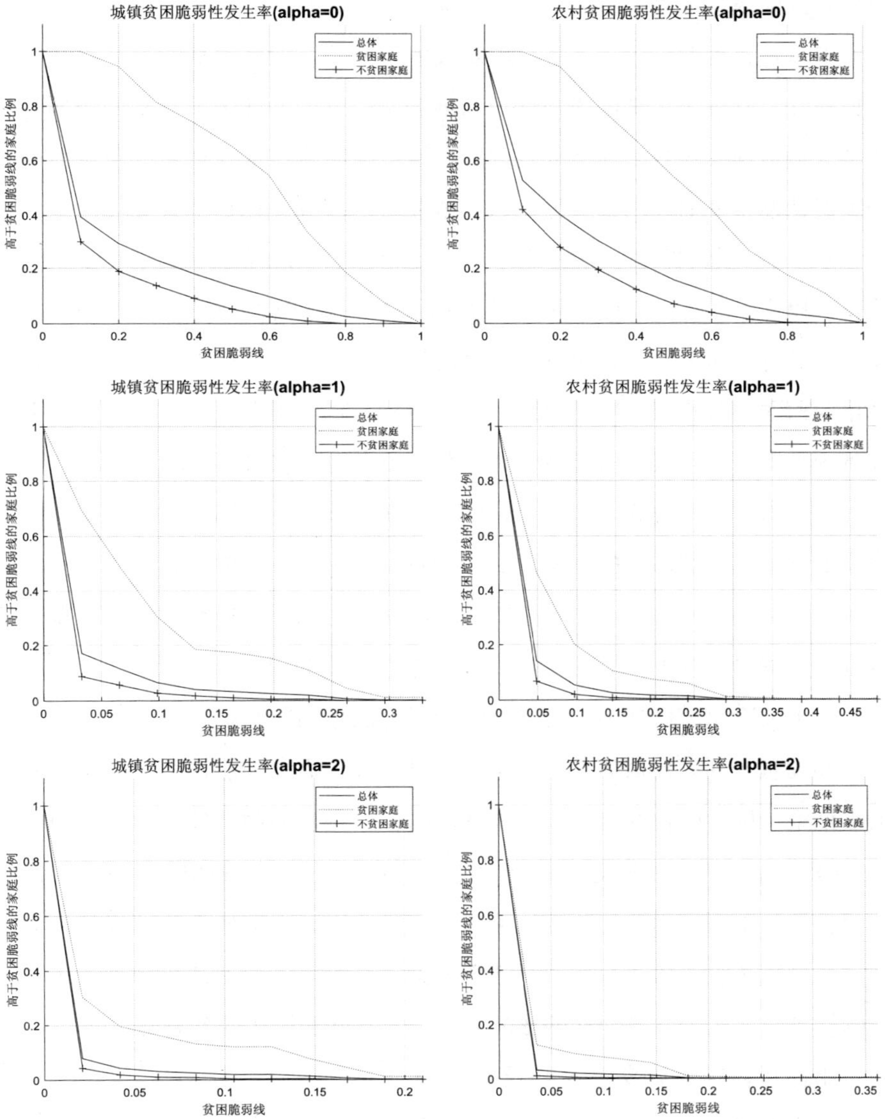

图 4 -4　城乡基于跨期均值方差的期望贫困脆弱性发生率曲线

由图 4 -4 可知，第一，与生存曲线类似，每条贫困脆弱性发生率曲线由 100% 递减到 0。贫困脆弱性标准越高，高于该标准比例也即脆弱性发生率越低。当贫困脆弱性标准为 0 时，贫困脆弱发生率为 100%，这一点与世界银行提出“人人都脆弱，程度有高低”不谋而合。当贫困脆弱性标准为所有家庭贫困脆弱性的最大值时，高于该标准的家庭并不存在。这两个点虽然极端，但是足以说明设置合理贫困脆弱线的重要性，标准过低和过高都不具有可操作性，都失去了贫困脆弱性识别的意义。第二，贫困家庭贫困脆弱性更严重。城镇和农村贫困家庭的贫困脆弱性发生率曲线都在远离非贫困家庭贫困脆弱性发生率曲线的最上方。以城镇非贫困家庭贫困脆弱性高于 0. 2 的低于 30%，而城镇贫困家庭这一比例接近 90%。第三，农村家庭贫困脆弱性更严重。以 V_{ep_0} 为例，对应于 0. 2 的城镇和农村脆弱性发生率分别为 35% 和 40%，对应于 0. 5 的城镇和农村贫困脆弱性发生率分别为 17% 和 19%，这个结论与前面的分析相呼应。第四，贫困不等于贫困脆弱性。贫困的家庭并非都贫困脆弱，而不贫困的家庭也并非都不脆弱。仍以城镇为例，非贫困率为 90%，贫困脆弱率为 35. 47%，说明约 32% 的家庭不贫困却脆弱。第五，城镇家庭贫困与非贫困者的贫困脆弱性分布差异更大，图中城镇家庭三条线距离较远，恰恰说明这一点。第六，α 取值越大，三条脆弱性发生率曲线距离越近，这主要是由 V_{ep_α} 在 α 取值不同时量纲不同造成的。

（2）基于回归均值方差的期望贫困脆弱性测度结果

测度基于回归均值方差的期望贫困脆弱性，需事先明确四个问题：一是测量期望贫困性的福利指标，二是贫困线，三是贫困脆弱线，四是均值方差的 DGP 模型。前三个问题沿用测度基于跨期均值方差的期望贫困脆弱性时的选择。解决第四个问题的关键在于选择合适的家庭内部外部特征变量进入模型。变量筛选时要依据基本的经济学理论，也要兼顾数据的可得性，还要考虑到城乡收入水平及波动性的影响因素差异，分别构建城乡模型。

第一步，构建城乡收入 DGP 模型。

根据经济学中收入决定理论，从家庭基本人口学特征、家庭资源禀赋特征（包括教育、健康、工作等人力资本，物质资本、社会资本）、家庭风险响应策略特征（包括正规和非正规响应策略）、外部环境特征四个方面筛选影响收入的因素，利用 2006 年、2009 年、2011 年三年的面板数据，尝试多种变量组合分别构建城乡收入 DGP 模型，比较选优，最终得到城乡收入 DGP 模型结果如表 4－6、表 4－7 所示。

表 4－6　　城镇家庭收入回归模型

变量类别	解释变量	模型 1	模型 2	模型 3	模型 4	模型 5
—	C	6.5636 (0.0000)	6.4074 (0.0000)	6.1514 (0.0000)	6.3958 (0.0000)	6.3490 (0.0000)
家庭人口学特征	hage	0.0046 (0.0291)	0.0066 (0.0026)	0.0085 (0.0002)	0.0082 (0.0002)	0.0088 (0.0000)
	size	－0.1204 (0.0000)	－0.1064 (0.0000)	－0.1220 (0.0000)	－0.1242 (0.0000)	－0.1233 (0.0000)
	labor	0.0921 (0.0032)	0.0938 (0.0024)	0.0995 (0.0008)	0.0984 (0.0008)	0.1023 (0.0006)
家庭资源禀赋特征	hedu		0.0263 (0.0000)	0.0265 (0.0000)	0.0262 (0.0000)	0.0258 (0.0000)
	adultedu	0.0337 (0.0002)				
	hbmi	0.0149 (0.0477)	0.0134 (0.0783)	0.0129 (0.0715)	0.0132 (0.0653)	0.0132 (0.0654)
	presd_p			－0.2133 (0.1430)	－0.2280 (0.1184)	－0.2157 (0.1381)
	tech_i	0.0918 (0.0832)	0.0971 (0.0712)	0.1046 (0.0471)		0.1037 (0.0486)
	tech_p				0.0670 (0.2721)	
	self_p			0.4772 (0.0000)	0.4555 (0.0000)	0.4605 (0.0000)
	state_p			0.2722 (0.0002)	0.2626 (0.0000)	0.2527 (0.0003)
	asset_v	0.0891 (0.0000)	0.1029 (0.0000)	0.0994 (0.0000)	0.1118 (0.0000)	0.1113 (0.0000)

续表

变量类别	解释变量	模型 1	模型 2	模型 3	模型 4	模型 5
家庭风险响应策略特征	ins_p	0.5129 (0.0000)	0.5075 (0.0000)	0.5378 (0.0000)	0.5548 (0.0000)	0.5536 (0.0000)
外部环境特征	illtime				-0.1274 (0.0164)	-0.1203 (0.0216)
	coast				0.0421 (0.5045)	
调整 R^2		0.1832	0.1885	0.2291	0.2313	0.2317
F 统计量		29.3344	31.1272	29.9064	26.3634	28.2325

表 4-6 中列示了城镇家庭收入的 5 个效果较好的模型。模型 1 的 8 个变量中，在 0.01、0.05、0.10 的水平上显著的变量分别有 5 个、2 个和 1 个。模型 2 是将教育人力资本变量替换为户主受教育年限，有效样本量增加，同时各项检验统计量也有所改善，说明作为教育人力资本的代表变量，户主受教育年限的解释能力强于成人受教育年限。模型 3 又增加一个健康变量和两个工作变量：家庭成员诊断高血压占比、家庭成员国有单位工作者占比和家庭成员自雇者占比。模型检验统计量进一步改善，但是变量家庭成员诊断高血压者占比系数不太显著。模型 4 将工作人力资本变量替换成了家庭成员技术管理人员，并且加入社区变量看病在途时间和位置变量是否为沿海地区，位置变量和人力资本变量均不显著。模型 5 去掉位置变量、换回是否有技工变量，模型效果又有所提升。因此，选择模型 5 作为城镇家庭收入 DGP 的最终模型。

模型 5 中，劳动力数量、户主受教育年限、户主的 BMI、家庭成员是否有技术管理人员、资产、家庭成员有医保者占比、家庭成员在国有单位工作者占比、家庭成员自雇者占比、户主年龄等变量的系数均为正，而家庭成员诊断高血压者占比和家庭规模变量系数为负，变量系数符号基本符合预期。值得一提的是户主 BMI，虽然 BMI 是过高过低都不好的适度指标，但这个变量的系数为正，分析其内在原因，BMI 偏高往往在家庭收入较高的家庭中发生率较高，其系数为正也就不奇怪了。值得一提的另一个变量是抚养比，从理论上讲这个变量是体现家庭负担非常好的变量，但是在构建模型时发现抚养比变量始终不显著，不显著的原因主要在于数据加工质量不高。CHNS 并未直接给出家庭劳动年龄人口数，只能通过数据库间匹配的方式数出每个家庭的劳动年龄人口数，然后在此基础上计算抚养比，但是并非每个家庭的所有成员都参与了调查，这种计算方法其实是假定未参加调查的成员都是非劳动年龄人口，对某些家庭这个假定可能并不适用，进而导致了该变量数据质量不理想，从而在模型中表现不佳。

表 4－7　　　　　　　　农村家庭收入回归模型

变量类别	解释变量	模型 1	模型 2	模型 3	模型 4	模型 5
—	C	7.4098 (0.0000)	6.9565 (0.0000)	7.2486 (0.0000)	6.7998 (0.0000)	7.0599 (0.0000)
家庭人口学特征	hage	0.0042 (0.0046)	0.0056 (0.0002)	0.0056 (0.0000)	0.0061 (0.0000)	0.0067 (0.0000)
	size	-0.1330 (0.0000)	-0.1449 (0.0000)	-0.1429 (0.0000)	-0.1386 (0.0000)	-0.1393 (0.0000)
	labor	0.0789 (0.0000)	0.0541 (0.0002)	0.0451 (0.0007)	0.0545 (0.0000)	0.0389 (0.0006)
家庭资源禀赋特征	hedu	0.0235 (0.0000)	0.0155 (0.0010)	0.0149 (0.0008)	0.0165 (0.0002)	0.0175 (0.0000)
	hbmi	0.0124 (0.0093)	0.0024 (0.5702)			
	pres_i			-0.0245 (0.3609)	-0.0326 (0.2068)	-0.0073 (0.7348)
	tech_i	0.4038 (0.0000)	0.2958 (0.0000)	0.2161 (0.0000)	0.2113 (0.0000)	0.2241 (0.0000)
	self_p			-0.2475 (0.0000)	-0.2110 (0.0000)	-0.3992 (0.0000)
	land					0.1023 (0.0000)
	agrm_v	0.0245 (0.0000)	0.0210 (0.0000)	0.0253 (0.0000)	0.0236 (0.0000)	0.0114 (0.0009)

续表

变量类别	解释变量	模型 1	模型 2	模型 3	模型 4	模型 5
家庭资源禀赋特征	appli_v		0.0925 (0.0000)	0.0869 (0.0000)	0.0703 (0.0000)	0.0624 (0.0000)
	rent_v		0.0491 (0.0000)	0.0479 (0.0000)	0.0405 (0.0000)	0.0298 (0.0000)
	wed			0.0474 (0.0828)	0.0581 (0.0270)	0.0368 (0.1119)
家庭风险响应策略特征	ins_p	0.4482 (0.0000)	0.3187 (0.0000)	0.2837 (0.0000)	0.2879 (0.0000)	0.2714 (0.0000)
外部环境特征	illtime				0.1011 (0.0006)	0.0906 (0.0004)
	coughcost				0.0779 (0.0002)	0.0594 (0.0016)
调整 R^2		0.1167	0.1747	0.1873	0.1919	0.2484
F 统计量		59.7481	79.6508	81.3227	73.2341	69.4436

表 4－7 列示了农村家庭收入 5 个效果较好的模型。模型 1 所有变量都在 0.01 的水平上显著。模型 2 加入电器交通资产价值和房屋评估租赁价值两个物质资本变量，模型检验统计量有所改善，户主 BMI 变量不显著。模型 3 将健康人力资本替换为家庭成员是否有高血压，还加入了社会资本变量家庭是否有婚礼支出和工作人力资本变量家庭成员自雇者占比，健康资本变量依然不显著但有所改善。模型 4 又加入了看病在途时间和一次感冒费用两个体现社区医疗可及性的变量，均在 0.01 水平显著。模型 5 再增加一个物质资本变量耕地面积，各项检验统计量都大幅改善，但是样本量损失过大。因此，选择模型 4 作为农村家庭收入 DGP 的最终模型。

模型 4 中，各项变量系数符号与预期基本相符。值得一提的是，家庭成员自雇者占比的系数符号与城镇模型相反，主要是因为城镇和农村家庭自雇者的整理口径不同，城镇自雇者确实是私人经营者，但是在农村，依惯例农民也要归入自雇者，其他类型自雇者并不多，由此，对于农村家庭来说，家庭成员自雇者占比越高的家庭，往往可能越是那些对农业依赖度高、缺少其他生计手段的家庭，这个变量系数为负也就在情理之中了。

第二步，构建收入方差模型。

由城乡收入 DGP 模型，估计每个家庭的收入水平，并且计算得到残差。分别城乡构建残差平方对家庭各项特征的回归模型，正如影响城乡收入水平的因素并不相同一样，影响城乡收入波动的因素也不相同，因此仍分别构建城镇和农村家庭的方差模型，最终的筛选结果如表 4－8 所示。

表 4－8　城乡收入方差回归模型

变量类别	城镇			农村		
	解释变量	回归系数	P 值	解释变量	回归系数	P 值
—	C	5.2751	0.0001	C	2.3742	0.0001
家庭人口学特征	hage	－0.0173	0.0420	hage	－0.0108	0.0464
家庭资源禀赋特征	bmi_p	－0.5512	0.1136	pres_i	0.2450	0.0512
	pres_p	1.4352	0.0236	tech_p	0.4826	0.0522
	self_p	－1.3969	0.0002	agrm_v	－0.0534	0.0040
	state_p	－1.3226	0.0001	rent_v	－0.0617	0.0108
	asset_v	－0.2492	0.0001			
	rent_v	0.0714	0.0755			
家庭风险响应策略特征	ins_p	－0.7019	0.0193	ins_p	－0.3254	0.0658
外部环境特征	east	－0.5552	0.0926	illtime	－0.3348	0.0152
	mid	－0.6191	0.0136			
调整 R^2		0.0533		调整 R2	0.0086	
F 统计量		6.8657		F 统计量	5.5615	

由表 4－8 可知，城镇模型的 10 个变量中，除家庭成员 BMI 不正常者占比略有不显著外，其余变量都至少在 0.1 的水平上显著，各变量系数的符号均符合预期。家庭成员诊断高血压者占比变量系数为正，反映出不健康成员的存在确实影响了收入稳定性。家庭成员 BMI 不正常者占比变量系数为负，主要原因是城镇 BMI 不正常者以偏胖者居多，多与营养摄入过多以及较为稳定的高收入水平相关。资产总值变量系数为负，

说明资产对收入稳定性的保障作用。但是房屋评估租赁价值变量系数为正，城镇房屋租赁市场竞争激烈、交易活跃、价格波动大，相应的收入波动也大。家庭成员自雇者占比和家庭成员国有单位就业者占比变量系数均为负，说明家庭有一定比例的人员在国有单位工作或从事自营活动对减少收入波动有正面影响。家庭成员拥有医保者占比变量系数为负，说明家庭保障水平对收入稳定性的正面影响。户主年龄变量系数均为负说明随户主年龄增加家庭的生计安排日趋稳定，收入波动性变小。此外，东部地区和中部地区的变量系数为负，说明这两个地区相对来讲收入稳定性较强。

农村模型的7个变量中，4个变量在0.05的水平上显著，另3个变量的检验P值略高于0.05，变量系数的符号也都符合预期。家庭成员是否有诊断为高血压者变量系数为负，体现了家庭成员健康状况对收入波动的影响。家庭成员技术管理类人员占比变量系数为正，从侧面说明农村劳动力市场不够完善，技术管理类人员收入差异较大。农业机械价值变量系数为负，印证生产性资产对收入稳定性的保障作用。房屋评估租赁价值变量系数为负，主要原因是农村房屋租赁不普遍且流动性不强，能够租出去的房屋往往能带来稳定收入流。

第三步，由方差模型得到每个家庭的收入方差估计值，与前面的收入均值估计值一起代入期望贫困脆弱性测度公式，分别计算 α 取值为1、2、3时所有家庭的贫困脆弱性 V_{ep_α}。将所有家庭的测度结果进行汇总，得到总体、城镇和农村的平均贫困脆弱性。计算所有家庭的平均贫困脆弱性作为脆弱线，将每个家庭划分为脆弱家庭和不脆弱家庭，在此基础上汇总不同层面的贫困脆弱率。

表4-9　　基于回归均值方差的的期望贫困脆弱性

测度指标	范围	平均贫困脆弱性	贫困脆弱率	贫困率
$\alpha=0$	总体	0.2185	0.6904	0.1347
	城镇	0.1462	0.6657	0.0994
	农村	0.2378	0.6970	0.1441

续表

测度指标	范围	平均贫困脆弱性	贫困脆弱率	贫困率
α = 1	总体	0.0213	0.4845	0.1347
	城镇	0.0157	0.3564	0.0994
	农村	0.0228	0.5188	0.1441
α = 2	总体	0.0036	0.3819	0.1347
	城镇	0.0032	0.2956	0.0994
	农村	0.0038	0.4050	0.1441

由表 4-9 可知，不论 α 取值为几，城镇平均贫困脆弱性都低于农村，城镇贫困脆弱率也低于农村。不论城镇还是农村，贫困脆弱率均高于贫困率，而且随着 α 取值越来越大，贫困率和贫困脆弱率的差距越来越小。

为了检验贫困脆弱性测度结果与实际贫困状况的一致性程度，以国家贫困线为标准，测度每个家庭的贫困状况，然后按照 2011 年和 2015 年的贫困状况对全部家庭进行分组汇总，得到不同贫困动态组的平均贫困脆弱性和贫困脆弱率如表 4-10 所示。

表 4-10　不同贫困动态组基于回归均值方差的期望贫困脆弱性

2011 年贫困状况	测度指标	范围	2015 年不贫困		2015 年贫困	
			平均贫困脆弱性	贫困脆弱率	平均贫困脆弱性	贫困脆弱率
2011 年不贫困	α = 0	城镇	0.1287	0.6174	0.2171	0.9286
		农村	0.2109	0.6236	0.2750	0.8571
	α = 1	城镇	0.0128	0.3119	0.0244	0.6071
		农村	0.0194	0.4389	0.0270	0.6241
	α = 2	城镇	0.0023	0.2444	0.0048	0.5714
		农村	0.0031	0.3267	0.0045	0.5038
2011 年贫困	α = 0	城镇	0.2571	1.0000	0.3718	1.0000
		农村	0.3359	0.9338	0.3568	0.9677
	α = 1	城镇	0.0343	0.6000	0.0644	0.7500
		农村	0.0351	0.8344	0.0390	0.8226
	α = 2	城镇	0.0088	0.6000	0.0189	0.7500
		农村	0.0061	0.6887	0.0070	0.7742

由表4-10可知，不论α取值为几，也不论按哪种口径汇总平均贫困脆弱性和贫困脆弱率，基于回归均值和方差的期望贫困脆弱性的结论都与基于跨期均值方差的期望贫困脆弱性测度基本一致，同样验证了贫困与非贫困家庭、城镇家庭与农村家庭之间的差异。

4.2 基于截面数据的贫困脆弱性测度

贫困脆弱性是对贫困的前瞻性和动态性测度，利用面板数据测度自然是最理想的。但是微观调查中即使是以CFPS、CHNS为代表的国内这几个影响力较大的调查，为提高样本跟踪率做了极大努力，仍是难以避免样本流失。利用这些调查数据构建面板时，常常也需要在样本期和样本量之间做出权衡，有时不得不为了保留足够的样本量而放弃若干样本期。更为普遍的情况是，多数微观调查并未意图跟踪调查，因此足够长度的微观面板数据十分少见，比较多见的是微观截面数据。当家庭收入差异主要源于可观测家庭特征，并且这些特征会长久影响家庭收入时，即使只有截面数据，仍可能包含大量的未来信息，并且据此对家庭贫困脆弱性进行测度。

4.2.1 测度方法框架

4.2.1.1 测度指标

在测度指标上，仍然选择当前贫困脆弱性测度中最常用的、建立在传统贫困指标FGT的基础上的V_{ep_α}。

$$V_{ep_\alpha} = E[p(w_{h,t+1}, l)] = E[p_{\alpha,h,t+1}(w_{h,t+1}) \mid F(w_{h,t+1} \mid I_T)] \tag{4-15}$$

$$p(w_{h,t+1}, l) = \left(\frac{\max(l - w_{h,t+1}, 0)}{l}\right)^\alpha \tag{4-16}$$

其中，$w_{h,t+1}$是家庭t+1期的福利水平（收入或消费），l是贫困线，α取0、1、2，I_T是影响$w_{h,t+1}$的各项已知信息，包括家庭的各种内部和外部特征变量。为了计算上式中的期望值，需利用已知信息I_T估计$w_{h,t+1}$的未来分布。

4.2.1.2　估计未来福利分布

在未来福利分布的形式上，仍然采用对数正态分布，即

$$\ln w_{h,t+1} \sim N\left(\mu_{\ln w_{h,t+1}},\ \sigma^2_{\ln w_{h,t+1}}\right) \tag{4-17}$$

进而贫困脆弱性的测度公式就具体化为：

$$V_{ep_\alpha} = \int_{-\infty}^{\ln l}\left(\max\left\{\frac{\ln l - \ln w_{h,t+1}}{\ln l}, 0\right\}\right)^{\alpha} dF(\ln w_{h,t+1}) \tag{4-18}$$

估计 $\mu_{\ln w_{h,t+1}}$ 和 $\sigma^2_{\ln w_{h,t+1}}$ 时，借鉴 Chaudhuri（2002）的方法，采用可行广义最小二乘法 FGLS。

首先，构建家庭福利对家庭各种内部外部特征的回归模型。

$$\ln w_h = X_h\beta + e_h \tag{4-19}$$

此模型是在截面数据基础上构建，需要对可能存在的跨期异质性进行限制，包含两个极其严格的假设。一是假设每个家庭收入（消费）的特殊冲击在不同时间上独立同分布，目的是剔除不同时间上未观测因素的影响。二是假设 β 不随时间变化，目的是剔除未预期的经济结构性变化等总冲击带来的不确定性，仅考虑特殊冲击带来的不确定性，即 $\sigma^2_{e_h} = \sigma^2_{\ln w_h}$。Chaudhuri（2002）认为，这里所做的假设只是对同一家庭的跨期异质性进行了限制，并未对家庭间的异质性进行限制，相反地，允许家庭福利的方差随家庭特征而不同，因此这两点假设并不比那些贫困评估时使用的假设更苛刻。

其次，构建家庭福利方差对各种内部外部特征的回归模型。

$$\sigma^2_{e_h} = X_h\theta \tag{4-20}$$

估计模型 4－20 需要分三步走：

第一步是在模型 4－19 的基础上得到估计残差 e_h。

第二步，用这些残差对家庭特征估计模型 4－21，用 OLS 得到 $\hat{\theta}_{ols}$。

$$\hat{e}^2_{ols,h} = X_h\theta + \eta_h \tag{4-21}$$

第三步，在模型 4－21 两边同时除上估计值 $X_h\hat{\theta}_{ols}$，模型变换为模型 4－22。

$$\frac{\hat{e}^2_{ols,h}}{X_h\hat{\theta}_{ols}} = \left[\frac{X_h}{X_h\hat{\theta}_{ols}}\right]\theta + \frac{\eta_h}{X_h\hat{\theta}_{ols}} \tag{4-22}$$

再用 OLS 估计模型 4－22，得到的回归参数 $\hat{\theta}_{FGLS}$ 是 θ 的渐近有效估计量，进而 $X_h\hat{\theta}_{FGLS}$ 也就是家庭特殊冲击 $\sigma^1_{e_h}$ 的一致估计量。

第四步，在模型 4－19 两边同时除上 $\hat{\sigma}_{e,h}=\sqrt{X_h\hat{\theta}_{FGLS}}$，模型变换为：

$$\frac{\ln c_h}{\hat{\sigma}_{e,h}} = \left(\frac{X_h}{\hat{\sigma}_{e,h}}\right)\beta + \frac{e_h}{\hat{\sigma}_{e,h}} \tag{4-23}$$

再用 OLS 估计这个变换后的模型，得到的回归参数 $\hat{\beta}_{FGLS}$ 是 β 的一致渐近有效估计量。

第五步，将 $\hat{\beta}_{FGLS}$ 和 $\hat{\theta}_{FGLS}$ 代入期望和方差的估计方程，就得到了 $\ln c_h$ 和 $\sigma^2_{e_h}$ 的估计值，基于前面的家庭跨期福利稳定性假设，未来福利分布的均值和方差为：

$$\mu_{\ln w_{h,t+1}} = \ln\hat{w}_{ht+1} = \hat{E}(\ln w_h \mid X_h) = X_h\hat{\beta}_{FGLS} \tag{4-24}$$

$$\sigma^2_{\ln w_{ht+1}} = \hat{V}ar(\ln w_h \mid X_h) = \hat{\sigma}^2_{eh} = X_h\hat{\theta}_{FGLS} \tag{4-25}$$

用 FGLS 法估计未来福利分布参数，可能遇到以下三种情况：一是如果收集数据过程中测量误差过大，则会引起福利方程残差的高估，最终可能传递为福利期望值的高估。二是如果存在未观测到的共同冲击，那么受到这种冲击的家庭和福利水平就会高于或低于未受冲击的家庭，由福利均值方程得到的估计值就会有偏差，对于这种情况可以考虑加入位置虚拟变量。三是由 $\hat{\sigma}^2_{eh}=X_h\hat{\theta}_{FGLS}$ 模型得到的估计值可能未必总能非负。对这种情况可以区别处理，如果只是一小部分样本可直接剔除，如果涉及面较广可采用下截处理，即令负方差等于 0 或者一个略大于 0 的小数，本项目的处理方法是令其等于正方差的最小值，目的是避免零方差难以参与进一步测算的情况。

4.2.2　实证测度结果

用截面数据测度期望贫困脆弱性，与用面板数据测度基于回归均值方差的期望贫困脆弱性一样，需要事先明确测量期望贫困脆弱性的福利指标、贫困线、贫困脆弱线以及构建均值方差模型的解释变量，这里完全遵循前面的选择。只是由于截面数据的特殊性，在估计均值方差模型时，采用 FGLS 方法，估计结果如表 4－11、表 4－12 所示。

表 4－11　　城镇截面数据 FGLS 估计结果

变量类型	变量	$\hat{\beta}_{OLS}$	$\hat{\theta}_{ols}$	$\hat{\theta}_{FGLS}$	$\hat{\beta}_{FGLS}$
—	C	4.3390	12.1145	0.8508	5.0048
家庭人口学特征	hage	0.0294	－0.0775	－0.0191	0.0289
	size	－0.1967	0.2323	0.1079	－0.2019
	labor	0.1190	－0.1672	－0.1728	0.2765
家庭资源禀赋特征	hedu	0.0197	－0.0068	－0.0159	0.0212
	hbmi	0.0105	0.0057	0.0107	0.0096
	pres_p	－0.3259	－0.5246	0.3119	－0.6882
	tech_i	0.2503	－0.0689	－0.0253	0.1572
	self_p	0.6373	－3.2236	－0.5683	0.9827
	state_p	0.5782	－2.7589	－0.5962	0.8852
	asset_v	0.2092	－0.5891	0.0403	0.0375
家庭风险响应策略特征	ins_p	0.8209	－1.5211	－0.3432	0.6895
外部环境特征	illtime	－0.0093	0.0422	0.0468	0.0183
调整 R^2		0.3013	0.1199	0.9631	0.9754
F 统计量		12.6630	3.9686	1873.6683	4425.3020

表 4－12　　农村截面数据 FGLS 估计结果

变量类型	变量	$\hat{\beta}_{OLS}$	$\hat{\theta}_{ols}$	$\hat{\theta}_{FGLS}$	$\hat{\beta}_{FGLS}$
—	C	6.8453	6.8453	0.6939	7.4187
家庭人口学特征	hage	0.0093	0.0093	0.0027	－0.0016
	size	－0.1977	－0.1977	0.0139	－0.1692
	labor	0.1054	0.1054	0.1093	0.0457

续表

变量类型	变量	$\hat{\beta}_{OLS}$	$\hat{\theta}_{ols}$	$\hat{\theta}_{FGLS}$	$\hat{\beta}_{FGLS}$
家庭资源禀赋特征	hedu	0.0074	0.0074	0.0127	-0.0105
	pres_i	-0.1227	-0.1227	0.6708	-0.1689
	tech_i	0.1719	0.1719	0.0109	0.1289
	self_p	-0.1252	-0.1252	0.2558	-0.2312
	agrim_v	0.0315	0.0315	-0.0493	0.0252
	appli_v	0.0897	0.0897	-0.1329	0.0710
	rent_v	0.0416	0.0416	0.0341	0.0157
	wed	0.0625	0.0625	-0.3639	0.4118
家庭风险响应策略特征	ins_p	0.3228	0.3228	-0.1349	-0.0087
外部环境特征	illtime	0.0107	0.0107	-0.0198	0.0033
	coughcost	0.0583	0.0583	0.2138	0.2004
调整 R^2		0.1645	0.0213	0.3220	0.9590
F 统计量		18.9368	2.0676	46.1339	1330.6626

表4-11和表4-12中，$\hat{\beta}$ 和 $\hat{\theta}$ 分别是收入均值和方差的回归系数，下标OLS和FGLS分别代表普通最小二乘和可行广义最小二乘估计量。均值回归模型估计效果明显好于方差模型，主要原因是为了避免过度损失样本量，舍弃了一些解释变量。关于测度方法框架部分提到的三个问题中，测量误差问题未做处理。为解决地区冲击问题尝试省份、东部、中部、沿海虚变量，但未能通过检验。地区冲击可能在更小范围内发生，因此引入社区变量，考虑到某些地区性冲击会更具体地体现到更小的地域范围上，因此引入社区变量来解决这一问题。对于负向方差问题，采用正向方差最小值替代负向方差的下截处理。

由FGLS法得到每个家庭的均值和方差估计，代入期望贫困脆弱性测度公式，分别计算 α 取值为0、1、2时每个家庭的贫困脆弱性 $V_{ep_{\alpha}}$。将所有家庭的测度结果进行汇总，得到总体、城镇和农村的平均贫困脆弱性。计算所有家庭的平均贫困脆弱性作为脆弱线，将每个家庭划分为脆弱家庭和不脆弱家庭，在此基础上汇总不同层面的贫困脆弱率。

表 4－13　　基于截面数据的期望贫困脆弱性

测度指标	范围	平均贫困脆弱性	贫困脆弱率	贫困率
α =0	总体	0.1670	0.4571	0.1347
	城镇	0.1084	0.3923	0.0994
	农村	0.1827	0.4745	0.1441
α =1	总体	0.0152	0.2787	0.1347
	城镇	0.0086	0.1768	0.0994
	农村	0.0170	0.3060	0.1441
α =2	总体	0.0025	0.2624	0.1347
	城镇	0.0012	0.2099	0.0994
	农村	0.0029	0.2764	0.1441

表 4－13 列示了三种测度指标下的总体、城镇、农村的平均贫困脆弱性和贫困脆弱率。首先，城镇的平均贫困脆弱性低于农村，随着 α 的取值越来越大，城乡之间的平均贫困脆弱性水平相对差距越来越大。α =0 时，农村家庭平均贫困脆弱性约为城镇的 1.7 倍，α =2 时，农村家庭平均贫困脆弱性约为城镇的 2.4 倍。其次，城镇的贫困脆弱率也低于农村，但二者之间的差异并不悬殊。最后，α =0 时的平均贫困脆弱性与贫困率非常接近，而前者代表着平均的贫困概率，再次验证用 V_{ep_α} 进行前瞻性贫困测度的合理性。

表 4－14　　不同贫困动态组基于截面数据的期望贫困脆弱性

2011 年贫困状况	测度指标	范围	2015 年不贫困		2015 年贫困	
			平均贫困脆弱性	贫困脆弱率	平均贫困脆弱性	贫困脆弱率
2011 年不贫困	α =0	城镇	0.0847	0.3537	0.1696	0.5357
		农村	0.1584	0.4121	0.1976	0.5489
	α =1	城镇	0.0060	0.1350	0.0140	0.3214
		农村	0.0141	0.2512	0.0182	0.3008
	α =2	城镇	0.0008	0.1640	0.0020	0.3929
		农村	0.0023	0.2264	0.0031	0.2707

续表

2011 年贫困状况	测度指标	范围	2015 年不贫困		2015 年贫困	
			平均贫困脆弱性	贫困脆弱率	平均贫困脆弱性	贫困脆弱率
2011 年贫困	α =0	城镇	0. 2760	0. 6667	0. 5011	0. 8750
		农村	0. 2793	0. 7020	0. 3102	0. 7742
	α =1	城镇	0. 0279	0. 4667	0. 0510	0. 7500
		农村	0. 0279	0. 5364	0. 0343	0. 6452
	α =2	城镇	0. 0049	0. 4667	0. 0087	0. 8750
		农村	0. 0049	0. 4834	0. 0067	0. 5968

表 4 - 14 列示了在截面数据基础上测算的不同贫困动态组的平均贫困脆弱性和贫困脆弱率。可以看到各贫困动态组的贫困脆弱性情况的顺序由低到高始终是：两年都不贫困、2011 年贫困 2015 年不贫困、2011 年不贫困 2015 年贫困、两年都贫困，与之前的三种测度基本结论一致。

表 4 - 15　基于截面数据的期望贫困脆弱性：城乡的非贫困和贫困家庭

范围	测度指标	2 美元		1 美元		国家线	
		平均脆弱性	贫困脆弱率	平均脆弱性	贫困脆弱率	平均脆弱性	贫困脆弱率
城镇	α =0	0. 3843	0. 6023	0. 6166	0. 5980	0. 6240	0. 4393
	α =1	0. 3168	0. 3607	0. 7625	0. 5233	0. 7944	0. 4579
	α =2	0. 2812	0. 3558	0. 9520	0. 4535	0. 9959	0. 4254
农村	α =0	0. 7462	0. 7251	0. 8888	0. 8934	0. 7801	0. 8617
	α =1	0. 6795	0. 7030	0. 8448	0. 8872	0. 7317	0. 7792
	α =2	0. 6214	0. 6943	0. 8063	0. 9322	0. 6927	0. 7989

表 4 - 15 中的数字是城镇或农村的非贫困和贫困家庭相关指标相除得到的相对数。首先，非贫困家庭的平均贫困脆弱性和贫困脆弱率均低于贫困家庭，但是这种差距随着贫困线的降低而缩小，原因在于高贫困线下贫困与非贫困家庭的收入差距要高于低贫困线下二者的收入差距。以 V_{ep_0} 为例，2 美元贫困线下，城镇非贫困家庭的平均脆弱性仅为贫困家庭的 1/3 略强，城镇非贫困家庭的平均脆弱性接近贫困家庭的 2/3。其次，城镇非

贫困与贫困家庭的贫困脆弱性差异大于农村。最后，不论城镇还是农村，非贫困与贫困家庭的平均贫困脆弱性和贫困脆弱率差距都随 α 增大而缓慢降低。

表 4－16　基于截面数据的期望贫困脆弱性：贫困和非贫困家庭的城乡对比

贫困状况	测度指标	2 美元		1 美元		国家线	
		平均脆弱性	贫困脆弱率	平均脆弱性	贫困脆弱率	平均脆弱性	贫困脆弱率
非贫困家庭	$\alpha=0$	0.5369	0.8182	0.4941	0.5666	0.7807	0.5735
	$\alpha=1$	0.4442	0.5211	0.4151	0.3233	0.6391	0.4822
	$\alpha=2$	0.3686	0.6845	0.3446	0.6667	0.5141	0.7132
贫困家庭	$\alpha=0$	1.0424	0.9848	0.7122	0.8464	0.9760	1.1250
	$\alpha=1$	0.9528	1.0156	0.4599	0.5481	0.5886	1.2346
	$\alpha=2$	0.8145	1.3356	0.2919	1.3704	0.3576	1.3393

表 4－16 中数字是贫困或非贫困的城镇家庭与农村家庭相关指标相除得到的相对数。首先，非贫困家庭中城乡对比值始终小于 1，说明非贫困家庭中城镇贫困脆弱性状况始终好于农村，二者差异随着贫困线的降低而减小，但平均贫困脆弱性差异随着 α 增大而增大。其次，贫困家庭中的城乡对比值中出现了多处大于 1 或接近于 1 的情况，说明在城镇的低收入阶层可能比农村低收入阶层面临更艰难的境况。再次，非贫困家庭的平均贫困脆弱性差异也随着 α 增大而增大。最后，总的来讲非贫困家庭的城乡差距高于贫困家庭。

4.3　基于伪面板数据的贫困脆弱性测度

以动态性和前瞻性视角为主要特征的贫困脆弱性研究，最理想的数据类型是面板数据。但实际的情况是由于调查样本轮换和样本流失，多期面板数据很少、难以获得甚至根本不存在。虽然某些大型微观数据库已经进行了多轮调查，理论上可以构建面板数据用于研究。但是能够始终留在样本中的家庭少之又少，想要构建足够多期的面板数据，就要以牺牲样本量为代价，从而得到一个小样本长面板数据。反之则是为了保留足够的样本量放弃样本期数，结果是只能得到大样本短面板，也就是说一个理想的大样本长面板几乎是不可得的。为了解决这一难题，Chaudhuri 等提出了基于截面数据估计贫困脆弱性的方法，本书也在前面尝试了这种测度方法，但结果并不理想。事实上，我们还可以有第三种选择。Deaton 等（1994）年针对大多数发展中国家缺乏面板但重复截面数据却很多的实际情况，提出了一种伪面板技术，在一组简化假设下，可以由重复截面数据中提取个人收入分布的相关参数信息。

简单地讲，先按照某种特征（如年龄、职业、地域等）将各期样本分成不同的群（Cohort），把每个群看作一个个体，这些群个体的数据在各样本期内就构成了面板数据。当然这种面板不同于真正的面板数据，称之为合成面板、人工面板或伪面板。真正的面板数据是在每个样本期内观测的个体完全相同，但是伪面板数据各个样本期内观测个体不同。正是因为伪面板不必追踪相同的个体，才可以不受样本轮换和样本流失的影响，得到更多轮数的面板数据。

郭小莉等（2010）对天津市住户调查数据构建伪面板分析居民收入流动性问题。白仲林等（2012）用伪面板数据推导出对生命不确定性的假设下消费者的最优消费路径。雷钦礼（2013）用收入等级分群的伪面板数据研究中国家庭消费行为，分析物价变动、家庭支出结构与家庭消费行为的关系。尝试用伪面板数据研究贫困脆弱性问题的文献还不多见，François 等（2004）用伪面板数据测度韩国家庭的贫困脆弱性，并且将测度结果与真正面板数据相比较，发现二者差异很小。段志民等（2018）用伪面板数据测度了中国家庭的资产贫困脆弱性也得出很好的效果。本节将尝试运用 CHNS 的 10 轮调查数据构建伪面板，对中国城乡居民家庭的一维贫困脆弱性进行测度。其思想如下：假设一个群体中的所有个体都面临一个具有共同特征的随机收益过程，则这些特征可以在总水平上恢复，而不必观察实际的收益路径。观察一个群体内收益均值和方差的演变足以估计个体收益过程的共同特征。在此基础上，可以对 t 年观察到的家庭或个人在 t+1 年陷入贫困的可能性作出简单的估计。

4.3.1　测度方法框架

4.3.1.1　测度指标

在测度指标上，选择当前脆弱性测度中最常用的、建立在传统贫困指标 FGT 的基础上的 V_{ep_α}。

$$V_{ep_\alpha} = E[p(w_{h,t+1}, l)] = E[p_{\alpha,h,t+1}(w_{h,t+1}) \mid F(w_{h,t+1} \mid I_T)] \tag{4-26}$$

$$p(w_{h,t+1}, l) = \left(\frac{\max(l - w_{h,t+1}, 0)}{l}\right)^{\alpha} \tag{4-27}$$

其中，$w_{h,t+1}$是家庭 t+1 期的福利水平（收入或消费），l 是贫困线，α 取 0、1、2，I_T 是影响 $w_{h,t+1}$的各项已知信息，包括家庭的各种特征变量等。为了计算上式中的期望值，需利用已知信息 I_T 估计 $w_{h,t+1}$的未来分布。

4.3.1.2　估计未来福利分布

在未来福利分布的形式上，仍然采用对数正态分布，进而贫困脆弱性的测度公式就具体化为：

$$V_{ep_\alpha} = \int_{-\infty}^{\ln l} \left(\max\left\{\frac{\ln l - \ln w_{h,t+1}}{\ln l}, 0\right\}\right)^{\alpha} dF(\ln w_{h,t+1}) \tag{4-28}$$

$$\ln w_{h,t+1} \sim N(\mu_{\ln w_{h,t+1}}, \sigma^2_{\ln w_{h,t+1}}) \tag{4-29}$$

估计 $\mu_{\ln w_{h,t+1}}$和 $\sigma^2_{\ln w_{h,t+1}}$时，借鉴 François 等（2004）的思路，采用伪面板数据估计的方法。首先需要构建伪面板。常用的分群变量主要有年龄、性别、职业、受教育程度等。分群的实质就是选择合适的变量进行复合分组，形成的各个组，按流行的叫法，可以称为队列。然后才能在伪面板的基础上估计收入分布的均值和方差。

第一步，队列中的个体福利由个体内外部特征及偶然性因素共同作用的结果，写成模型形式如下：

$$\ln w^c_{ht} = X^c_{ht}\beta^c_t + \xi^c_{ht} \tag{4-30}$$

其中，w^c_{ht}是第 c 个队列中的第 h 个个体第 t 期的福利水平。X^c_{ht}是第 c

个队列中的第 h 个个体第 t 期的各种内外部特征。残差项 ξ_{ht}^{c} 代表未观测到的影响因素及福利的暂时性成分，假定 ξ_{ht}^{c} 服从 AR（1），即：

$$\xi_{ht}^{c} = \rho^{c}\xi_{ht-1}^{c} + \varepsilon_{ht}^{c} \tag{4-31}$$

其中，ε_{ht}^{c} 是福利的新息冲击，其方差为 $\sigma_{\varepsilon ct}^{2}$。重复截面数据的样本期共有 T 期，即 t = 1，2，…，T。因为两个相邻截面的个体不完全相同，所以无法得到同一个体第 t 期的 ξ_{ht}^{c} 和第 t - 1 期的 ξ_{ht-1}^{c}，也就意味着无法直接实现模型估计。但是个体所属的队列是可以跨期追踪的，如果假设这些个体在两期之间可以随机进出劳动力市场，就可以从这些重复截面数据中提取 ρ^{c} 和 $\sigma_{\varepsilon ct}^{2}$。对式 4 - 31 两边取方差，在上述假设下，就得到 ρ^{c} 和 $\sigma_{\varepsilon ct}^{2}$ 所遵循的过程：

$$\sigma_{\zeta ct}^{2} = \rho^{c2}\sigma_{\xi ct-1}^{2} + \sigma_{\varepsilon ct}^{2} \tag{4-32}$$

第二步，由式 4 - 32 估计 ρ^{c} 和 $\sigma_{\varepsilon ct}^{2}$。先用 OLS 估计队列 c 在第 t 期的方程：

$$\ln w_{ht}^{c} = X_{ht}^{c}\beta_{t}^{c} + \xi_{ht}^{c} \tag{4-33}$$

得到每个个体的残差 ξ_{ht}^{c}，相应地就可以算出队列 c 在第 t 期的 $\sigma_{\zeta ct}^{2}$。当重复截面数据的基数大于等于 3 时，就可用 OLS 法估计 ρ^{c2} 以及 ρ^{c}，并且在此基础上计算的残差就提供了新息冲击项 $\sigma_{\varepsilon ct}^{2}$ 的估计值。理论上讲，只要有三期重复截面，就可以完成上述估计，但是在如此少的样本期内估计 ρ^{c} 可能不准确。为了弥补这一点，可以对队列间的参系数 ρ^{c} 约束比如规定一些队列系数相同。如果模型设定没有问题且有足够的样本期，那么 $\hat{\rho}^{c}$ 和 $\hat{\sigma}_{\varepsilon ct}^{2}$ 的符号和取值就会符合预期，即对所有的 t 个时期，$\hat{\rho}^{j}$ 取值会在 0 和 1 之间，且对所有的样本期 $\hat{\sigma}_{\varepsilon ct}^{2} > 0$。如果结果并非如此，就说明 ξ_{ht}^{c} 服从 AR（1）或个体在两期之间随机进出的假设不满足。另外，上述方法还有两条基本假定：一是新息冲击项 ε_{ht}^{c} 服从均值为 0，方差为 $\sigma_{\varepsilon ct}^{2}$ 的正态分布，从而个体福利服从个体特征 X 条件下的对数正态分布。二是假设未来个人特征 $\hat{X}_{ht+1}^{c}$ 的预测值可得，对于年龄、教育程度、性别等变量而言容易做到，那些不易获取未来值的特征变量就只能假设为平稳。同样的道理也适用于

未来收益系数 $\hat{\beta}^{c}_{t+1}$ 和新息冲击的方差 $\hat{\sigma}^{2}_{\varepsilon ct+1}$，最简单的做法也是假设其平稳。

第三步，估计 $\ln w^{c}_{ht+1}$，根据 $\ln\hat{w}^{c}_{ht+1}$ 和新息冲击项方差的估计值 $\hat{\sigma}^{2}_{\varepsilon ct+1}$，计算 $V_{ep_{\alpha}}$。得到新息冲击项方差估计 $\hat{\sigma}^{2}_{\varepsilon ct+1}$ 以后，构造一个均值为 0，方差为 $\hat{\sigma}^{2}_{\varepsilon ct+1}$ 的正态分布，从中随机抽取一个值作为队列 c 中的家庭 h 在 t+1 期的新息冲击项 ε^{c}_{ht+1} 的估计值，代入模型得到 ξ^{c}_{ht+1} 的估计值，由此得到家庭 h 在 t+1 期的福利值 $\ln\hat{w}^{c}_{ht+1}$，与新息项方差估计 $\hat{\sigma}^{2}_{\varepsilon ct+1}$ 一起代入 $V_{ep_{\alpha}}$，得到家庭 h 的期望贫困脆弱性。

4.3.2　实证测度结果

如前所述，应用伪面板数据进行相关测度的优势在于，因为不必进行个体追踪，可以保留较长的样本期，并且样本期数越少，估计效果越可能不准确。因此，这里选择已经进行了 10 轮调查的 CHNS 数据，并且保留所有样本期，剔除重要变量缺失的家庭，最终得到 39107 个家庭的样本。

对所有家庭进行复合分组，划分队列时，主要选择家庭的非时变特征变量：如户主年龄、户主性别、户主受教育程度、家庭所在省份或地域、城乡等。多次组合尝试之后，为了确保每个队列的规模，对于户主变量，保留了户主年龄和户主受教育程度，对家庭位置，保留了按城乡变量。多数家庭户主年龄均在 20—70 岁之间，因此把这个年龄段作为队列划分核心区间，第 10 年为一组，并把户主年龄大于 70 岁或小于 20 岁归入相邻组，最终形成 5 个年龄组：29 岁以下，30—39 岁，40—49 岁，50—59 岁，60 岁以上。CHNS 中的受教育程度变量有 7 个类别：小学、初中、高中、中等技术学校、职业学校、大专或大学毕业、硕士及以上，鉴于硕士及以上学历在户主中占比不高，将其与大专或大学毕业组合并为大学及以上组，同时把学历程度较为接近的高中、中等技术学校、职业学校合并为高中组，最终形成 5 个教育程度组。按三个变量分组后，得到了一个包含 50 个队列的 10 轮伪面板数据。

基于伪面板数据测度贫困脆弱性，首先要确定福利指标、贫困线、脆弱线、福利指标的影响因素四个方面的问题，这里的选择与前面完全一致。然后就可以在此基础上根据测度方法框架部分的步骤，估计未来收入的均值和方差，分别计算 α 取值为 0、1、2 时每个家庭的贫困脆弱性 V_{ep_α}。将所有家庭的测度结果进行汇总，得到总体、城镇和农村的平均贫困脆弱性。计算所有家庭的平均贫困脆弱性作为脆弱线，将每个家庭划分为脆弱家庭和不脆弱家庭，在此基础上汇总不同层面的贫困脆弱率。

表 4－17 基于伪面板数据的期望贫困脆弱性按贫困和脆弱情况汇总

范围	测度指标	汇总指标	总体	非贫困者	贫困者	非贫困脆弱者	贫困脆弱者
城镇	α＝0	贫困率	0.0994	0.0000	1.0000	0.0591	0.1620
		平均贫困脆弱性	0.0728	0.0659	0.1361	0.0351	0.1313
		贫困脆弱率	0.3923	0.3650	0.6389	0.0000	1.0000
	α＝1	贫困率	0.0994	0.0000	1.0000	0.0862	0.1231
		平均贫困脆弱性	0.0139	0.0135	0.0169	0.0078	0.0247
		贫困脆弱率	0.3591	0.3497	0.4444	0.0000	1.0000
	α＝2	贫困率	0.0994	0.0000	1.0000	0.0986	0.1007
		平均贫困脆弱性	0.0088	0.0088	0.0090	0.0037	0.0162
		贫困脆弱率	0.4116	0.4110	0.4167	0.0000	1.0000
农村	α＝0	贫困率	0.1441	0.0000	1.0000	0.1168	0.2400
		平均贫困脆弱性	0.1077	0.1003	0.1517	0.0659	0.2545
		贫困脆弱率	0.2217	0.1969	0.3692	0.0000	1.0000
	α＝1	贫困率	0.1441	0.0000	1.0000	0.1285	0.2472
		平均贫困脆弱性	0.0100	0.0095	0.0130	0.0072	0.0286
		贫困脆弱率	0.1316	0.1157	0.2256	0.0000	1.0000
	α＝2	贫困率	0.1441	0.0000	1.0000	0.1386	0.1600
		平均贫困脆弱性	0.0041	0.0040	0.0047	0.0009	0.0132
		贫困脆弱率	0.2587	0.2539	0.2872	0.0000	1.0000

由表 4－17 可知，基于伪面板数据测度的贫困脆弱性结果与其他几种方法基本一致。首先，非贫困家庭的平均贫困脆弱性和贫困脆弱率都低于

贫困家庭。$\alpha=0$ 时二者的差异最大，城镇贫困家庭的平均贫困脆弱性达到非贫困家庭的 2 倍，农村也达 1.5 倍之多。$\alpha=2$ 时，城乡贫困和非贫困家庭之间的平均贫困脆弱性差异不大。其次，非贫困脆弱家庭的平均贫困脆弱性更是远低于贫困脆弱家庭，不论城乡也不论 α 取值为多少，前者都不足后者的 1/4。

4.4　一维贫困脆弱性测度方法的比较

至此，已经得到了家庭一维贫困脆弱性的五种测度结果，分别是基于变动性的贫困脆弱性，基于跨期均值方差的期望贫困脆弱性，基于回归均值方差的期望贫困脆弱性，基于截面数据的期望贫困脆弱性，基于伪面板数据的期望贫困脆弱性。究竟哪一种测度能够更好地对家庭未来的贫困状况进行更可靠和准确的预测，有必要探讨一下。在测度这五种贫困脆弱性时，包括基于截面数据的期望贫困脆弱性在内的前四种测度都是采用后四轮都参与的家庭面板数据，但是测度基于伪面板数据的期望贫困脆弱性时，保留了十个样本期，且在每个样本期内保留所有关键变量不缺失的样本家庭，与其他方法不具有可比性，所以在比较测度方法的优劣时，仅考虑前四种测度方法。

4.4.1　测度方法的准确性

不论采用哪种方法测度贫困脆弱性，其根本目标是预测未来是否有贫困的风险。如果根据贫困脆弱性测度结果和事先设定的贫困脆弱线判定某个家庭是贫困脆弱的，这个家庭在下一期果然陷入了贫困，说明预测对这个家庭是可靠的。预测结果和实际结果相符的家庭越多，说明这种预测方法越准确。在用各种方法测度贫困脆弱性时，已经预留了 2015 年的数据，所有家庭按 2011 年的贫困脆弱性和贫困脆弱线标准划分成贫困脆弱和非贫困脆弱家庭，按 2015 年的收入水平和贫困线划分为贫困和非贫困家庭，数出贫困脆弱家庭与贫困家庭重合的，既是贫困家庭又是贫困脆弱家庭的个数，再除上贫困脆弱家庭数，就得到了该种测度方法的重合率，重合率越高，说明测度方法越准确。各种方法的准确性比较结果如表 4－18 所示。

表 4－18　　　　四种测度方法的准确性比较

测度方法	α＝0	α＝1	α＝2	平均重合率
基于跨期均值方差的期望贫困脆弱性	0.2624	0.2959	0.3512	0.3032
基于回归均值方差的期望贫困脆弱性	0.1824	0.1987	0.2022	0.1945
基于截面数据的期望贫困脆弱性	0.1757	0.1889	0.2092	0.1913
基于负向变动率的贫困脆弱性	0.1930			

表 4－18 列示了以 2 美元为贫困线，以贫困指标平均值为贫困脆弱线的情况下，各种测度方法的重合率。总的来讲，四种测度方法中，重合率最高的是基于跨期均值方差的测度，其次是基于回归均值方差的测度。基于负向变动率的贫困脆弱性虽然算法简单，却并不是表现最差的，其重合率远高于基于截面数据的测度略低于基于回归均值方差的测度。基于截面数据的测度重合率最低，也在意料之中。此外，每种测度方法下具体测度指标的重合率也不相同，三种期望贫困脆弱性测度方法中，都呈现出 V_{ep_2} 重合率最高，V_{ep_1} 时次之，V_{ep_0} 时重合率最低。这一结论与章元（2019）的研究一致。但是由于 V_{ep_0} 的含义是未来贫困的概率，与贫困脆弱性的初始内涵最为吻合，实践中受到多数研究者的青睐。

4.4.2　测度方法的稳健性

家庭贫困脆弱性测度值与贫困线密切相关，贫困线越高，贫困脆弱性测度值越高，但是这种高不是针对单个家庭，是所有家庭的贫困脆弱值都会相应提高。如果一种测度方法足够稳健，每个家庭在总体中的相对位置不该因贫困线而改变。因此，对各种测度方法分别使用 1 美元、2 美元、国家线来测度每个家庭的贫困脆弱性，然后两两计算秩相关系数。秩相关系数越接近于 1，说明各种贫困线下家庭的贫困脆弱性排位越接近，也就意味家庭贫困脆弱性的相对位置越不受贫困线的影响，进而说明这种测度方法越稳健。因为基于负向变动率的贫困脆弱性原本就与贫困线无关，所以这里比较各种测度方法的稳健性时，只比较其他三种方法。

表4-19 三种测度方法的稳健性比较

测度方法	城镇				农村				总体
	r_{12}	r_{1n}	r_{2n}	平均	r_{12}	r_{1n}	r_{2n}	平均	平均
基于跨期均值方差的期望贫困脆弱性	0.8948	0.9284	0.8752	0.8995	0.8669	0.9032	0.7997	0.8566	0.8780
基于回归均值方差的期望贫困脆弱性	0.9293	0.9321	0.9274	0.9293	0.9256	0.9284	0.9125	0.9218	0.9256
基于截面数据的期望贫困脆弱性	0.8762	0.8482	0.8780	0.8678	0.9041	0.9218	0.8911	0.9060	0.8864

表4-19列示了三种测度方法的稳健性比较结果。其中r_{12}是1美元测度结果与2美元测度结果的平均秩相关系数，是在分别计算2条贫困线下V_{ep_0}、V_{ep_1}、V_{ep2}各自的秩相关系数之后取平均的结果。同理，r_{1n}是1美元测度结果与国家线测度结果的平均秩相关系数，r_{2n}是2美元测度结果与国家线测度结果的平均秩相关系数。从整体来讲，多数秩相关系数大都大于0.85，说明总的来讲，各种测度方法的稳健性都是不错的。不论城镇农村，也不论哪两条贫困线测度结果的比较，三种测度方法中，稳健性最强的都是基于回归均值方差的期望贫困脆弱性，最弱的是基于跨期均值方差的期望贫困脆弱性。

表4-20 三种测度方法分指标的稳健性比较

测度方法	α=0		α=1		α=2	
	城镇	农村	城镇	农村	城镇	农村
基于跨期均值方差的期望贫困脆弱性	0.8819	0.8120	0.9014	0.8670	0.9154	0.8903
基于回归均值方差的期望贫困脆弱性	0.9266	0.9145	0.9303	0.9247	0.9313	0.9275
基于截面数据的期望贫困脆弱性	0.8334	0.8940	0.8809	0.9108	0.8884	0.9126

表4-20列示了三种测度方法分指标的稳健性比较结果。不论城镇还

是农村，也不论哪种测度方法，三种测度指标稳健性排序始终如一，V_{ep2}最稳健而V_{ep0}最不稳健。但是不同测度方法各指标的稳健性排序在城镇和农村稍有差别。城镇不论哪种指标，稳健性从高到低的顺序都是基于回归均值方差的测度、基于跨期均值方差的测度、基于截面数据的测度。农村不论哪种指标，稳健性从高到低都是基于回归均值方差的测度、基于截面数据的测度、基于跨期均值方差的测度。

综上所述，在准确性方面，四种一维贫困脆弱性的测度方法从高到低的顺序是基于跨期均值方差的测度、基于回归均值方差的测度、基于负向变动率的测度、基于截面数据的测度。在稳健性方面，三种测度$V_{ep\alpha}$的方法从高到低的顺序是基于回归均值方差的测度、基于跨期均值方差的测度、基于截面数据的测度。可见基于跨期均值方差的测度与基于回归均值方差的测度互有优劣，但是前者的测度过程相对简单客观，后者容易受到构建 DGP 时变量选择的主观影响，效果可能不够稳定。从这个意义上讲，本书更偏向于基于跨期均值方差的测度。而基于截面数据的测度，原本就是在没有面板数据情况下的无奈选择，无论准确性还是稳健性都不能和其他两种方法相比。此外，$V_{ep\alpha}$的三个具体指标之间的优劣极为明显，不论哪种测度方法，准确性和稳健性表现最好的都是V_{ep2}，表现最差的V_{ep_0}，说明在贫困脆弱性测度实践中有必要在兼顾大家对的偏好V_{ep_0}的同时，加大推广V_{ep2}的应用。

第5章　多维贫困脆弱性测度

传统贫困研究往往建立单一维度上，但是人们渐渐意识到贫困不仅仅表现为以货币计量的收入或消费的不足，还表现在教育不充分、医疗保健不可及、健康状况不良、就业机会不足、政治权利不平等、安全感缺失等一系列其他维度上。20 世纪 70 年代以来，越来越多的研究者在贫困的多维性方面达成共识并且致力于研究多维贫困的理论和方法。在多维贫困理论方面，Amartya Sen 的能力贫困理论是一个里程碑式的成果，其后还有社会排斥和权利贫困理论。这些理论虽然关注点不同，但都强调收入低下只是贫困的表象。在多维贫困的测度方面，目前主要有公理化方法、模糊集方法和信息理论方法三类主流方法。三类方法各有优缺点，模糊集方法利用隶属度函数识别贫困，避免了设定临界值识别贫困的主观性，信息理论方法则最大程度地保留了信息，而公理化方法具有可分解性等多种优良性质，是目前使用最多的测度方法。公理化方法包括 H－M 指数、HPI 指数、Ch－M 指数、F－M 指数、W－M 指数、A－F 指数，也各有优缺点。究竟哪种测度方法能够更准确地度量多维贫困状况，还远远没有达到共识。国内的多维贫困研究起步较晚，尚未平（2005）、洪兴建（2005）、陈立中（2008）、王小林（2009/2011/2013）、叶初升（2011）、高艳云（2012）、方迎风（2012）、郭建宇（2012）等进行了相关的探索。

既然贫困的测度已经由一维扩展到多维，贫困脆弱性的测度也不应只停留在单一维度上，但是目前对多维贫困脆弱性的研究还很少见。以多维贫困脆弱性为关键词进行搜索，只能找到有限几篇文献。Cesar（2008）提出多维贫困脆弱性测度模型并以消费和休闲两个维度为例，测度了秘鲁的多维贫困脆弱性。Abraham（2008）测度了包含消费、卫生、教育、能源四个维度的多维贫困和多维贫困脆弱性。崔新新（2017）运用CFPS数据尝试从消费和健康两个维度上测度多维贫困脆弱性。Guilherme等（2018）运用2010年巴西人口普查数据从住房、教育和就业三个维度上测度了巴西的多维贫困脆弱性。

正如一维贫困脆弱性的测度是在一维贫困测度的基础上发展而来的一样，本章对多维贫困脆弱性测度的尝试，也是通过对多维贫困测度指标的改造来实现。先借鉴多维贫困测度中的A－F双界线法构建多维贫困脆弱性测度，再借鉴多维贫困指数MPI构建基于资产的多维贫困脆弱性测度。

5.1 基于A－F双界线法的多维贫困脆弱性测度

多维贫困有多种测度方法，借鉴A－F双界线法构建多维贫困脆弱性指数的依据是：首先，A－F双界线法原本就是Alkire和Foster（2007/2008/2009）将传统的FGT指标扩展到多个维度上的结果，选择这个方法刚好与我们在测度一维贫困脆弱性指标时使用的V_{ep_α}相呼应。其次，A－F双界线法比较灵活，因为该方法只是提供一个基本框架而限定具体的维度、指标，研究者可以根据实际情况确定自己的测度组合。最后，A－F双界线法具有可分解性，便于在测度的基础上进行分解分析。

5.1.1 测度方法框架

A－F双界线法作为传统FGT指标的多维扩展，原本也有$\alpha=0$、1、2时三个具体指标，但是$\alpha=1$、2时只适用于定量指标，而多维贫困脆弱性测度时有些维度属于定性指标，因此只能局限在$\alpha=0$的基础上构建多维贫困脆弱性指数，构建多维贫困脆弱性指数分三步走。

5.1.1.1 选择维度，测度单一维度的贫困脆弱性

作为多维贫困脆弱性的初步尝试，本书并不奢求涉及过多维度，基于数据可得性和数据处理的难度，只选择了两个维度：货币计量的消费维度

和非货币计量的健康维度。之所以选择消费维度而没有选择收入维度，主要是因为与收入相比，消费对于居民家庭而言更是一种实现了的福利。健康维度下选择了若干具体的指标，以期更全面地反映家庭总体健康状况。

（1）测度消费维度的贫困脆弱性。因为后面分析中需要用到家庭多于一年的贫困脆弱性测度结果，因此这里选择用截面数据测度期望贫困脆弱性 V_{ep_α}，测度过程分 8 步走：

第一步，构建家庭人均消费对家庭各种内部外部特征的回归模型：

$$\ln w_h = X_h\beta + e_h \tag{5-1}$$

第二步，计算式 5-1 的残差 e_h，与家庭特征构建回归模型 5-2，用 OLS 得到 $\hat{\theta}_{ols}$。

$$\hat{e}^2_{ols,h} = X_h\theta + \eta_h \tag{5-2}$$

第三步，在模型 5-2 两边同时除上估计值 $X_h\hat{\theta}_{ols}$，模型变换为：

$$\frac{\hat{e}^2_{ols,h}}{X_h\hat{\theta}_{ols}} = \left[\frac{X_h}{X_h\hat{\theta}_{ols}}\right]\theta + \frac{\eta_h}{X_h\hat{\theta}_{ols}} \tag{5-3}$$

第四步，再用 OLS 估计模型 5-3，得到的回归参数 $\hat{\theta}_{FGLS}$。

第五步，在模型 5-1 两边同时除上 $\hat{\sigma}_{e,h} = \sqrt{X_h\hat{\theta}_{FGLS}}$，模型变换为：

$$\frac{\ln c_h}{\hat{\sigma}_{e,h}} = \left(\frac{X_h}{\hat{\sigma}_{e,h}}\right)\beta + \frac{e_h}{\hat{\sigma}_{e,h}} \tag{5-4}$$

第六步，用 OLS 估计模型 5-4 得到的回归参数得到 $\hat{\beta}_{FGLS}$。

第七步，将 $\hat{\beta}_{FGLS}$ 和 $\hat{\theta}_{FGLS}$ 代入期望和方差的估计方程，就得到了 $\ln c_h$ 和 $\sigma^2_{e_h}$ 的估计值作为未来消费均值和方差的估计值。

第八步，代入 V_{ep_α}，得到家庭 h 的消费维度贫困脆弱性。为了与健康维度的贫困脆弱性测度相一致，仅计算 V_{ep_0}。为了便于不同年度的比较，在当年贫困发生率和 50% 两条脆弱线中，选择 50% 作为脆弱线，进而识别家庭在消费维度上的是否脆弱，脆弱赋值为 1，不脆弱赋值为 0。

（2）测度健康维度的贫困脆弱性。健康维度的贫困脆弱性研究基本上还是空白，该维度能够获取的变量多为定性变量，无法采用收入维度贫困脆弱性的测度方法。本书假定健康状况在时间上具有持续性，用第 t 期识别的健康贫困脆弱性状况作为 $t+1$ 期的预测。具体的做法是：先为健康维度下各个指标设定贫困脆弱性临界值，并且根据临界值判断该指标下是否脆弱。然后在维度内采用等权重法将各指标的贫困脆弱性加总，再与事先设定的健康维度的贫困脆弱线相比较，进而测度健康维度贫困脆弱性。

5.1.1.2　测度多个维度的贫困脆弱性

首先，为了后边阐述的方便，将单一维度贫困脆弱性的测度结果表示为：

$$G=\begin{pmatrix} g_{11} & \cdots & g_{1m} \\ \vdots & \ddots & \vdots \\ g_{n1} & \cdots & g_{nm} \end{pmatrix} \tag{5-5}$$

其次，为每个维度赋权，将权重 ω_j 与相应维度的测度结果相乘，得到赋权后的一维贫困脆弱性矩阵：

$$G^0=\begin{pmatrix} \omega_1 g_{11} & \cdots & \omega_m g_{1m} \\ \vdots & \ddots & \vdots \\ \omega_1 g_{n1} & \cdots & \omega_m g_{nm} \end{pmatrix} \tag{5-6}$$

从统计角度讲为多个维度赋权可选的方法非常多，主成分法、因子分析法、层次分析法、专家判断法、优序法等各有优势。但是根据 Alkire 等（2011）的研究，A－F 双界线法对权重选择并不敏感，因此这里选择用等权重法赋权，不但令消费和健康两个维度权重相等，还令健康维度内各指标权重也相等。

再次，求各维度的贫困脆弱性进行加总得到 $c_i(k)$，再根据给定的多维贫困脆弱线计算家庭的多维贫困脆弱性。

$$c_i(k)=\sum_{j=1}^{m}\omega_j g_{ij} \tag{5-7}$$

5.1.1.3　汇总多维贫困脆弱性指数

完成单个家庭的多维贫困脆弱性测度后，将家庭测度结果进行汇总，就可以得到总的多维贫困脆弱性指数。

首先，计算多维贫困脆弱率 H (k)，就是多维贫困脆弱的家庭在总体中占比，简单直观，但对贫困脆弱性剥夺深度不敏感，不能全面反映多维贫困脆弱家庭的被剥夺状况。

$$H(k) = \frac{\sum_{i=1}^{n} q_i(k)}{n} \tag{5-8}$$

其次，引入平均受剥夺程度 A (k)，用所有贫困脆弱性家庭平均受剥夺指标数与总指标数 m 的比值。

$$A(k) = \frac{\sum_{i=1}^{n} c_i(k)}{\sum_{i=1}^{n} q_i(k) \times m} \tag{5-9}$$

最后，将多维贫困脆弱性发生率与平均受剥夺程度相乘，就得到多维贫困脆弱性指数。

$$M(k) = H(k) \times A(k) = \frac{\sum_{i=1}^{n} q_i(k)}{n} \times \frac{\sum_{i=1}^{n} c_i(k)}{\sum_{i=1}^{n} q_i(k) \times m} = \frac{\sum_{i=1}^{n} c_i(k)}{nm} \tag{5-10}$$

5.1.2　实证测度结果

基于 A－F 双界线法的多维贫困脆弱性测度采用 CFPS 数据，该数据的全国样本数据已经发布了五轮，但是对数据加工匹配时发现，2018 年样本数据尚有一些信息尚未发布完整，因此选择 2014 年和 2016 年两轮的截面数据。考虑到中国的贫困问题主要发生在农村，仅保留农村样本，剔除关键变量缺失的家庭，2014 年和 2016 年最终保留的样本量分别为 6462 户和 5786 户。

5.1.2.1 消费维度贫困脆弱性测度结果

测度消费维度的贫困脆弱性，与前面章节中测度收入维度的贫困脆弱性没有实质差别，也需事先明确四个问题：一是测度使用的福利指标，二是贫困线，三是贫困脆弱线，四是均值方差的 DGP 模型。测度使用的福利指标是人均消费，采用 2 美元贫困线，并且选择 50% 脆弱线。构建家庭消费均值方差模型时，依据消费经济学理论，从家庭人口学特征、家庭资源禀赋特征、家庭风险响应策略特征等方面筛选变量。尝试多种变量组合之后进行回归，最终确定的模型中包含下列变量：在家庭人口学特征方面，选择了家庭规模、抚养比、成人平均年龄，考虑到年龄对消费水平的非线性影响，还加入年龄平方项。在家庭资源禀赋特征方面，选择了体现教育人力资本的成人平均受教育程度、体现健康人力资本的医疗保健支出、体现物质资本的家庭净资产、体现社会资本的家庭是否有党员。在家庭风险响应策略方面，选择了家庭成员拥有医疗保险者占比。

接下来按照截面数据测度一维贫困脆弱性的方法框架来测度家庭的贫困脆弱性 V_{ep_α}。为了与其他维度相一致，仅计算未来消费贫困的概率 V_{ep_0}，并且根据 50% 的脆弱线，将家庭划分为在消费维度上贫困脆弱的家庭和非贫困脆弱的家庭。按省份汇总的消费维度贫困脆弱率如表 5－1 所示。

表 5－1　消费维度的贫困脆弱率

区域	省份	2014 年	2016 年	区域	省份	2014 年	2016 年	区域	省份	2014 年	2016 年
东部	天津	0.5120	0.4911	中部	山西	0.4085	0.3862	西部	广西	0.2971	0.4210
	河北	0.3346	0.3633		吉林	0.3394	0.4240		重庆	0.3713	0.4224
	辽宁	0.4416	0.4103		黑龙江	0.4274	0.3264		四川	0.4743	0.5404
	上海	0.4720	0.4276		安徽	0.4256	0.4668		贵州	0.3346	0.4591
	江苏	0.3013	0.3173		江西	0.3022	0.4435		云南	0.4298	0.4833
	浙江	0.4021	0.4694		河南	0.3112	0.3414		陕西	0.4454	0.3855
	福建	0.4221	0.5196		湖北	0.3549	0.4792		甘肃	0.3360	0.4230
	山东	0.3382	0.3389		湖南	0.4027	0.3742				
	广东	0.4061	0.4222								

表 5－1 列示了消费维度贫困脆弱性按省份汇总的结果。首先，所有省

份两年消费贫困脆弱性率均高于 30%。一方面，设置贫困线时，有 1 美元、2 美元和国家线三条标准可供选择，考虑到与前面一维贫困脆弱性测度的呼应，选择了 2 美元贫困线作为贫困线标准，毕竟收入不可能全部用于消费，这条标准对于消费维度来说，确实有些偏高了，进而导致贫困脆弱性测度结果偏高。另一方面，平均来讲，这里测度出来的消费维度贫困脆弱率远高于上一章测度的收入维度贫困脆弱率，二者使用数据不同，计算使用指标不同，存在差异很正常，但是差异如此悬殊足以引起我们注意。虽然改革开放以来各省经济取得了长足发展，但是农村家庭的消费水平却没有实现同步增长，消费维度的贫困脆弱率还很高。这为我们的家庭农村扶贫工作提供了新的思路，农村贫困人口的救助，不仅关注如何提高其收入水平，还应采取有针对性措施促进其消费水平的提升。现在的情况是，贫困的农户原本消费能力就低，境况好的农户，因为未来的确定性也不敢随意消费。刺激和提升家户的消费水平，就在是在解决他们的后顾之忧上面下功夫。其次，总体来讲消费维度的贫困脆弱性在恶化。多数省市贫困脆弱率上升，只有 7 个省市贫困脆弱率下降，包括东部地区的天津、辽宁、上海，中部地区的山西、黑龙江、湖南，西部地区的陕西。最后，各省市消费贫困脆弱率变化差异很大。消费维度贫困脆弱性恶化较严重的省份依次为江西、贵州、湖北、广西，多为中西部省份，贫困脆弱率上升幅度均超过 10%，分别为 14.13%、12.43%、12.46%、12.40%。

5.1.2.2　健康维度贫困脆弱性测度结果

第 3 章对 CFPS 的变量进行了加工和匹配，得到了 9 个健康人力资本变量：户主 BMI、户主 BMI 是否正常、家庭成员 BMI 不正常的比例、户主健康状况、家庭成员不健康者占比、户主是否有慢性病、家庭成员慢性病者占比、家庭成员是否有人住院、家庭医疗总花费。其中，BMI 指数是目前最常用的健康评价指标，常用最直接的衡量人体胖瘦以及是否健康的指标。自评健康状况是被调查者对自己身体健康状况的主观评价。慢性病往往病程长且不易治愈，不但影响患病者的生活质量和劳动能力，还会拖累整个家庭。家庭做饭的主要水源是否清洁，会从根本上影响家庭成员健康和身体状况。另外，家庭离最近医疗点体现了医疗设施的可及性，决定了家庭成员生病时能否得到及时救治。因此，最终选择了这5个变量作为健康维度的代表指标。

表5-2 健康维度各指标的贫困脆弱线

代表指标	贫困脆弱线
成人BMI不正常者占比	50%
成人自评健康状况不佳者占比	50%
成人慢性疾病者占比	50%
家庭离最近医疗点距离	1千米
家庭做饭主要用水	非井水、泉水、矿泉水、自来水

根据各代表指标的分布和属性，设定各指标的贫困脆弱线，如果高于该脆弱线，则判定家庭在该指标上是贫困脆弱的，贫困脆弱性测度值等于1，否则就是非贫困脆弱的，贫困脆弱性测度值等于0。

采用等权重法为各指标赋权，各指标的贫困脆弱性状况后，给各指标赋权，分别为0.2，计算家庭在5个指标上贫困脆弱性的加权和，就得到家庭在健康维度上的贫困脆弱值，将其与事先设定的健康维度贫困脆弱线50%比较，如果高于50%，判定家庭在健康维度上是贫困脆弱的，否则是非健康脆弱的。将家庭在健康维度的贫困脆弱性测度结果按省份汇总，如表5-3所示。

表5-3 健康维度的贫困脆弱率

区域	省份	2014年	2016年	区域	省份	2014年	2016年	区域	省份	2014年	2016年
东部	天津	0.0302	0.0329	中部	山西	0.0942	0.0661	西部	广西	0.0856	0.1290
	河北	0.0476	0.0544		吉林	0.1050	0.1213		重庆	0.1342	0.1287
	辽宁	0.0537	0.0650		黑龙江	0.1629	0.1134		四川	0.0869	0.1125
	上海	0.1275	0.2232		安徽	0.1180	0.1131		贵州	0.1015	0.1593
	江苏	0.0378	0.0874		江西	0.0796	0.1248		云南	0.1007	0.1349
	浙江	0.0429	0.1174		河南	0.0743	0.0623		陕西	0.1115	0.0724
	福建	0.1256	0.0956		湖北	0.0754	0.1256		甘肃	0.1607	0.1379
	山东	0.0625	0.0833		湖南	0.1095	0.1461				
	广东	0.0732	0.0893								

由表5-3可知，首先，健康维度的贫困脆弱率低于消费维度，各省市两年的健康维度贫困脆弱率均在20%以下。其次，健康维度贫困脆弱率存在明显的地区差异。平均来讲，东部地区的健康贫困脆弱率最低，西部地区健康贫困脆弱率最高。以2014年为例，东部地区除上海、福建外，其他各省健康贫困脆弱率均在8%以下，而中西部地区，除江西、河南、湖北以外均高于8%，而且绝大部分高于10%。黑龙江、甘肃甚至达到了15%以上。再次，总体来讲健康维度的贫困脆弱性在恶化。多数省市健康贫困脆弱率在上升，下降的只有8个省市，包括东部1个省，中部4个省，西部3个省。最后，各省市健康贫困脆弱率变化差异很大。健康贫困脆弱性恶化较严重的省市依次为上海、浙江、贵州、湖北，贫困脆弱率上升幅度均超过6%，分别为9.57%、7.46%、5.78%、5.02%。

5.1.2.3　多维贫困脆弱性指数测度结果

将消费维度贫困脆弱性和健康维度五个指标的贫困脆弱性测度结果按等权重的方式赋权，计算加权和，就得到家庭的多维贫困脆弱性测度值。将多维贫困脆弱性测度值与事先设定的多维贫困脆弱线k比较，就可判定家庭是否多维贫困脆弱。自然地，家庭是否会被判定为多维贫困脆弱家庭，不但取决于其自身的多维贫困脆弱值的大小，还受到k取值大小的影响。为了进行比较分析，在k=2、3、4、5、6时分别进行测算家庭的多维贫困脆弱性。在此基础上整理出贫困脆弱率$H(k)$、剥夺程度$A(k)$，进而得到多维贫困脆弱性指数$M(k)$，结果如表5-4所示。

表5-4　　多维贫困脆弱性指数

多维贫困脆弱线	2014年			2016年		
	多维贫困脆弱率	平均受剥夺程度	多维贫困脆弱性指数	多维贫困脆弱率	平均受剥夺程度	多维贫困脆弱性指数
k=2	0.3877	0.6181	0.2397	0.4205	0.6263	0.2634
k=3	0.3794	0.6229	0.2364	0.4126	0.6307	0.2602
k=4	0.1348	0.7423	0.1001	0.1641	0.7413	0.1217
k=5	0.0123	0.9055	0.0111	0.0131	0.9026	0.0118
k=6	0.0018	1.0000	0.0018	0.0015	1.0000	0.0015

由表5-4可知，首先，多维贫困脆弱率随脆弱线k的增大而降低。以2014年为例，k=2时多维贫困脆弱率为0.3877，k=6时仅为0.0018。其次，平均受剥夺程度随多维贫困脆弱线k的增大而加剧。仍以2014年为例，k=2时平均受剥夺程度为0.6190，k=6对应着家庭在6个指标上均被剥夺的情形，此时平均被剥夺程度为1。再次，多维贫困脆弱性指数随脆弱线k的增大而降低。多维贫困脆弱性指数由贫困脆弱率与平均受剥夺程度共同决定，二者一降一升，相互抵消后多维贫困脆弱性指数仍呈现出随k增大而降低的趋势。最后，从动态上看，多维贫困脆弱性指数呈上升趋势。除k=6以外，其他几条多维贫困脆弱线下，2016年的多维贫困脆弱性指数均高于2014年。前面分别测度消费维度和健康维度的贫困脆弱性时均呈现恶化趋势，这里的多维贫困脆弱性指数加重也就不奇怪了。

5.2 基于资产的多维贫困脆弱性测度

在贫困脆弱性生成的整个链条上，家庭资产处在中间环节。链条的起点是不确定的风险冲击，而拥有资产的多少决定了家庭在面对风险时，有多大的能力和底气去应对，也决定了家庭可以使用的风险响应策略的数量和质量，从而在很大程度上决定了家庭是否会陷入贫困脆弱的境地。Moser（1998）认为，资产能为处于困境的家庭或个人提供缓冲和保护。一方面在事前和事后配置资产实现风险管理以预防或减少福利损失，比如提前购买保险以分散风险或事后变卖资产等；另一方面是将资产用于投资以增加预期收入。纵然只是少量持有资产，也在某种程度上有助于抵抗冲击和风险。从这个意义上讲，贫困脆弱性与资产紧密相联，拥有资产越多的家庭越安全，贫困脆弱性可能越小，而资产损失越多的家庭越不安全，贫困脆弱性越大。因此，Moser将贫困脆弱性定义为家庭或个人的资产受到损失的风险以及因缺少有形或无形资产而陷入困境的风险。Carter and May（1999）也主张通过资产水平的变动测度脆弱性。Davis（2011）研究发现，与其他贫困脆弱性测度相比，由资产视角测度的贫困脆弱性预测效果更好，结果也更稳健。段志民等（2018）先将多种家庭资产降维组合成一个家庭资产指数，然后指定相应的资产贫困线，再利用VEP的测度公式测算出家庭资产贫困脆弱性，将测度结果与传统的收入贫困脆弱性比较后发现，资产贫困脆弱性对家庭贫困状况的预测更准确。

无论是Moser框架下的有形资产和无形资产，还是可持续生计框架下的自然、物质、人力、金融和社会资产，资产从来都不是一个单一维度的概念，资产本身就具备多维性。但是目前由资产视角出发的贫困脆弱性研究很少，有限的几篇资产视角的文献也没有从多维贫困脆弱性测度的层次进行。本节将探讨基于资产视角的多维贫困脆弱性测度。正如一维贫困脆弱性测度的VEP指标是对一维贫困测度的FGT指标进行改造得到一样，资产视角的多维贫困脆弱性测度的尝试是通过对多维贫困测度指标MPI的改造来实现。

5.2.1　测度方法框架

国内关于多维贫困的研究多在MPI的基础上展开。MPI是2010年联合国开发计划署《人类发展报告》中首次发布的多维贫困指数。MPI包括3个维度，共10个代表指标，分别为健康维度的营养、儿童死亡率，教育维度的受教育年限和入学率，生活条件维度的做饭使用燃料、厕所、饮用水、电、地板、耐用消费品。计算MPI分三步走，先为每个指标指定一个临界值，观测值低于该临界值即为贫困，然后将每个指标的贫困情况按等权重的方式加总得到维度的贫困情况，最后将三个维度的贫困情况按等权重的方式加总得到MPI值。《人类发展报告》中将3个及3个以上指标贫困的家庭视为多维贫困家庭，并据此统计多维贫困率。

5.2.1.1　改造多维贫困指数MPI

为了测度基于资产的多维贫困脆弱性，需要从两个方面对多维贫困指数MPI进行改造。

第一，维度和指标的改造。MPI所包括的维度和指标，按资产的视角划分仅包含了人力资本和物质资本两方面，而且采用的指标也比较少，直接用这套指标测度基于资产的多维贫困脆弱性显然是不够的，需要进行扩充。首先，虽然用收入测量的贫困不足以完整地刻画贫困程度，但不可否认的是，收入水平是家庭福利状况的一个非常好的代表指标，收入除了用于当期消费以外，还有相当一部分可以用于投资，如提高教育程度、维持良好健康状况、购买生产性资产或购买证券等，从这个意义上讲，收入也可看作金融资本的一种，在测度多维贫困脆弱性时不应略去。其次，MPI的前两个维度分别是健康和教育，都属于人力资本的范畴，但是具体的代表指标却并非最能代表家庭人力资本水平的，需要进行替换。比如儿童死亡毕竟不是一个普遍的现象，多数家庭的这个指标值是0，在多维贫困脆弱性测度中显然不应纳入辨识度这么差的指标。此外，除了健康和教育以外，还应考虑工作相关的人力资本以及人力资本数量。再次，MPI的生活条件维度中，除了耐用消费品是真正的物质资产以外，其他几个指标其实都属于居住条件，虽然广义上讲也可算作物质资产的一部分，但终究不是最好的物资资产代表指标。最后，在MPI中没有包含社会资本，但是社会资本对于家庭特别是对于农村家庭而言确实是一种不可或缺的资产。

第二，维度和指标权重的改造。MPI在维度内和维度间加总时均采用均等权重，这种赋权方式过于简单，完全没有考虑到各维度和各指标在重要性上的差异，有必要进行差别赋权。沈扬扬等（2018）曾通过改变权重的方式进行稳健性估计，将各占1/3的赋权改为一个维度占1/2，另外两个维度各占1/4，但是按这种方式分配权重还是主观性过强。为了避免主观因素的影响，采用主成分分析法赋权。

首先，为了消除指标间的不可比性，对各指标进行同向化和无量纲化处理，式5-11和式5-12分别是极大型指标和极小型指标的变换公式：

$$x_{ij}^{*} = \frac{x_{ij} - \min_{i}\{x_{ij}\}}{\max_{i}\{x_{ij}\} - \min_{i}\{x_{ij}\}} \tag{5-11}$$

$$x_{ij}^{*} = \frac{\max_{i}\{x_{ij}\} - x_{ij}}{\max_{i}\{x_{ij}\} - \min_{i}\{x_{ij}\}}$$

其次，运行主成分分析，选择特征值大于1的主成分。

再次，根据每个指标在各个主成分上的载荷、各主成分的方差贡献率计算出各指标的权重：

$$W_j = \sum_{i=1}^{f} \frac{L_{ij} V_i}{\sqrt{E_i} \sum_{i=1}^{f} V_i} \tag{5-12}$$

其中 W_j 是第 j 个指标的权重，f 是主成分个数，L_{ij} 是第 j 个指标在第 i 个主成分上的载荷系数，V_i 是第 i 个主成分的方差贡献率，E_i 是第 i 个主成分的特征根。

最后，对 W_j 进行归一化处理，即得到第 j 个指标的相对权重：

$$W_j^* = \frac{W_j}{\sum W_j} \tag{5-13}$$

5.2.1.2　计算改造后的多维贫困指数 AMPI

完成上述两项改造以后，再按照 MPI 的路径进行接下来的测算。首先，参照联合国千年发展目标中的标准设置指标的临界值，对于没有包括在联合国千年发展目标中的指标，取该指标的下四分位数为临界值，进而得到家庭 h 在各指标上的贫困状况 P_{hj}。然后，根据前面计算出来的指标权重求家庭 h 在各指标上的贫困情况的加权和，得到改造后的多维贫困指数：

$$AMPI_h = \sum_{j=1}^{d} W_j^* P_{hj} \tag{5-14}$$

5.2.1.3　计算基于资产的多维贫困脆弱性

将所有家庭的 AMPI 排序后，观察其处在分布的哪个十分位中，AMPI 越大，家庭的多维贫困程度越严重，因此家庭在 AMPI 的分布中处在越高分位上越不利。观察家庭 AMPI 两年所处的分位不外乎三种结果：一是由较高分位转向较低分位，多维贫困程度呈现好转的趋势，二是留在原来分位不变，多维贫困程度维持现状，三是由较低分位转向较高分位，多维贫困程度呈恶化趋势。一个比较自然的反映是，将多维贫困程度恶化的家庭识别为多维贫困脆弱家庭，但是这种思路并不合理。如果家庭 AMPI 原本就处在极高的分位上，即使保持不变或者轻微下降，也不能说其多维贫困程度有多大的好转。相反，如果家庭 AMPI 原本处在较低的分位上，即使轻微上升，也不能说其多维贫困程度有多大的恶化。此外，还要考虑到小幅的变化可能还有一部分偶然性因素的影响。综合考虑这几种情况，按以下标准设定多维贫困脆弱性最终的测度值：如果家庭两年都处在最高的两个分位上或者家庭上升了三个及以上分位，将其多维贫困脆弱性 VMP_h 赋值为 1，反之赋值为 0。

5.2.2 实证测度结果

测度基于资产的多维贫困脆弱性仍然采用 CFPS 数据，舍弃数据尚未发布完整的 2018 年数据，筛选 2014 年和 2016 年都参与调查农村家庭，剔除关键变量缺失的家庭，最终保留的样本量为 3641 户。

5.2.2.1 选择维度和指标并设置单个指标临界值

第 3 章对 CFPS 数据进行数据预处理时，在家庭资源禀赋特征方面从人力资本、物质资本和社会资本三个方面筛选出 40 个变量备用。构建测度多维贫困脆弱性的指标体系，指标并非越多越好，要尽可能选择那些对家庭资产状况最有代表性的指标，同时还要考虑数据的可得性，选择那些数据缺失不严重的指标。在人力资本维度上，从教育、健康、工作三个方面选择代表指标。在物质资本维度上，从实物资产和金融资产两个方面选择代表指标。在社会资本维度上，主要从社会参与的角度选择代表指标。单个指标的临界值，参照联合国千年发展目标中的标准，没有包括在内的标，取该指标的下四分位数为临界值，人均收入以贫困线为临界值。维度指标选择及临界值如表 5-5 所示：

表 5-5 基于资产的多维贫困脆弱性测度指标体系

维度	指标	临界值
人力资本	成人平均受教育程度	家庭成年人平均受教育程度在小学及以下赋值为 1
	自评不健康者占比	家庭成员自评不健康者占比超过 1/4
	慢性病者占比	家庭成员患慢性病者占比超过 1/5
	劳动力占比	家庭中无劳动力赋值为 1

续表

维度	指标	临界值
物质资本	人均住房面积	人均住房面积不足 20 赋值为 1
	交通工具数量	没有交通工具赋值为 1
	人均收入	国家贫困线
社会资本	是否参加祭祖	没有参加祭祖赋值为 1

5.2.2.2　确定各指标的权重

先对所选的 3 个维度 8 个指标进行同向化无量纲化处理，其中自评不健康者占比、慢性病者占比属于极小型指标，其他指标属于极大型指标。对 2014 年和 2016 年数据运行主成分分析后发现，特征根大于 1 的主成分均为 3 个，根据因子载荷系数和各主成分的方差贡献率，计算各指标的权重，并归一化处理为相对权重如表 5 - 6 所示。

表 5 - 6　　　　各维度指标的权重

年份	指标	第一主成分	第二主成分	第三主成分	权重	相对权重
2014 年	成人平均受教育程度	0.643	0.386	0.058	0.3302	0.1718
	自评不健康者占比	0.226	0.740	-0.063	0.2707	0.1408
	慢性病者占比	0.597	0.083	0.122	0.2434	0.1266
	劳动力占比	0.222	0.807	0.011	0.3069	0.1597
	人均住房面积	0.471	0.155	-0.039	0.1851	0.0963
	交通工具数量	0.418	-0.133	0.142	0.1288	0.0670
	人均收入	0.640	-0.024	-0.054	0.1829	0.0952
	是否参加祭祖	0.063	0.048	0.979	0.2739	0.1425
2016 年	成人平均受教育程度	0.636	0.376	-0.018	0.3064	0.1624
	自评不健康者占比	0.212	0.742	-0.089	0.2599	0.1378
	慢性病者占比	0.600	0.061	0.158	0.2477	0.1313
	劳动力占比	0.279	0.785	0.075	0.3345	0.1773
	人均住房面积	0.438	0.171	-0.203	0.1385	0.0734
	交通工具数量	0.407	-0.157	0.325	0.1645	0.0872
	人均收入	0.650	-0.062	-0.095	0.1653	0.0877
	是否参加祭祖	0.043	0.110	0.904	0.2693	0.1428

由表5－6可知，首先，由2014年和2016年两年数据计算出来的各指标权重比较稳定，两年之间差异不大，说明由主成分分析法确定的指标权重稳健性较强。其次，各维度的重要性差异很大，人力资本维度占了近60%左右的权重，这不仅是因为人力资本维度指标多，维度内单个指标的权重都比较高，平均在15%以上。物质资本维度共占25%的权重，但是维度内各指标权重不高。社会资本维度虽然只选了一个指标，但该指标权重并不低，占15%左右。

5.2.2.3 计算AMPI并根据AMPI的动态计算多维贫困脆弱性

由各指标的临界值，对家庭在各指标上的贫困状况进行判别，再根据前面确定的权重求加权和，分别用两年的数据进行运算，就得到了家庭2014年和2016年的调整多维贫困指数AMPI，将二者进行对照，将两年都处在第九和第十分位上的家庭，以及2016年跟2014年相比上升了三个及以上分位的家庭，识别为多维贫困脆弱的家庭，其多维贫困脆弱性 $VMP_h=1$，其他的家庭识别为非多维贫困脆弱的家庭，其多维贫困脆弱性 $VMP_h=0$。将所有家庭的多维贫困脆弱性测度结果按省份进行整理，结果如表5－7所示。

表5－7　　基于资产的多维贫困脆弱性测度结果

省份	样本量	多维贫困脆弱率	持久成分贡献率	波动成分贡献率
天津	15	13.33	0.00	100.00
河北	251	19.12	39.58	60.42
辽宁	369	24.39	36.67	63.33
上海	50	26.00	30.77	69.23
江苏	47	12.77	33.33	66.67
浙江	49	12.24	33.33	66.67
福建	34	29.41	40.00	60.00
山东	257	25.29	46.15	53.85
广东	235	26.38	14.52	85.48

续表

省份	样本量	多维贫困脆弱率	持久成分贡献率	波动成分贡献率
东部地区	1307	23.11	34.11	65.89
山西	223	23.32	30.77	69.23
吉林	61	31.15	47.37	52.63
黑龙江	78	23.08	55.56	44.44
安徽	56	8.93	60.00	40.00
江西	113	17.70	35.00	65.00
河南	431	26.45	28.07	71.93
湖北	42	40.48	58.82	41.18
湖南	55	25.45	42.86	57.14
中部地区	1059	33.24	33.81	66.19
广西	96	29.17	25.00	75.00
重庆	22	36.36	37.50	62.50
四川	133	28.57	44.74	55.26
贵州	119	27.73	45.45	54.55
云南	144	29.17	33.33	66.67
陕西	76	31.58	25.00	75.00
甘肃	685	32.55	34.98	65.02
西部地区	1275	25.33	33.75	66.25

由表 5 -7 可知，首先，总的多维贫困脆弱率为 26.83%，地域之间、省份之间的多维贫困脆弱率差异较大。中部地区的多维贫困脆弱情况最为严重，其次是西部地区。多维贫困脆弱情况最严重的五个省份均为中西部省份，依次是湖北、重庆、甘肃、陕西、吉林，多维贫困脆弱率均在 30% 以上，最严重的湖北达到了 40%。福建、广西、云南、四川、贵州的多维贫困脆弱率也高于全国水平。安徽、浙江、江苏、天津的多维贫困脆弱率最低，均低于 15%，最低的安徽仅为 8.93%。其次，识别为多维贫困脆弱的两类家庭中，两年都在 AMPI 高分位的家庭，其多维贫困脆弱性更多地解释为持久成分，而上升了三个分位的家庭，其多维贫困脆弱性更多地解释为波动成分。表 5 -7 中列示了各省份的多维贫困脆弱性中，持久成分和

暂时成分的贡献率，总的来讲，暂时成分占主体，无论从全国来看还是从各地域来看，暂时成分与持久成分的贡献率都大体呈 2:1 的比例。各省份之间两种成分的贡献率对比差异较大。安徽、湖北、黑龙江三省都是持久成分占主导，吉林、山东、贵州、四川持久成分与暂时成分接近平分秋色，天津、广东持久成分贡献率远低于全国水平，天津持久成分贡献率为 0，而广东持久成分贡献率也不到 15%。

第6章　贫困脆弱性的发生机制

研究贫困脆弱性的生成机制，对于搞清贫困脆弱性的来源和机理，并据此进行前瞻性扶贫政策设计具有重要意义。本章先从理论上对贫困脆弱性的发生机制进行梳理和探讨，然后分析一维和多维贫困脆弱性的影响因素，旨在找到最关键的影响因素，最后再对贫困脆弱性进行分解，从而厘清贫困脆弱性中的持久性成分和暂时性成分的份额。

6.1　贫困脆弱性发生机制的理论分析

目前，对贫困脆弱性发生机制的分析框架主要有5种：内部—外部框架、风险—脆弱性框架、风险—能力—社会服务框架、风险—能力—后果框架、风险—能力—行动—后果框架。Chambers提出内部—外部框架：贫困脆弱性由内部外部两方面因素决定；外部因素指个体可能遭遇的风险、冲击和压力；内部因素指个体缺乏应对外部因素引起的损失的能力和机制。世界粮食计划署（1995）提出风险—能力—社会服务框架：自然灾害等风险越大，贫困脆弱性越高；抵御风险能力越强，贫困脆弱性越低；社会服务体系发展水平越高，贫困脆弱性越低。Dercon（2001）提出风险—脆弱性框架：指出个体始终处于一个循环中，循环中任何一个环节均有风险，如资产风险、由生产、投资收益、储蓄等引起的收入风险，体现为营养不足、健康不良、教育缺失、社会排斥等方面的福利风险。Martin（2003）提出暴露—能力—后果框架：暴露包括冲击的规模、强度、频率、不可预见性；能力包括风险响应机制、资产、能力、权利；后果包括改变生计策略和陷入贫困。世界银行（2001）提出风险—能力—行动—后果框架：风险冲击的大小和个体抵御风险能力的高低都会影响贫困脆弱性，但是面对同样风险拥有同样抵抗风险能力的个体，贫困脆弱性程度并不相同，主要原因是面对风险时家庭采取的行动不同。比较而言，风险—能力—行动—后果框架较为完整地再现了个体贫困脆弱性的生成过程，这一框架的分析中，往往把个体拥有的资源禀赋等同于个体风险响应的能力，事实上这两个概念的外延和内涵还是有些差异的。个体拥有的资源禀赋，某些可以直接用于进行风险抵御，可以划分为风险响应能力，有些却需要经过某种路径转化才能成为个体的响应能力。另外，家庭在遭遇风险时，除了可能会根据自身的资源禀赋和能力水平采取的某些行动之外，还可能会有一些社会提供的应对风险的手段，仅仅用行动这个字眼概括显然是不够的。因此本书将风险—能力—行动—结果框架调整为风险冲击—资源禀赋—响应策略—结果框架，并在此框架下对贫困脆弱性的发生机制进行系统分析。

6.1.1 风险冲击

风险或冲击对家庭贫困性有直接影响，研究表明持久性贫困常与那些频率高、强度大的持续性冲击相伴。世界银行强调贫困脆弱性本身就是一个风险和冲击的函数，风险和冲击对福利的影响取决于冲击的大小和人们对风险暴露的程度。

对于风险和冲击，研究者们有不同的认识。Henninger（1998）将风险分为环境风险、市场风险、社会风险、政治风险和健康风险。Narayan（2000）等将风险分为生计资产风险、生计活动风险、生计结果风险三类。Cook（2001）将农户风险分为购置房屋或婚嫁引起的确定性开支引起的经济困难、大病等意外事件的不确定性开支引起的经济困难、经营风险损失引起的经济困难三类。Hoddinott（2003）将风险分为资产风险、生产投资及市场风险、宏观经济波动风险、自然灾害风险、家庭变故风险。王晓燕（2003）以农业生产为观察视角，将风险分为自然风险、技术风险、市场风险三类。气象灾害、病虫害这些自然界的不规则变化，会引起农业损失；运用农业技术时，大量人财物力投入后实际收益未必能达到预期；农产品市场也可能存在供需失衡。马九杰等（2003）将农户风险分为：健康风险（包括生老病死残）、经济活动风险（包括价格波动、经济萎缩、就业困难、生产事故等）、社会活动风险（包括冲突、暴力和犯罪等）。白雪梅等（2010）总结了Dercon对风险的认识：家庭在利用资本获取收入，又用收入购买或实现各种福利的过程中，每一环节中都有可能存在风险，即资产风险、收入风险、福利风险。资产风险是指可能发生在人力资本、物质资本、社会资本方面的风险，如因疾病或健康丧失劳动技能甚至失业、因气候灾害或战争造成生产或非生产性资产的损坏等。收入风险是指可能发生在劳动收入、财产性收入、转移性收入方面的风险，如各种冲击引起的产出减少、资产收益率降低、投资失败、现金流不畅、劳动市场不完善引起的工资结算不及时等。福利风险是指各种福利结果方面的风险，如消费市场价格波动大、教育或公共物品供给不足、社会排斥等。世界银行将风险分为微观层次的个人或家庭、中观层次的社区或群体、宏观层次的地域或国家的风险。

综上，个人或家庭可能遭遇的风险可以分为两大类：一类是外部冲击和风险，包括自然、经济、社会环境方面的风险，如自然灾害风险、气候变化风险、经济波动风险、市场风险、社会不安定风险、社区制度和设施不健全风险，这一类外部冲击风险不是家庭所特有的，而是同一区域的所有家庭和个人共同遭遇的风险。另一类是家庭特有风险，包括健康冲击、事故等突发事件的冲击、婚嫁购房等重大事件的冲击。这些外部和内部冲击的规模、深度、广度、频率、持续时间都直接影响着家庭或个人的贫困脆弱性，不但可能引起资产和收入的直接损失，还可能通过影响人力资本或健康资本投资决策间接影响家庭资源禀赋的积累，进而影响家庭生计策略及风险响应策略的选择，从而最终影响家庭的长期发展能力。

6.1.2　资源禀赋

家庭在面临风险冲击时，如果风险响应能力低下，就极有可能呈现出较高的贫困脆弱性。而家庭的风险响应能力往往取决于家庭的资源禀赋。家庭资源禀赋越多，质量越好、变现能力越强，家庭的风险响应能力也越强。家庭的资源禀赋决定了家庭的风险响应能力但不等同于家庭风险响应能力，因为有些资源禀赋可以直接用于风险响应，可归入风险响应能力，比如家庭拥有的流动性强的金融资本可以直接用于冲击引起的额外支出。有些资源禀赋需要经过某种路径转化后才能最终形成风险响应能力，比如即使某人拥有较高学历和较健康的身体，也需要通过就业方式转化为能直接用于抵御风险冲击的收入或福利。家庭资源禀赋不但影响着家庭长期发展能力，也影响着家庭在短期内的风险响应策略选择。家庭会根据风险冲击预期或风险发生的规模和影响，将其资源禀赋进行事前或事后的分配。如将家庭劳动力在各种生计策略中分配，将金融资产在教育和消费间分配。家庭资源禀赋存量越少，越容易在分配中捉襟见肘，其做出短视性决策的可能性越大，比如让孩子放弃学业参加种地、打工等能带来短期收入的生产活动，越容易陷入禀赋越来越少、能力越来越弱的恶性循环。家庭拥有的资源禀赋决定和制约了其面对机会时的选择。另外，当家庭把某些资源禀赋直接用于应对风险时，一方面会减少资源禀赋的存量，另一方面因为资源禀赋存量的减少，会影响未来家庭资源禀赋的分配，从而使家庭陷入一种向下的循环模式。

家庭的资源禀赋从广义上包括家庭能够动用的一切直接或间接提升家庭福利水平的资源和条件，包括教育人力资本、健康人力资本、职业人力资本、物质资本、社会资本。第一，教育人力资本方面，正规与非正规教育、劳动力市场培训、经验的积累均能提升人们的能力，进而提高劳动生产率和收入水平。而且教育人力资本会显著降低家庭暴露于风险的可能。第二，健康人力资本方面，健康状况影响劳动者的劳动时间、劳动生产率，也可能影响家庭成员的就业和劳动时长，还会直接或间接影响劳动者的受教育程度。而且健康状况越好的人预期寿命越长，人力资本折旧率越低，投资教育的收益率也越高。健康冲击是家庭贫困的关键诱因之一。第三，之所以把职业也看作人力资本是因为人们的职业安排体现了基于人力资本而选择的实现收入途径。第四，物质资本是传统生产函数中最重要的解释变量，家庭物质资本的多少直接体现了家庭再生产能力，同时会对家庭遇到的冲击起到缓解作用。物质资本外延也很广泛，既包括耕地、农业机械这些生产性资产，还包括家用电器这些非生产性资产，也包括住户、交通工具这些介于兼具生产性和非生产性资产之间的资产。此外，金融资产及收入这类非实物资产，也属于物质资产的范畴。第五，社会资本是家庭拥有的另一类资源禀赋，对家庭贫困脆弱性有显著影响。家庭拥有的社会资本越多，可利用的人际关系就越广，越多机会获取更多有效信息，越能在遭遇风险时获取帮助。社会资本是抽象的，同时也是多维度的。以社会网络为载体，同时包含着社会参与、社会信任、社会声望等多个维度。中国是一个人情社会，特别在一些地缘和血缘关系比较紧密的农村，相互之间的熟悉能够有效减少信息不对称，促成亲友之间的民间借贷，帮助贫困家庭渡过难关甚至实现扩大再生产，对于提升家庭收入和降低其脆弱性都有重要意义。除了家庭层面的社会资本以外，社区因素在家庭遭遇风险努力平滑消费和进行风险管理的过程中也会产生积极影响。

6.1.3 风险响应策略

家庭在遭遇风险冲击时，往往会根据自身的资源禀赋条件和能力，使用可及的风险响应策略进行风险应对。按照这些策略的规范程度，分为正规响应策略和非正规响应策略。按照响应策略的提供者，分为家庭自身策略和社区、市场或政府提供的响应手段。按照风险响应策略应用的阶段，可分为事前预防缓冲策略和事后补偿应对策略。在非正规响应策略中，家庭自身可能会采取预防性保健、改变居住地、寻求更可靠的收入来源等方式减少其风险暴露，也可能会通过田地或作物多样化、收入来源多元化、物质和人力资本投资、联姻等方式分散风险，还可能通过变卖资产、民间借贷、童工、减少食物消费等方式应对风险。家庭所处的社区也可能提供一些非正规风险响应策略，如用修建堤坝水库类基础设施的方式减少自然灾害风险，发起行业工会或民间标会以分散风险，一旦风险降临，推动互助网络为受困家庭提供资金支持。在正规策略中，一方面是银行和保险公司等金融机构提供的很多金融产品都有一定的风险预防、分担和应对功能。比如家庭在银行开设的储蓄账户往往以预防性储蓄为目的，保险公司提供的意外险、重疾险、医疗险均具有风险来临时以小搏大的杠杆作用，另外，家庭在遭遇风险时也可通过向金融机构贷款的方式度过难关。另一方面，政府提供了相当多的正规风险响应手段。通过不断出台和完善经济、环境、劳动市场、教育培训政策、公共健康方面的政策，建设各种公共基础设施，目的就是减少外部的冲击和风险，通过推行一系列的社会保障制度为家庭和个人提供安全网，通过社会救助、福利、津贴、补贴、现金转移支付等方式帮助家庭进行风险应对。

当市场和政府能够提供的正式风险响应手段充分且有效时，家庭和个人在面对风险的时候会相对安全，但即使是这样，这些响应手段也不足以为家庭和个人提供完全的保护。以社会保障制度为例，其功能是提供基本保障，覆盖面广但保障力度不足，即保而不包。更何况目前正规金融市场的普惠性不强，贫困家庭遭遇风险时很难由正规渠道获得贷款。社会保障制度在各地执行的效果和力度也参差不齐。当不能依赖或至少不能完全依赖上述正规风险响应手段时，家庭自身选择的非正规风险响应策略以及其所在的社区能够提供的非正规响应策略就十分重要了。在同一风险面前，即使两个家庭拥有同样的资源禀赋和相近的风险响应能力，如果选择的风险响应策略不同，其贫困脆弱性结果可能截然相反。如果策略不当，不但可能无法有效抵御风险，还可能导致风险加深，使其贫困脆弱性更为严重。家庭的风险响应策略决定了家庭资源的分配进而决定了家庭应对风险冲击的未来走向，策略不同，同等资源会发挥出完全不同的效能，最终决定了家庭在未来时点上的最终状态。

资产存量调整是家庭应对风险的常用策略。动用家庭资产平滑消费和缓冲风险，此时资产起到收入波动减震器的作用。例如，花掉积蓄去应对突然的收入冲击以实现消费水平的稳定，在信用和租赁市场不发达的农村，农户在遭遇自然灾害时卖出牲畜、农机甚至是粮食来维持获取现金以维持一定的消费水平。这种风险响应策略短期内确实可以使家庭渡过难关，但是资产存量的减少会影响家庭长期发展能力。比如在消费方面花掉的积蓄对未来的人力资本投资有挤出效应，家庭可能陷入能力投资少—贫困脆弱性程度高—能力投资更少恶性循环。另外，生产性资产的变卖也会减少未来的生产能力。

牺牲未来的各种短视性策略在贫困家庭中也极为常见。贫困人口对现期消费的偏好远高于未来消费，对应到行为习惯上，贫困人口更不能坚持储蓄，更不关注对未来的规划和准备，不善于主动采取预防性措施来规避风险，反而会采用消极的应对措施。比如，减少营养摄入的数量和质量来节约食品开支，生病时不去医治或者推迟就诊，让学龄的孩子辍学甚至从事收入不高的非正规就业来减轻家庭的经济困难，这些选择都会永久性地损伤家人或孩子的健康或人力资本，使其长期发展能力低下，极易陷入贫困的恶性循环。

扶贫实践中有一种现象，一些情况相近的贫困家庭，在接受同样现金救助和能力帮扶以后，有的很快恢复自身生产能力逐步脱贫，有的却在贫困线附近徘徊，一旦救助结束甚至迅速返贫，究其原因，就在于面对同样的风险和干预，后者选择了较差的行动策略。说明仅仅对贫困家庭进行收入保护远远不够，还需要对其行动进行干预。在行动干预方面，各国政府都进行了大量的尝试，比如，一些国家的有条件公共转移支付就是一种典型的行动干预策略。策略的基本设计是，只有保障子女正常教育、营养和医疗的家庭才能获得现金补贴。除此之外，还可以为家庭的学龄成员提供学费减免、餐费补助、奖助学金、技能教育，帮助他们顺利完成学业。或者对儿童和孕妇进行早期健康营养干预，确保孩子的生长发育。

综上，家庭贫困脆弱性的生成机制可以概括为一个四环节框架：风险—资源禀赋—风险响应策略—结果。家庭在面对各种外部和内部冲击时，根据自己的资源禀赋和能力，以及社区和政府提供的相关干预，采用各种正规或非正规的、事前预防或事后补偿的风险响应策略进行风险应对，在风险规模、深度、广度不大或者家庭的风险响应策略充分而合理的情况下，家庭的持久福利水平不会受到太大影响，而且福利的波动性也不会太大，可能顺利度过冲击。但如果在风险冲击过大或者家庭风险响应策略不足或选择错误的情况下，不但不能有效抵御风险，还可能加深风险冲击，家庭福利持久福利水平会受到强烈影响，而且福利的波动性也会很大，从而使家庭陷入贫困脆弱的境地。

概括起来，就得到贫困性发生机制分析的基本逻辑：无论是风险冲击、资源禀赋、风险响应策略都可能影响到家庭的贫困脆弱性，而这些影响可归纳为两大路径：一是影响家庭长期发展能力，进而影响家庭的持久福利水平，二是对家庭福利水平形成暂时冲击，从而影响了其暂时福利水平，二者结合在一起，引致了贫困脆弱性的最终结果。

正是从这个基本逻辑出发，本章第 2 节探究风险冲击、资源禀赋、风险响应策略方面的各项因素怎样影响贫困脆弱性，而在第 3 节对贫困脆弱性进行分解，分解持久成分和暂时成分对贫困脆弱性的贡献度。

6.2 贫困脆弱性的影响因素分析

本节将根据贫困脆弱性发生机制的基本逻辑，分析风险冲击、资源禀赋、风险响应策略方面的各项因素怎样影响贫困脆弱性，而这些因素对一维和多维贫困脆弱性的作用方向和程度存在显著差异，需要分别进行分析。

6.2.1 一维贫困脆弱性的影响因素分析

分析贫困脆弱性的影响因素，需要回答三个关键问题：哪些因素对贫困脆弱性有显著影响？这些显著的影响因素有多重要？同一因素对不同贫困脆弱性水平的家庭影响是否相同？

6.2.1.1 分析方法框架

第一步，构建回归模型，筛选贫困脆弱性的显著影响因素。

$$V_h = \beta_0 + \beta_j X_{hj} + \varepsilon_h \tag{6-1}$$

其中，V_h 代表家庭贫困脆弱性测度值。X 代表刻画家庭遭遇的冲击、家庭的资源禀赋、家庭的风险响应策略的各种变量。

第二步，比较贫困脆弱性各影响因素的重要性。

在上面回归模型中，各变量的计量单位和量纲不同，其回归系数 $\hat{\beta}_j$ 之间不可比，无法直接衡量其重要性。而标准化回归系数 $\hat{\beta}_j^*$ 提供的却是在原始数据标准化的基础上，消除了解释变量和被解释变量量纲影响的回归系数，直接反映了各解释变量对被解释变量的相对影响程度，可以用于评价各因素对贫困脆弱性的重要性排序。

$$\hat{\beta}_j^* = \hat{\beta}_j \frac{s_{x_j}}{s_y} \tag{6-2}$$

第三步，比较同一因素在贫困脆弱性不同位置的影响。

普通回归模型呈现了自变量对因变量均值的影响，但是各因素对不同贫困脆弱性程度的家庭影响是否相同，特别是它们对那些高脆弱性家庭影响如何是我们更关心的问题。而分位数回归能够提供贫困脆弱性不同分位上的多组回归系数，从而能捕捉到解释变量在被解释变量分布不同位置的影响差异。此外分位数回归还具有假设条件较弱，估计量更稳健，不易受极端值影响等优点。构建分位数回归模型：

$$V_\tau^r = X\beta_\tau^r + \varepsilon_\tau^r \tag{6-3}$$

式中，V_τ是脆弱性 V 的第 τ 分位数，X 是前面筛选出来的影响因素，β_τ 因分位点 τ 的不同而不同，由下式求解：

$$\beta_\tau = \arg\min_{\beta} \sum_{i=1}^{n} \rho_\tau(V_i - X_i\beta) \tag{6-4}$$

$$\rho_\tau(u) = u(\tau - I(u<0)) = \begin{cases} \tau u, & u \geq 0 \\ (\tau-1)u, & u<0 \end{cases} \tag{6-5}$$

6.2.1.2　实证分析结果

分析贫困脆弱性影响因素仍然采用 CHNS 数据。被解释变量是前面测度出来的 2011 年的家庭贫困脆弱性，根据测度方法评价的结论，选择准确性和稳健性表现较好的基于跨期均值方差的期望贫困脆弱性测度 V_{ep_2}，并且以 2 美元为贫困线标准。解释变量则从家庭人口学特征、家庭资源禀赋特征、家庭风险响应特征、外部环境特征四个方面筛选。另外，城乡居民家庭贫困脆弱性发生机制不完全相同，因此分别构建城乡影响因素分析模型。需要强调的是，与 V_{ep_0} 和 V_{ep1} 相比，V_{ep_2} 无论从准确性还是稳健性看都是最优的，但是 V_{ep_2} 对应着平方贫困距，量纲极小，因此影响因素回归模型中，各因素的回归系数也都比较小，即使小数点后四位的差异对该指标来说都是极为显著的差异。

（1）筛选显著影响因素并比较其重要性

多轮尝试各种变量组合，筛选出城镇和农村家庭贫困脆弱性显著影响因素，在此基础上，加工得到各显著变量的标准化系数，用以比较各因素的相对重要性。城镇和农村模型结果分别如表 6－1 和表 6－2 所示。

表 6－1　城镇家庭贫困脆弱性的影响因素

变量类别	变量	回归系数	标准化系数	P
—	(Constant)	0.04299	—	0.000
家庭人口学特征	hage	－0.00012	－0.218	0.000
	size	0.00096	0.167	0.000
	labor	－0.00059	－0.075	0.018
家庭资源禀赋特征	hedu_y	－0.00007	－0.048	0.062
	hbmi	－0.00008	－0.038	0.131
	pres_p	0.00742	0.186	0.000
	tech_i	－0.00078	－0.055	0.044
	self_p	－0.00983	－0.544	0.000
	state_p	－0.00779	－0.512	0.000
	logasset_v	－0.00259	－0.574	0.000
	wed	0.00091	0.055	0.032
家庭风险响应策略特征	ins_p	－0.00412	－0.227	0.000
外部环境特征	east	－0.00240	－0.131	0.000
	mid	－0.00229	－0.160	0.000
Adjusted R^2		0.779		
Log likelihood		1559.531		
F－statistic		93.798		
Prob（F－statistic）		0.000		

表6-1列示了城镇居民家庭贫困脆弱性影响因素筛选结果。在家庭人口学特征变量中，户主年龄和劳动力数系数为负，家庭规模系数为正。随着户主年龄增加，职业和家庭生计安排都更加稳定；家庭中劳动力人数越多，赚钱养家的人占比越高，家庭收入水平也更高；家庭规模越大，各项支出越庞大，负担越重。在家庭资源禀赋特征变量中，体现教育人力资本的户主受教育年限、体现工作人力资本的家庭成员是否有技术管理人员、家庭成员自雇者占比、家庭成员国有单位工作者占比变量系数均为负，而体现健康人力资本的户主BMI和家庭成员诊断为高血压者占比变量的系数一负一正。说明人力资本的数量和质量越高，家庭的贫困脆弱性程度越低。值得单独说明的是户主BMI，这个变量本来是个适度变量，但城镇家庭中BMI不正常者偏胖者居多，BMI高对应的是那些家庭条件相对好的家庭，也因此该变量的系数为负。体现物质资本的各类资产总值变量系数为负，符合预期，物质资本的数量既是家庭应对风险冲击时的基本保障，也是家庭获取收入的基本路径。体现社会资本的参加婚礼支出金额变量系数为正，这点与预期不符，可能的解释是这类维系社会资本的支出存在一定的滞后效应。在家庭风险响应特征变量中，家庭成员拥有医保者占比系数为负，说明参与医保确实有助于降低家庭贫困脆弱性。在外部环境特征变量中，东部和中部两个虚拟变量系数均为负值，说明处东中部地区家庭的贫困脆弱性显著低于西部地区家庭。

表6-1还列示了城镇家庭贫困脆弱性影响因素的重要性比较结果。首先，最重要的各项资产总值、家庭成员自雇者占比、家庭成员国有单位工作者占比三个因素标准化系数绝对值均高于0.5，偏相关系数绝对值也都高于0.6。各项资产总值的偏相关系数接近-0.8，再次验证了物质资产对贫困脆弱性的极端重要性。物质资产体现家庭财力水平，是生成收入的工具和手段，同时也是家庭面对风险冲击时的减震器。家庭成员自雇者占比重要性排在第二位，说明城镇家庭自主创业，实现收入多样化的重要性。家庭成员国有单位工作者占比排在第三位，说明相对稳定的国有单位对城镇家庭来说仍然不失为一种好的职业选择。其次，排在重要性第二层次的

是家庭成员拥有医保者占比和户主年龄，标准化系数绝对值都高于0.2。两者之中，户主年龄是自然因素不可控，前者却是可以通过政府的扶持和推动发挥更大作用的，近年来政府出台多项医疗保险制度措施，对降低家庭贫困脆弱性起到了不可忽视的作用。再次，排在重要性第三层次的是家庭成员诊断高血压者占比、家庭规模、中部、东部，标准化系数绝对值都高于0.1。最后一个层次是是劳动力数、户主受教育年限、家庭成员是否有技术管理人员、参加婚礼支出金额、户主BMI，说明这些因素尚未发挥应有的作用，而且各变量的排序显示目前劳动力数量比质量发挥更大的作用，同时在人力资本方面，教育人力资本比健康人力资本发挥了更大的作用。

表6－2　　　　农村家庭贫困脆弱性的影响因素

变量类别	变量	回归系数	标准化系数	P值
—	c	0.02013	—	0.000
家庭人口学特征	hage	－0.00011	－0.232	0.000
	size	0.00141	0.424	0.000
	labor	－0.00048	－0.119	0.000
家庭资源禀赋特征	hedu_y	－0.00012	－0.093	0.000
	pres_p	0.00145	0.048	0.000
	tech_i	0.00058	0.044	0.000
	self_p	0.00105	0.088	0.000
	logagrm_v	－0.00049	－0.333	0.000
	logagrm－appli_v	－0.00097	－0.431	0.000
	logrent_v	－0.00063	－0.339	0.000
	wed	－0.00059	－0.056	0.000
风险响应策略特征	pins	－0.00258	－0.205	0.000
外部环境特征	illtime	－0.00012	－0.193	0.000
	logcoughcost	－0.00058	－0.094	0.000
	east	0.00043	0.042	0.001
Adjusted R^2		0.861		
Log likelihood		6599.037		
F－statistic		518.199		
Prob（F－statistic）		0.000		

表 6 – 2 列示了农村家庭贫困脆弱性影响因素的筛选结果。在家庭人口学特征变量中，户主年龄和劳动力数系数为负，家庭规模系数为正，与城镇模型完全相同。在家庭资源禀赋变量中，体现教育人力资本的户主受教育年限系数为负，体现健康人力资本的家庭成员诊断高血压者占比系数为负，与城镇模型一致。体现工作人力资本的家庭成员自雇者占比和家庭成员是否有技术管理人员变量系数为正，与城镇模型相反，从侧面佐证了城乡就业环境的差异。农村技术管理类人员占比不高，同时农村劳动市场尚不完善，技术管理类人员的就业机会不稳定。加工家庭成员自雇者占比变量时，在家务农者归入自雇者一类，农村开展个体经营者占比不高，自雇者占比越高越说明家庭成员以务农为主者居多，收入多样化程度越低。体现物质资本的农业机械资产价值、家电农机资产总值、房屋评估租赁价值系数均为负，符合预期，资产有利于减少贫困脆弱性这一常识性结论，再次在农村得到证实。体现社会资本的参加婚礼支出系数为负，说明了农村家庭社会资本与城镇家庭的差异。用参加婚礼支出刻画农村家庭的社会资本比较准确。在家庭风险响应策略变量特征中，家庭成员拥有医保者占比系数为负，与城镇模型一致。在外部环境特征变量中，体现社区医疗可及性的看病在途时间和一次感冒费用系数为负，而东部虚拟变量系数为正，似乎并不合理。可能的解释是，我国优质医疗资源有限，基层医疗保健站整体水平不同，居民宁可跑远路也要去大医院看病的现象十分普遍，实在不方便去大医院时才会选择就近治疗，相应地，就近治疗的费用也会远低于大医院。从这种意义上讲，看病在途时间短或一次感冒费用少几乎可以看作优质医疗资源可及性差的代名词了，系数为负也就不足为奇了。

表 6 – 2 还列示了农村家庭贫困脆弱性影响因素的重要性比较结果。首先，最重要的依次是家用电器交通工具资产价值、家庭规模、农业机械价值、房屋评估租赁价值，标准化系数绝对值大于 0.33，偏相关系数绝对值都大于 0.63。除了家庭规模属于自然属性不可控外，其他均为物质资产类变量，尤其是交通工具和农业机械，都属于典型的农村生产性资产，对农村家庭贫困脆弱性影响最大也就很自然了。其次，排在重要性第二层次的

是户主年龄、家庭成员拥有医保者占比、看病在途时间，标准化系数绝对值都大于0.19，偏相关系数绝对值都大于0.4。最后，其他因素的重要性依次为：劳动力数、一次感冒费用、户主受教育年限、家庭成员自雇者占比、参加婚礼支出、家庭成员诊断为高血压者占比、家庭成员是否有技术管理人员、东部。

（2）各因素在贫困脆弱性不同水平的影响

以城乡居民家庭脆弱性为被解释变量，以前面筛选出来的影响因素为解释变量，取 $\tau=0.1, 0.2, \cdots, 0.9$ 进行分位数回归，受版面所限仅报告 $\tau=0.1, 0.3, 0.5, 0.7, 0.9$ 时的结果，如表6-3和表6-4所示。

表6-3 城镇家庭脆弱性影响因素分位数回归

变量类别	变量	$\tau=0.1$	$\tau=0.3$	$\tau=0.5$	$\tau=0.7$	$\tau=0.9$
—	(Constant)	0.02551	0.02766	0.03079	0.03442	0.04142
家庭人口学特征	hage	-0.00008	-0.00007	-0.00006	-0.00006	-0.00008
	size	0.00042	0.00046	0.00050	0.00082	0.00109
	labor	-0.00043	-0.00031	-0.00046	-0.00075	-0.00053
家庭资源禀赋特征	hedu_y	-0.00008	-0.00006	-0.00004	-0.00003	0.00003
	hbmi	-0.00010	-0.00010	-0.00010	-0.00014	-0.00011
	pres_p	0.00485	0.00464	0.00536	0.00611	0.00939
	tech_i	-0.00040	-0.00031	-0.00030	-0.00056	-0.00017
	self_p	-0.00578	-0.00636	-0.00737	-0.00885	-0.01032
	state_p	-0.00482	-0.00548	-0.00622	-0.00739	-0.00935
	asset_v	-0.00113	-0.00138	-0.00160	-0.00179	-0.00241
	wed	0.00004	0.00012	0.00027	0.00046	0.00060
家庭风险响应策略特征	ins_p	-0.00345	-0.00319	-0.00347	-0.00285	-0.00140
外部环境特征	east	-0.00158	-0.00176	-0.00184	-0.00175	-0.00229
	mid	-0.00141	-0.00163	-0.00163	-0.00115	-0.00178
Pseudo R^2		0.3439	0.4588	0.5143	0.5536	0.5919
Adjusted R^2		0.3190	0.4387	0.4962	0.5373	0.5776
Prob（Quasi-LR）		0.0000	0.0000	0.0000	0.0000	0.0000
Quasi-LR		234.948	574.393	714.519	785.013	567.688

表6-3列示了城镇家庭贫困脆弱性影响因素分位数回归结果。各因素分位数回归系数符号与均值回归基本一致。各因素在不同分位上的显著性有一定差异。户主BMI在 $\tau=0.9$ 时不显著，在 $\tau=0.1-0.8$ 时都在0.01水

平上显著。户主受教育年限在 $\tau=0.1-0.6$ 时都在0.05水平显著，在 $\tau=0.7-0.9$ 时不显著。这两点说明对高脆弱性群体而言健康和教育并非最重要因素，降低其贫困脆弱性还要先解决其他方面的问题。

接下来比较各因素在贫困脆弱性不同分位上的影响。首先，看家庭人口学特征变量。户主年龄在x轴下方呈倒“U”形变化，对低脆弱性家庭和高脆弱性家庭影响最大，而对中等脆弱家庭影响较小。家庭规模在x轴上方单调递增，意味着越脆弱的家庭，家庭规模的正向影响越强。劳动力数x轴下方除一开始略有上升外，大部分情况下呈递减趋势，说明家庭中劳动力数对高脆弱性家庭仍然十分重要。家庭人口学特征因素都具有自然属性，都无法通过政策措施进行调节。其次，看家庭资源禀赋特征变量。体现了物质资本的各项资产总值，在x轴下方单调递减，说明其降低贫困脆弱性的作用越来越强，可见帮助脆弱群体增加或维持其物质资产始终是降低其贫困脆弱性的有效方式。体现了工作人力资本的家庭成员自雇者占比和家庭成员国有单位工作者占比，都是在下方单调递减，说明贫困脆弱性越高的家庭，工作人力资本的影响越强。想要降低高脆弱性群体的脆弱性，积极推动其进行自主创业十分可行。但是在非公经济在国民经济中发挥越来越重要作用的大背景下，通过促进高脆弱性家庭国有单位就业显然不太可行。体现了教育人力资本的户主受教育年限，系数为负且绝对值递减，说明贫困脆弱性程度越高，教育的影响作用越小，提高教育人力资本收益回报期较长，对高脆弱性群体来说有“远水不解近渴”之嫌。体现健康人力资本的家庭成员诊断为高血压者占比为正向影响因素，而且随着分位的提高影响不断增强，在最高分位上影响最大，说明健康状况不佳对高脆弱性家庭的影响最为严重。这类家庭往往因缺乏教育人力资本而多从事体力劳动，血压不正常导致的劳动能力下降对其影响更大。体现工作人力资本的另一个变量家庭成员是否有技术管理人员在x轴下方呈“U”形趋势，在中等分位上影响最大，而在其他分位则较为平均，说明如果想通过技术培训降低城镇家庭的贫困脆弱性，低脆弱性家庭和高脆弱性家庭都不会太有效。体现社会资本的参加婚礼支出金额变量只能部分地反映城镇家庭的社会成本，并且由于这类支出越多，对于家庭收入的冲击越大，但因此带来的社会资本增加却未必在短时间内有用武之地，所以呈现出正的系数，而且随着分位点越高，这种提高贫困脆弱性的效果越明显。再次，看家庭风险响应策略特征。家庭成员拥有医保者占比系数为负且影响递减，说明虽然推动基本医疗保障有利于降低脆弱性，但由于该项政策的初衷在于降低家庭福利的过度变动，而高脆弱性家庭的主要问题在于持久收入水平低下，因此单纯推动医保难以解决其根本问题。最后，看外部环境特征。东部虚变量在 x 轴下方，对低分位段影响最小，中分位段影响持平，中高分位段影响递增，说明高脆弱性家庭受地域影响也最严重。

表 6－4　　　农村家庭贫困脆弱性影响因素分位数回归

变量类别	变量	$\tau=0.1$	$\tau=0.3$	$\tau=0.5$	$\tau=0.7$	$\tau=0.9$
—	c	0.01721	0.01835	0.01933	0.02159	0.02505
家庭人口学特征	hage	－0.00009	－0.00009	－0.00008	－0.00009	－0.00010
	size	0.00097	0.00108	0.00116	0.00131	0.00156
	labor	－0.00038	－0.00036	－0.00032	－0.00043	－0.00051
家庭资源禀赋特征	hedu_y	－0.00012	－0.00014	－0.00013	－0.00013	－0.00015
	pres_p	0.00042	0.00126	0.00139	0.00124	0.00274
	tech_i	0.00016	0.00037	0.00043	0.00037	0.00029
	self_p	0.00123	0.00115	0.00115	0.00087	0.00054
	agrm_v	－0.00042	－0.00043	－0.00041	－0.00044	－0.00049
	agappli_v	－0.00050	－0.00066	－0.00082	－0.00092	－0.00106
	logrent_v	－0.00057	－0.00057	－0.00057	－0.00060	－0.00068
	wed	－0.00041	－0.00048	－0.00053	－0.00056	－0.00062
风险响应策略特征	pins	－0.00315	－0.00275	－0.00243	－0.00196	－0.00045
外部环境特征	illtime	－0.00014	－0.00013	－0.00013	－0.00011	－0.00010
	coughcost	－0.00055	－0.00056	－0.00056	－0.00067	－0.00071
	east	0.00012	0.00031	0.00048	0.00050	0.00011
Pseudo R^2		0.600	0.5747	0.5967	0.6073	0.6111
Adjusted R^2		0.595	0.5699	0.5929	0.6034	0.6063
Prob（Quasi－LR）		0.000	0.0000	0.0000	0.0000	0.0000
Quasi－LR		2735.5	2620.06	3277.02	3222.90	2925.22

表 6－4 列示了农村家庭贫困脆弱性影响因素的分位数回归结果。首先，看家庭人口学特征变量。户主年龄、家庭规模、劳动力数三个变量在贫困脆弱性各分位上的影响变动与城镇家庭相似，不再赘述。其次，看家庭资源禀赋特征变量。体现物质资本的家庭电器交通工具资产价值、农业机械价值、房屋评估租赁价值，其影响系数的变化趋势都与城镇家庭完全一致，说明无论城镇农村，资产保护都极为重要。体现工作人力资本的家庭成员自雇者占比，在 x 轴上方单调递减，说明这个因素对农村家庭贫困脆弱性的影响越来越弱，高脆弱性家庭对该因素的变化不太敏感，对高脆弱性群体，推动其转变生计方式未必能发挥很好的效果。体现教育人力资本的户主受教育年限，系数为负，最低分位上系数绝对值最小，最高分位上系数绝对值最大，其他分位上系数基本持平，教育对高脆弱性群体影响最大。体现健康人力资本的家庭成员诊断为高血压者占比的变化趋势与城镇完全相同。体现工作人力资本的另一个变量家庭成员是否有技术管理人员系数为正，说明虽然技术管理类人员有赚取更高收入的潜力，但是由于农村该类岗位需求量有限，技术管理类人员增收的效果难以抵消其对家庭收入不稳定造成的负面影响。另外这个因素在各个分位点上的影响系数比较接近。体现社会资本的参加婚礼支出金额系数为负，且分位点越高影响越大，说明越脆弱的农村家庭对于社会资本的依赖性越强。再次看家庭风险响应特征变量。家庭成员拥有医保者占比的变化趋势与城镇完全相同。最后，看外部环境特征。东部虚变量系数为正，且系数绝对值呈现倒“U”形。说明高脆弱性家庭和低脆弱性家庭受地域影响都不大。

为了更直观地比较城乡之间各因素在不同分位上影响的差异，对城乡共同的影响因素分位数回归系数绘制双坐标折线图，如图 6－1 所示。图中主坐标轴为城镇，次坐标轴为农村，带圆点数据标志的是城镇折线图。

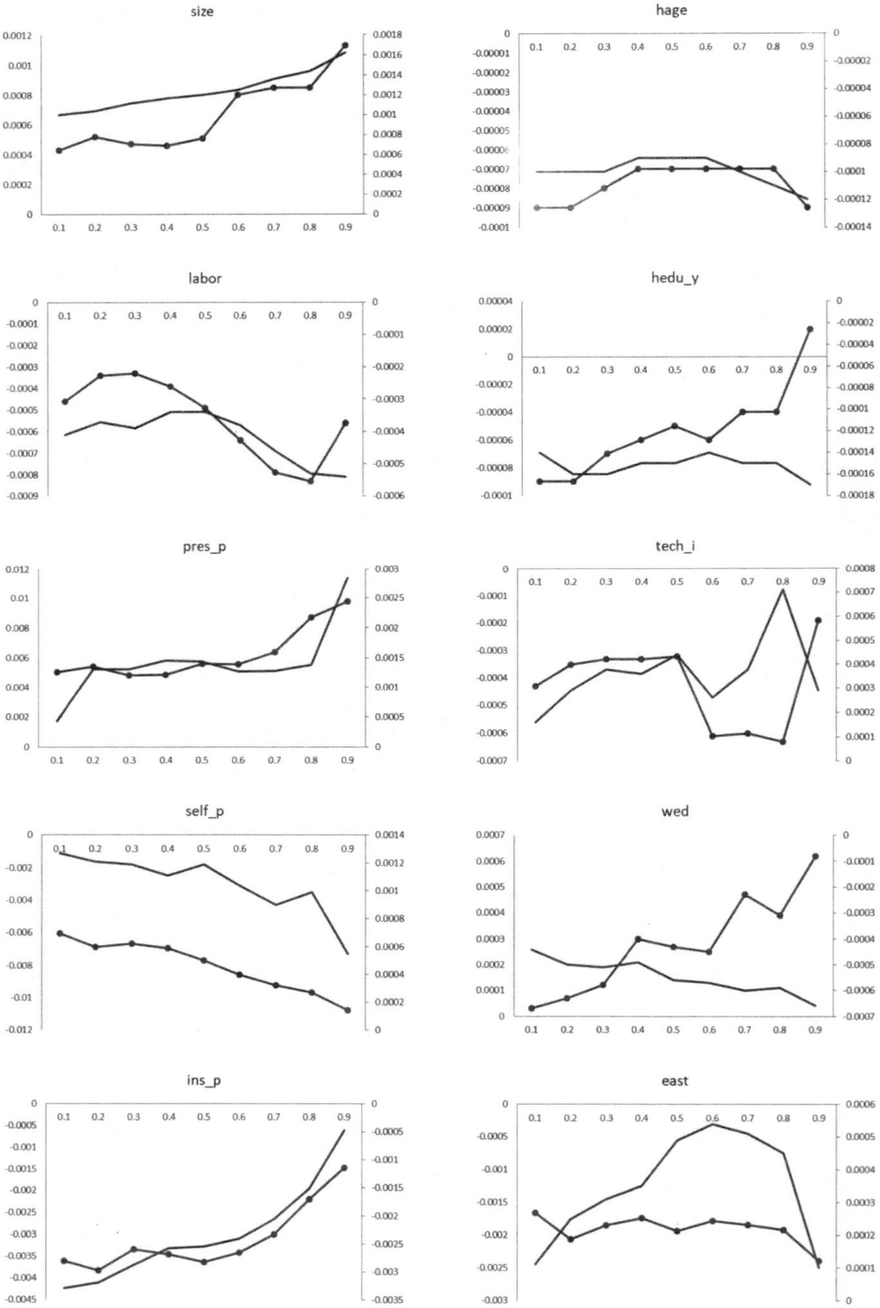

图 6－1　城乡贫困脆弱性影响因素分位数回归比较

由图 6 - 1 可知，不同影响因素在各分位上的影响变化存在差异，有的影响不断增强，有的影响不断减弱，也有的由一种变化趋势转向另一种变化趋势。同一影响因素在各分位上的影响虽然存在一定城乡差异，但大部分因素趋势接近。城乡差异较大的因素有家庭成员自雇者占比、家庭成员是否有技术管理人员、户主受教育年限、参加婚礼支出金额、东部虚变量。以家庭成员自雇者占比为例，城镇家庭折线图 x 轴下方单调递减，说明对贫困脆弱性的负向影响越来越强，农村家庭折线图在 x 轴上方单调递减，说明对贫困脆弱性的正向影响不断减弱。

6.2.1.3　主要结论

第一，城乡家庭贫困脆弱性的影响因素互有异同。劳动力数、户主受教育年限、家庭成员拥有医保者占比、户主年龄及各类物质资产变量对城乡家庭贫困脆弱性都呈负向影响。家庭规模和家庭成员诊断高血压者占比都呈正向影响。家庭成员是否有技术管理人员和家庭成员自雇者占比城乡家庭贫困脆弱性的影响相反，对城镇家庭两者均为负向影响，对农村家庭两者均为正向影响。第二，各因素的重要性各不相同。无论城乡，物质资产类因素的重要性都远超过其他因素，说明保护、维持以及增加贫困脆弱家庭的物质资产是降低贫困脆弱性的首要途径。对城镇家庭而言，体现工作人力资本的家庭成员自雇者占比和家庭成员国有单位就业者占比也列入重要性排序的第一层次。家庭成员拥有医保比例属于城乡贫困脆弱性影响因素的第二层次，说明了城乡医保制度推广的合理性。劳动力数、户主受教育年限、户主 BMI、家庭成员诊断高血压者占比、家庭成员是否有技术管理人员等人力资本类因素和参加婚礼除去金额所代表的社会资本因素在重要性排序中位列后两个层次，充分说明这些原本应该很重要的因素没有发挥应有的作用。第三，对于贫困脆弱性程度不同的家庭，各因素的影响也不一样。在城镇，各项资产总值、家庭成员自雇者占比、家庭成员国有单位工作者占比均为越高分位上影响越大的负向因素。劳动力数、家庭成员是否有技术管理人员、户主 BMI、东部这四个负向因素的影响有一定波动性，但在高分位上的影响仍总体大于低分位点。以救助高脆弱性家庭为主的政策设计可重点关注上述两大类因素。但是家庭成员拥有医保者占比、户主受教育年限均为越高分位上影响越小的负向因素，救助高贫困脆弱性家庭仍不能以与此相关的政策为主打。在农村，影响随着分位点的提高而增大的负向因素有：家用电器交通工具总值、农业机械价值、房屋评估租赁价值、治疗一次感冒费用、参加婚礼支出这五个因素均为越高分位上影响越大的负向因素。影响随着分位点提高而降低的负向因素有：医保比例、在途时间。劳动者数、户主受教育年限、家庭成员是否有技术管理人员、户主 BMI 这四个负向因素的影响虽然有一定波动，但在高分位点上影响大于低分位点。

6.2.2 多维贫困脆弱性的影响因素分析

6.2.2.1 分析方法框架

多维贫困脆弱性同时考虑了多个福利维度，相对于考虑收入维度的一维贫困脆弱性，其生成机制会有一定的特殊性。从影响因素的角度来说，某些因素可能同时会影响到家庭的一维贫困脆弱性和多维贫困脆弱性，但是影响的方向和程度未必相同，重要性也未必相同。另一些因素可能只对一维贫困脆弱性或只对多维贫困脆弱性起作用。因此有必要对多维贫困脆弱性的影响因素进行分析。分析多维贫困脆弱性影响因素，是在上一章多维贫困脆弱性测度的基础上进行的。

多维贫困脆弱性测度过程中，在不同维度贫困脆弱性的基础上进行加总，得到家庭的多维贫困脆弱性测度值，并且在给定多维贫困脆弱线 k 的情况下，对家庭是否脆弱进行判定，判定的结果会因多维贫困脆弱线 k 的取值不同而不同。虽然在多维贫困脆弱性测度对 k 所有可能取值下的家庭多维贫困脆弱状况都进行了判别。但是我们知道，k 取值太小太大都不合适，k 值越小意味碰上贫困脆弱性的标准越低，就会有越多的家庭被判别为多维贫困脆弱的家庭，但是这个在实践中没有可行性，毕竟扶贫的资源有限，只能重点救助那些贫困脆弱程度更高的家庭。反之，k 取值太大也不合适，k 取到最大值时，如果家庭还被判定为多维贫困脆弱的家庭，说明这个家庭在所有维度上都脆弱，这样的家庭还是很少见的，那么此时的多维贫困脆弱性识别也失去了应有的意义。基于上述考虑，构建多维贫困脆弱性影响因素分析模型时，以 k = 3 时家庭的多维贫困脆弱状况为被解释变量 V_i。如果家庭是多维贫困脆弱的 V_i 取值为 1，反之 V_i 取值为 0。被解释变量 V_i 是二分型变量，因此采用 logit 模型进行多维贫困脆弱性的影响因素分析。

6.2.2.2　实证分析结果

分析多维贫困脆弱性的影响因素，在第 5 章多维贫困脆弱性测度结果的基础上进行，以基于 A - F 双界线法的多维贫困脆弱性测度结果为被解释变量，对于解释变量，仍然是从家庭人口学特征、家庭资源禀赋特征、家庭风险响应策略、外部环境特征四个方面筛选。尝试多种变量组合构建模型，最终确定的模型中如表 6 - 5 所示。

表 6 - 5　　多维贫困脆弱性影响因素分析

变量类别	变量	2014 年		2016 年	
		回归系数	标准差	回归系数	标准差
—	constant	5.3254***	0.3494	5.7138***	0.3430
家庭人口学特征	size	-0.2474***	0.0174	-0.1439***	0.0174
	age	-0.0375***	0.0031	-0.0437***	0.0032
家庭资源禀赋特征	edu	-0.2921***	0.0377	-0.2694***	0.0395
	land_v	0.0000***	0.0000	0.0000	0.0000
	house_v	0.0000***	0.0000	0.0000***	0.0000
	inc_pc	-0.2246***	0.0313	-0.2813***	0.0273
	traninc	0.0000	0.0000	0.0000***	0.0000
	party_i	0.0925	0.0849	0.4024	0.1489
	giftout	-0.0229***	0.0041	0.0000***	0.0000
家庭风险响应特征	medins_p	-0.6663***	0.0873	-0.1397	0.1072
	debt	0.0000***	0.0000	0.0000***	0.0000
外部环境特征	medinst	-0.0097***	0.0076	-0.0040	0.0058

表 6 - 5 列示了 2014 年和 2016 年多维贫困脆弱性影响因素分析结果。

第一，家庭人口学特征中两个因素的影响。一是家庭规模系数为负且显著，这一点与一维贫困脆弱性影响因素的结论刚好相反。可能的解释是，规模越大的家庭消费需求越多，同时也可能处于劳动年龄的家庭成员数也多，收入和健康水平都相对较高。二是成人平均年龄系数为负且显著，这点与一维贫困脆弱性影响因素分析的结论较为一致。成人平均年龄越大，意味着家庭成员进入劳动市场的时间越长，家庭财富积累的时间也越长，拥有更多可以用于消费和应对各种风险的资源禀赋也越多。

第二，家庭资源禀赋特征中 7 个因素的影响。一是成人平均受教育程度系数为负且显著。家庭教育人力资本是决定家庭长期收入能力最重要的因素，这一点已经在无数研究中得以证明，不必做过多解释。二是体现了家庭物质资本的四个因素中，土地价值和房屋当前价值系数为负且显著，乍看不太合理，但是联想一下我国居民的支出习惯和现行土地制度就不难理解了。中国家庭普遍有房屋情节，购置房产很有可能以挤出消费为代价，现住房价值越大，意味着当初购置现住房时投入越多，同时农村房屋市场并不活跃，遭遇风险很难通过变现来应对冲击。农村土地归集体所有，不能随意买卖，并且拥有土地越多的家庭可能越依赖农业作为生计手段，消费可能也会受到影响。人均收入系数为负且显著，其道理不言自明。转移性收入系数 2014 年不显著，2016 年显著但系数不大。一方面是因为转移收入在总收入中占比不高，另外该项数据缺失较为严重也可能影响了回归效果。三是体现了家庭社会资本的两个因素中表现各异。人情礼支出系数为负且显著，这个结论与一维贫困脆弱性影响分析结果一致。虽是一个支出项，但人情礼支出却从侧面反映了一个家庭社会联系的广度，社会联系越广，在家庭遭遇风险和冲击时，越可能寻求来自社会网络的帮助。而家庭成员是否有党员系数为正且不显著，这一点与预期相反，可能的解释是农村社会网络仍主要以亲缘或朋友关系为主要载体，再加上农村组织结构相对松散，党员或干部影响力相对弱化，党员和非党员能够运用的社会资产差异并不显著。

第三，家庭风险响应特征中两个因素的影响。一是家庭成员中拥有医保者占比系数为负且显著，这点与一维贫困脆弱性影响因素的结论完全一致。因病致贫和因病返贫是当前贫困治理中的两大顽疾，而医疗保险恰恰为家庭提供了一道安全网，一旦发生疾病特别是大病风险，可以分担家庭的医疗支出，这再次证明了在农村加大医保广度和深度的紧迫性和合理性。二是非房贷金融负债系数为正且显著，但是系数较小。一方面说明负债作为一种经济负担确实增大了家庭的贫困脆弱风险，另一方面说明金融借贷作为一种正规风险响应手段，尚未在农村发挥应有的作用，究其原因还是农村正规金融普惠性不足，农村家庭在遭遇风险急需资金时并不能如愿从正规金融机构借到钱。

第四，外部环境特征的影响。作为外部环境特征唯一的代表变量，家庭离最近医疗点的距离对家庭多维贫困脆弱性没有显著影响。农村道路等基础设施不断完善，农户可选的交通工具越来越多，相应地农户出行越来越方便，到医疗点距离是否很近不能从根本上制约农户的健康状况，因而就越来越不重要了。

6.2.2.3　主要结论

对多维贫困脆弱性影响因素的 Logit 模型分析结果显示：首先，多维与一维贫困脆弱性的影响因素互有异同。不同之处在于，一方面模型中包含的变量组合不同，某些对一维贫困脆弱性影响显著的因素并未出现在多维模型中，比如体现家庭负担的抚养比，体现地域特征的东中西、沿海内地，体现工作特征的一系列变量都未出现在多维模型中。另一方面，即使两类模型都包含的因素，回归系数的符号却完全相反，比如家庭规模、房屋价值、土地价值等因素回归系数符号均与一维模型相反。相同之处就在于，两类模型确实有些共同的因素影响方向也完全一致。比如体现社会资本的人情礼支出和体现响应策略的医保因素，回归系数符号相同。其次，各因素的影响在两年间基本稳定。无论从方向还是从显著性上，2014 年模型与 2016 年模型的一致性都比较高，回归系数差别也不大，只有一两个变量出现了一年显著一年不显著的情况。

6.3 贫困脆弱性的分解

本节分别对一维和多维贫困脆弱性进行分解，对一维贫困脆弱性的分解侧重于根源分解，对多维贫困脆弱性的分解侧重于维度和地区分解。

6.3.1 一维贫困脆弱性的分解

由贫困脆弱性的生成机制，家庭在预见未来风险或风险来临时，根据自身拥有的资源禀赋及风险响应能力，采用可及的正规或非正规风险响应策略进行预防、分担或应对风险，在风险冲击不严重、或者风险冲击很大但家庭拥有足够资源禀赋和风险响应能力并且采用了合理的风险响应策略，家庭可以免于陷入贫困，反之，家庭就有很大可能性陷入贫困。可见，在整个贫困脆弱性的形成链条中，每个环节的具体因素都会对家庭的贫困脆弱性产生决定性影响。这些因素作用于贫困脆弱性的路径不外乎两种，一是影响家庭持久收入成分，也就是降低长期收入水平，二是影响暂时收入成分，也就是增大收入的波动性。二者与贫困脆弱性的关系是显而易见的，收入越低，贫困脆弱性越高，变动性越高，贫困脆弱性也越高。由此，低收入水平和高收入波动性可以归结为家庭贫困脆弱性的两大直接根源。贫困脆弱性相同的两个家庭，其贫困脆弱性的根源可能完全不同，适用的帮扶救助措施可能也会截然不同。主要由收入波动性过大引起的贫困脆弱性，事先干预措施应以减少家庭风险或分担家庭风险为主，主要由收入水平过低引起的贫困脆弱性，事先干预措施应以直接增加当期收入转移支付项目或增加长期收入能力项目为主。对贫困脆弱性的根源进行分解，有利于在扶贫政策设计中实现差别化设计，提高政策措施的针对性。

6.3.1.1 分解方法框架

贫困脆弱性根源的分解，主要通过分解家庭间的贫困脆弱性差异来实现。分解时借鉴了贫困研究中 Shapley 分解的思想，不同之处在于，贫困研究中 Shapley 分解的是贫困指标在时间上的变化。而贫困脆弱性根源分解中分解的是家庭贫困脆弱性与平均贫困脆弱性的差异。整个分解过程分三步实现：

第一步，虚拟一个平均家庭，其平均收入为所有家庭预测收入的平均水平，用 μ_m 表示，其收入方差为所有家庭预测方差的平均水平，具体做法是选择一个参照家庭，其平均收入相当于所有家庭预测收入的平均水平 μ_m，其方差也相当于所有家庭预测方差的平均水平，用 σ_m^2 表示，此虚拟平均家庭的贫困脆弱性 V_m 应该与所有家庭贫困脆弱性的平均水平非常接近。

第二步，把每个家庭的贫困脆弱性与 V_m 的离差进行分解。如前所述，家庭的一维贫困脆弱性常用测度 V_{ep_α} 由家庭未来收入的分布及贫困线标准决定，为了简洁起见，将家庭 h 的贫困脆弱性表示为贫困线、收入均值和收入方差的函数，即：

$$V_h = V(z, \mu_h, \sigma_h^2) \tag{6-6}$$

又因为贫困线对所有家庭都相同，可将其进一步简写为：

$$V_h = V(\mu_h, \sigma_h^2) \tag{6-7}$$

进而，家庭 h 与平均家庭的贫困脆弱性离差为：

$$V_h - V_m = V(\mu_h, \sigma_h^2) - V(\mu_m, \sigma_m^2) \tag{6-8}$$

接下来的分解采用的仍然是一种反事实的思想，为家庭 h 构造两个与之匹配的虚拟家庭。一个家庭收入均值与家庭 h 相同，但方差与平均家庭相同，其贫困脆弱性为：

$$V_{hm} = V(\mu_h, \sigma_m^2) \tag{6-9}$$

另一个家庭收入均值与平均家庭相同，而方差与家庭 h 相同，其贫困脆弱性为：

$$V_{mh} = V(\mu_m, \sigma_h^2) \tag{6-10}$$

借鉴林伯强（2003）进行贫困分解时的做法，有三种计算公式可供选择：

$$V_h - V_m = (V_{hm} - V_m) + (V_h - V_{hm}) \tag{6-11}$$

$$V_h - V_m = (V_h - V_{mh}) + (V_{mh} - V_m) \tag{6-12}$$

$$V_h - V_m = (V_{hm} - V_m) + (V_{mh} - V_m) + R \tag{6-13}$$

三个公式中，都是用等式右边第一项刻画均值差异的影响，简称为水平效应。第二项刻画方差差异的影响，简称为变动效应。式 6 – 11 中，计算水平效应时将方差固定在平均家庭上，而在计算变动效应时将均值固定在家庭 h 上。式 6 – 12 刚好相反，计算水平效应时将方差固定在家庭 h 上，计算变动效应时将均值固定在平均家庭上。前两个公式中，两种效应之和等于总变差，达到完全分解，但分解结果会因分解时将均值或方差固定在家庭 h 上还是固定在平均家庭上而不同。式 6 – 13 中，计算水平效应和变动效应时，都将另一个参数固定在平均家庭上，不存在路径依赖问题，但是两种效应之和不等于总变差，未能实现完全分解。为了克服三个公式的局限性，本书采用了一个折衷的公式：

$$V_h - V_m = [(V_{hm} - V_m) + (V_h - V_{mh})]/2 + [(V_h - V_{hm}) + (V_{mh} - V_m)]/2 \tag{6-14}$$

实际上这个折衷公式是将式 6 – 11 和式 6 – 12 中的水平效应和变动效应取了平均。也就是说，计算水平效应时，同时将方差固定在平均家庭和家庭 h 上加以计算，并将计算结果取平均，计算变动效应时也是同样处理方法。这样即解决了路径依赖问题，也能实现完全分解。

第三步，在对每个家庭的贫困脆弱性分解的基础上，在总体和子群层面上进行汇总，进而得到不同类型家庭贫困脆弱性的主要根源。

6.3.1.2 实证分解结果

分解家庭脆弱性的根源，平均家庭的设定非常关键。按照前面对平均家庭的界定，应该计算所有家庭的均值和方差的均值为平均家庭赋值，但是这种处理极易受极端值影响。为了消除极端值的影响，考虑了两种设定平均家庭的方法，第一种设定方法较为简单，计算所有家庭均值和方差的中位数为平均家庭赋值，这种方法确实能够消除极端值的影响，但是用均值和方差的单个中位数为平均家庭赋值，也存在一定的偶然性。第二种设定方法比较麻烦但更稳健。先计算所有家庭贫困脆弱性的切尾均值以消除极端值的影响，这里选择首尾各切10%；然后筛选贫困脆弱性水平与该切尾均值接近的家庭，给定一个变动区间，只要是贫困脆弱性这个区间内的家庭都纳入进来作为平均家庭群；最后计算平均家庭群内所有家庭的收入和方差的平均数为平均家庭赋值。这种处理方法确实繁琐，但是由此设定的平均家庭既避免了贫困脆弱性极端值的影响，又避免了选用单个方差均值的偶然性。

确定了平均家庭的设定方法以后，接下来的分解过程仍然在运用CHNS四轮数据测算出来的2011年家庭贫困脆弱性 V_{ep_2} 基础上进行。按照前述的分解方法框架，得到每个家庭的贫困脆弱性分解结果以后，在年龄、家庭负担、教育程度、职业特征不同的群体中进行汇总，得到不同类别家庭贫困脆弱性的主要根源，汇总整理结果如表6－6至表6－10所示。

表6－6　　城乡贫困脆弱性分解结果

范围	总离差	水平效应	变动效应
城镇	0.00050	－0.00068	0.00117
农村	0.00165	0.00124	0.00041

表6－6列示了按城乡汇总的贫困脆弱性分解结果。均值和方差与贫困脆弱性分别呈负向和正向关系。方差一定的情况下，均值越大的家庭贫困脆弱性越低。反之，均值一定的情况下，方差越大的家庭贫困脆弱性越高。一个家庭贫困脆弱性分解结果如果显示水平效应为负，说明这个家庭因均值高于平均家庭而使其贫困脆弱性低于平均家庭，进而引起负向离差。同样道理，如果变动效应为正，说明这个家庭因方差高于平均家庭而使其贫困脆弱性也高于平均家庭，进而引起正向离差。如果总离差为正，说明该家庭的正向效应高于负向效应。各子群的贫困脆弱性分解结果由家庭贫困脆弱性分解结果汇总而来。如果一个子群中水平效应或变动效应为正，说明该子群中正向水平效应和正向变动效应的家庭占了主导，反之亦然。家庭贫困脆弱性汇总得到的各种类型家庭的则在家庭脆弱性分解结果

基础上汇总出来的子群水平或变动效应为正，则意味着该子群中正向水平效应和正向变动效应的家庭占据该子群的主体，反之亦然。例如，城镇变动效应为 0.0012，城镇样本中方差高于平均家庭的家庭居多，因此总的来讲出现了正的变动效应。城镇水平效应为 -0.0007，说明城镇样本中均值高于平均家庭的家庭居多，因此总的来讲出现了负的收入效应。城镇家庭水平效应和变动效应方向相反，相互抵消了一部分。农村家庭水平效应和变动效应均为正向，二者共同使农村家庭脆弱性远高于平均家庭，还要格外注意的一点是，农村家庭水平正向效应占据主体，说明农村的贫困脆弱性问题仍然以收入水平较低为主要根源。

表 6-7　　不同年龄组的贫困脆弱性分解结果

不同年龄组	城镇			农村		
	总离差	水平效应	变动效应	总离差	水平效应	变动效应
45 岁以下	-0.00020	-0.00089	0.00069	0.00207	0.00118	0.00089
45—55 岁	-0.00026	-0.00118	0.00092	0.00107	0.00072	0.00034
55—65 岁	0.00104	-0.00034	0.00138	0.00153	0.00126	0.00026
65 岁以上	0.00322	0.00060	0.00262	0.00278	0.00280	-0.00002

户主年龄是研究家庭福利时最常用的人口学变量之一，分组时经常以 25 岁、35 岁、45 岁、55 岁、65 岁为分组界限。但是本书样本是连续参加后四轮调查的家庭，随着时间的推移，户主年龄也在不断增加，初步统计发现，户主年龄在 35 岁以下的家庭比例极低，因此去掉 25 岁、35 岁两个组限，将样本划分为 4 个年龄组。表 6-6 分别列示了城镇和农村不同年龄组的贫困脆弱性分解结果。贫困脆弱性分解结果呈现出显著的生命周期特征。在城镇，总离差最低的 45—55 岁组到总离差最高的 65 岁以上组，负向收入效应逐渐减弱直至转为正向效应，与此同时正向的变动效应逐渐增强，而且正向变动效应占主导。说明随着家庭收入变动性随户主年龄不断加大。在农村，各年龄组的总离差均为正，从总离

差最低的 45—55 岁组到总离差最高的 65 岁组，正向水平效应逐渐增强，同时正向变动效应逐渐减弱，说明随着年龄的增长，收入低于平均家庭的家庭渐渐占据主导。

表 6 – 8　　　　不同家庭负担组的贫困脆弱性分解结果

不同家庭负担组	城镇			农村		
	总离差	水平效应	变动效应	总离差	水平效应	变动效应
低负担组	-0.00021	-0.00119	0.00099	0.00007	0.00067	-0.00061
中等负担组	0.00026	-0.00064	0.00089	0.00137	0.00108	0.00029
高负担组	0.00114	-0.00064	0.00178	0.00329	0.00199	0.00130

表 6 – 8 列示了不同家庭负担组的贫困脆弱性分解结果。刻画家庭负担最常用的指标是抚养比，即家庭中非劳动年龄人口数与劳动年龄人口数之比。划分不同家庭负担组时，选择全国平均抚养比和一两个点作为组限分为低负担组、中等负担组、高负担组。城乡各组均呈现出负担越重、贫困脆弱性越严重的规律。城镇各组都是两种效应方向相反，但是只有低负担组负向水平效应占优，总离差为负，其他都是正向变动效应占优。农村低负担组水平和变动效应方向相反但正向变动效应占优。中高负担组两种效应均为正向且水平效应为主。可见，城镇中高负担组变动效应为主导，而农村中高负担组水平为主导。

表 6 – 9　　　　不同教育程度组的贫困脆弱性分解结果

不同教育程度组	城镇			农村		
	总离差	水平效应	变动效应	总离差	水平效应	变动效应
文盲组	0.00126	0.00012	0.00114	0.00306	0.00296	0.00010
小学组	0.00265	0.00067	0.00197	0.00198	0.00165	0.00033
初中组	0.00224	-0.00046	0.00270	0.00143	0.00093	0.00051
高中组	-0.00093	-0.00127	0.00034	0.00052	-0.00014	0.00066
大学及以上组	-0.00228	-0.00201	-0.00026	-0.00285	-0.00292	0.00008

表6－9列示了不同教育程度组的贫困脆弱性分解结果。按教育程度依然采用户主受教育程度这个变量，分为文盲、小学、初中、高中、大学及以上五个组。在城镇，总离差为正的有三组，依次是小学组、初中组和文盲组。文盲组和小学组水平和变动效应均为正，而且均以变动效应为主导。初中组水平效应为正，变动效应为负，说明初中组因均值高于平均家庭的家庭占主导而产生了负向的水平效应，又因方差高于平均家庭的家庭同样占了主导从而产生了正向的变动效应，正向变动效应大于水平效应，因此两相抵消后初中组总离差为正，即初中组整体的贫困脆弱性水平高于平均家庭。总离差为负的有两组，依次是大学组和高中组。高中组水平效应和变动效应方向相反，负向水平效应占优。大学组水平效应和变动效应均为负向，且水平效应为主。在农村，总离差为正的有四组，依次是文盲组、小学组、初中组、高中组。前三组都是水平效应和变动效应同为正向，且水平效应为主。高中组水平效应和变动效应方向相反，且正向变动效应占优。总离差为正的只有大学组，该组水平和变动效应方向相反且负向水平效应占优。

总的来讲，按教育程度汇总的贫困脆弱性分解结果充分体现了教育降低贫困脆弱性的作用，随着教育程度提高，总离差逐渐从正向转向负向，说明相应组的贫困脆弱性水平逐渐由高于平均家庭到低于平均家庭。按教育程度汇总的贫困脆弱性分解结果也同时提示了教育对贫困脆弱性影响的城乡差异。首先，农村不同教育程度组分解结果的变化的主要特征是正向水平效应不断降低直至转负，说明教育主要通过增加收入来降低农村家庭贫困脆弱性。城镇的主要特征却是以正向变动效应不断降低直至转负的过程中还伴随着收入效应的由正转负，说明教育能够通过增加收入和减少变动性的方式降低农村贫困脆弱性。其次，城镇总离差由正转负发生在高中段，且初中段水平效应就已为负。而农村总离差由正转负发生在大学段，高中段才出现微弱的负向水平效应。这说明农村的教育收益率低于城镇，达到贫困脆弱性变化的转折点更难。可能的原因是农村教育仍以高考为指挥棒，那些没能考上大学的人掌握的知识难以直接服务于农业生产，也就没办法转化为生产力带来应有的收益。

表 6－10 不同职业特征组的贫困脆弱性分解结果

不同职业特征组	城镇			农村		
	总离差	水平效应	变动效应	总离差	水平效应	变动效应
全自雇组	-0.00010	-0.00084	0.00074	0.00264	0.00230	0.00033
部分自雇组	-0.00012	-0.00096	0.00084	0.00069	0.00022	0.00048
无自雇组	0.00071	-0.00061	0.00132	-0.00081	-0.00142	0.00061

表 6－10 列示了不同职业特征组的贫困脆弱性分解结果。第 3 章中，由 CHNS 中的单位性质、单位规模、工作地位三个变量出发，加工和匹配出 15 个工作人力资本变量，涵盖了国有部门、公共部门、从业方式、单位规模等多个方面的信息。其中，在构建收入 DGP 模型时和贫困脆弱性影响因素分析时，家庭成员自雇者占比都被筛选为显著因素。而其他的工作类人力资本变量，要么不够显著，要么不能通用于城乡。因此，划分不同职业特征组选择家庭成员自雇者占比为分组变量，分为 1，0—1，0 三组，命名为全自雇组、部分自雇组、无自雇组。按职业特征汇总的贫困脆弱性分解结果中，城乡之间几乎没有什么共同特征。在城镇，总离差为负的有全自雇组和部分自雇组，两组水平效应和变动效应方向相同，且负向水平效应占优。总离差为正的无自雇组，两种效应方向相反，但正向变动效应占优。在农村，除无自雇组负向变动效应占优以外，全自雇组和部分自雇组均是两种效应同为正向，且水平效应为主。此外，城乡各组都呈现出正向变动效应随自雇比例下降而上升的规律，说明自雇方式对降低家庭收入的波动性有一定作用。

为了更加直观地观察和分析不同类型家庭组贫困脆弱性根源，将按年龄、家庭负担、教育、职业汇总的贫困脆弱性分解结果画在图 6－2 中，其中总变差用折线图表示，水平效应和变动效应分别用白色和绿色柱状图表示。

6.3.1.3 主要结论

第一，收入与脆弱性呈反向变动关系，即收入越高，贫困脆弱性越低。变动性与脆弱性呈正向变动关系，即变动性越高，贫困脆弱性也越

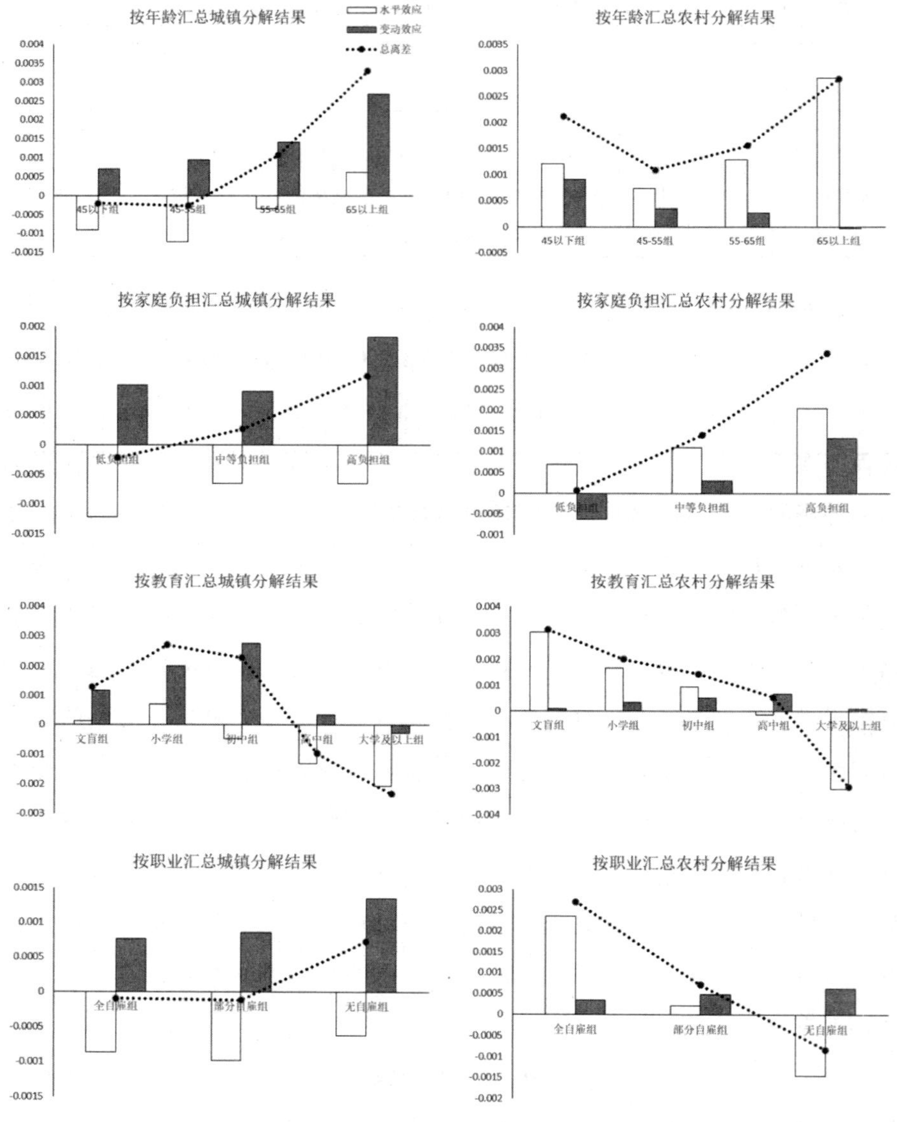

图 6-2 不同特征下的贫困脆弱性分解

高。贫困脆弱性相同或相近的家庭，其贫困脆弱性的根源可能完全不同，有的因低收入水平而脆弱，有的因高收入变动性而脆弱。第二，总的来讲，城镇家庭贫困脆弱性主要源于高收入变动性，而农村家庭贫困脆弱性主要源于低收入水平。第三，在城镇，按年龄划分的 65 岁以上组、按家庭负担划分的高负担组、按教育划分的小学组、按职业划分的无自雇组，都是贫困脆弱性最高的组，这些组共同的特征都是正向的变动效应占了主导。第四，在农村，贫困脆弱性最高的组是按年龄划分的65岁以上组、按家庭负担划分的高负担组、按教育划分的文盲组、按职业划分的全自雇组，其共同特征都是正向的收入效应占了主导。

在降低贫困脆弱性的扶贫政策措施设计中可参考上述结论。农村扶贫政策措施应以提高收入水平为主要目标，包括直接增加现金收入的转移支付项目，直接减少支出的减免税费项目，间接增加长期收入能力的增加教育投入项目和组织培训项目。城镇扶贫政策措施的设计要更复杂一些，对于贫困脆弱性程度最高的家庭仍应以提高收入水平为主要目标。对于其他家庭则应以降低收入变动性为主要目标，不但要大力推进医疗保险、养老保险、最低生活保障等社会保障制度，还应推动人们认识和购买商业保险以达到更全面的保障。特别值得注意的是，教育是提高人力资本获取长期收入能力的一个最根本的手段，相对于其他的扶贫政策措施而言，见效较慢但效果却最长久。但是在贫困脆弱性分解过程中注意到一个现象，农村总离差线由正转负发生在大学段，而城镇总离差线由正转负发生在高中段，这充分说明农村教育收入率远低于城镇，达到转折点难度更大。因此应下大力气提高农村初高中教育质量，从根本上提高农村学生的大学录取率，同时还要出台相应的帮扶措施，保证考上大学的农村学生也能上得起学。

6.3.2　多维贫困脆弱性的分解

A－F 双界线法的一个突出特点是具有可分解性，利用这一特性，可以对多维贫困脆弱性指数进行分解，从而分析各省份及各因素对多维贫困脆弱性指数的影响，为相应的政策设计提供一定的参考。

6.3.2.1　分解方法框架

先在不同子群上进行多维贫困脆弱性指数的分解，再在不同维度上进行多维贫困脆弱性指数的分解，分解过程分五步走。

第一，把 n 个样本按某个变量分为 p 个子群，每个子群的样本量为 n_d。把多维贫困脆弱性指数按下面公式写成各子群的加权和：

$$M(k)=\frac{\sum_{i=1}^{n}c_i(k)}{nm}=\frac{1}{n}\sum_{i=1}^{n}\left[\frac{1}{m}\sum_{j=1}^{m}\omega_j g_{ij}\right]=\sum_{d=1}^{p}\frac{n_d}{n}\left[\frac{1}{n_d m}\sum_{j=1}^{m}\omega_j g_{ij}\right]$$

$$=\sum_{d=1}^{p}\frac{n_d}{n}M_d(k) \qquad (6-15)$$

其中，$M_d(k)$ 为子群 d 的多维贫困脆弱性指数，$\frac{n_d}{n}$为子群 d 在总样本中的权重。

第二，计算子群 d 在多维贫困脆弱性指数中的贡献率：

$$\beta_d=\frac{\frac{n_d}{n}M_d(k)}{M(k)} \qquad (6-16)$$

第三，按照类似的思路，将多维贫困脆弱性指数写成各维度的加权和：

$$M(k)=\frac{\sum_{i=1}^{n}c_i(k)}{nm}=\sum_{j=1}^{m}\frac{\sum_{i=1}^{n}g_{ij}}{nm}=\sum_{j=1}^{m}M_j(k) \qquad (6-17)$$

其中，$\frac{\sum_{i=1}^{n}g_{ij}}{nm}$表示的是维度 j 的多维贫困脆弱性指数。

第四，计算维度 j 对多维贫困脆弱性指数的贡献率。

$$\beta_j=\frac{\frac{\sum_{i=1}^{n}g_{ij}}{nm}}{M(k)}=\frac{\frac{\sum_{i=1}^{n}g_{ij}}{nm}}{\frac{\sum_{i=1}^{n}c_i(k)}{nm}} \qquad (6-18)$$

6.3.2.2 实证分解结果

多维贫困脆弱性分解仍然在第 5 章多维贫困脆弱性测度的基础上进行，多维贫困脆弱性仍然选择 k = 3。按省份和维度分解的结果如表 6 - 11、表

6－12、表6－13所示。

表6－11　　2014年多维贫困脆弱性指数按省份分解

东部			中部			西部		
省份	多维贫困脆弱性指数	贡献率	省份	多维贫困脆弱性指数	贡献率	省份	多维贫困脆弱性指数	贡献率
天津	0.2796	0.0043	山西	0.2564	0.0706	广西	0.1897	0.0225
河北	0.1951	0.0479	吉林	0.2162	0.0193	重庆	0.2409	0.0113
辽宁	0.2678	0.0863	黑龙江	0.2831	0.0230	四川	0.2999	0.0783
上海	0.3044	0.0379	安徽	0.2673	0.0225	贵州	0.2108	0.0400
江苏	0.2418	0.0090	江西	0.1821	0.0190	云南	0.2723	0.0431
浙江	0.2425	0.0132	河南	0.1853	0.0911	陕西	0.2789	0.0253
福建	0.2653	0.0108	湖北	0.2287	0.0117	甘肃	0.2232	0.1581
山东	0.2044	0.0474	湖南	0.2504	0.0316			
广东	0.2466	0.0757						

表6－12　　2016年多维贫困性指数按省份分解

东部			中部			西部		
省份	多维贫困脆弱性指数	贡献率	省份	多维贫困脆弱性指数	贡献率	省份	多维贫困脆弱性指数	贡献率
天津	0.2810	0.0041	山西	0.2367	0.0493	广西	0.2749	0.0289
河北	0.2156	0.0543	吉林	0.2652	0.0156	重庆	0.2786	0.0079
辽宁	0.2532	0.0866	黑龙江	0.2089	0.0158	四川	0.3434	0.0590
上海	0.2932	0.0298	安徽	0.3059	0.0207	贵州	0.3052	0.0520
江苏	0.3246	0.0140	江西	0.2859	0.0315	云南	0.3148	0.0500
浙江	0.2918	0.0141	河南	0.2063	0.0933	陕西	0.2297	0.0198
福建	0.3313	0.0148	湖北	0.3143	0.0140	甘肃	0.2725	0.1910
山东	0.2109	0.0491	湖南	0.2387	0.0266			
广东	0.2650	0.0576						

表6－11、表6－12列示了2014年和2016年多维贫困脆弱性指数按省份分解的结果。第一，对多维贫困脆弱性指数的贡献率存在地区差异。东部地区两年的贡献率分别为33.25%、32.45%，中部地区贡献率分别为

28.88%、26.69%，西部地区贡献率分别为37.87%、40.86%。两年间三个地区的贡献率只有小幅变化，份额基本稳定。西部地区贡献率最大，与预期相符，西部地区由于经济、社会和自然环境的天然劣势，始终是我国扶贫工作的重点区域。东部地区贡献率高于中部，这一点给扶贫工作敲了警钟，我国扶贫政策一直重点关注中西部地区并且取得了很好的成效，对东部地区的重视不足。东部虽然有着经济、社会和地理优势，但人口相对密集、经济快速增长带来的环境污染、城市化引起的农村空置等问题都使东部地区农村的贫困问题更加复杂，需要出台更细致的政策加以应对。第二，各省份的贡献率差异很大，与所处位置有一定关系但不完全相关。贡献率最高的甘肃达到19%，辽宁、河南的贡献率都在8%以上，而贡献率低的省份如天津、江苏、浙江、福建、重庆、吉林不足2%。贡献率最低的几个省份大部分在东部地区，如天津、江苏、浙江、福建，但东部地区省份的贡献率也并不都那么低，如辽宁的贡献率两年都在8%以上，广东2014年贡献率也达到了7.6%。中西部地区虽然整体贡献率最高，但也有贡献率较低的省份，如吉林和重庆贡献率也低于2%。第三，从动态上看各省份贡献率比较稳定，两年之间贡献率变化很大的省份不多。说明各省份的多维贫困脆弱性有一定的持续性，相应的扶贫政策设计也应着眼于长远，对贡献率较高的省份，可以根据其经济、地理、自然环境的特殊性设计有针对性的政策。

表6-13　　多维贫困脆弱性指数按维度分解

指标	贡献率		维度	贡献率	
	2014年	2016年		2014年	2016年
人均消费对数	0.7884	0.7805	消费	0.7884	0.7805
成人BMI不正常者占比	0.0545	0.0576	健康	0.2116	0.2195
成人自评健康状况不佳者占比	0.0423	0.0209			
成人慢性疾病者占比	0.0315	0.0719			
家庭离最近医疗点距离	0.0700	0.0592			
家庭做饭主要用水	0.0133	0.0100			

表 6－13 列示了多维贫困脆弱性指数按维度分解的结果。第一，在多维贫困脆弱性指数中，消费维度仍占了主体。两年的贡献率均接近 80%，说明消费贫困依然是农村扶贫工作的重点。当前扶贫工作仍偏重增加农户的收入，收入固然重要，低收入家庭消费能力和水平都十分有限。但是也要看到，相当多的农村家庭即使收入没那么低而且拥有一些物质资产的时候仍然维持在较低的消费水平上。未来农村扶贫工作，除了关注提升农村家庭的收入也要有针对性地推动农村家庭的消费需求。第二，健康维度贡献率不高，维度内部各指标间的贡献率差异较大。家庭离最近的医疗点距离和成人 BMI 不正常者占比贡献最大，均占健康维度贡献率的 1/4 以上。这说明以降低健康贫困脆弱性为主要目标的干预措施也重点关注这两方面。一方面，通过培训讲座或提供营养膳食补贴计划等方式，帮助脆弱农户建立良好的饮食和生活习惯，另一方面，推动医疗基础设施建设，让农村家庭的健康更有保障。第三，从动态上看各维度贡献率比较稳定，但健康维度内各指标贡献率在两年间变化较大。消费维度与健康维度的贡献率仅有 0.79% 的此消彼涨。健康维度内，除成人 BMI 不正常者占比的贡献率仅提高 0.33% 和家庭做饭主要用水仅降低 0.31% 以外，其他指标贡献率变化都很大。比如成人慢性疾病者占比的贡献率由 2014 年的 3.15% 提高到 7.19%，这提醒我们扶贫工作中要对有慢性病患者的家庭预先有所关注。

第7章　社会保障制度的防贫效应评估

资源禀赋不同的家庭在遭遇风险时会采用不同的风险响应策略。越是贫困脆弱性程度高的家庭，越可能由于自身可动用的资源有限而缺乏有效的风险响应策略，对于来自政府的正规风险响应策略的依赖程度也会更高，这类正规响应策略的主体是以社会保障制度为主的公共政策所构建的社会安全网，在风险来临时候起到阻挡和隔断的作用，保护家庭免于陷入贫困。党的十六大以来，我国政府更加关注民生，不断强化社会保障制度建设，建立了社会养老保险制度、新型农村社会养老保险制度、城镇居民基本医疗保险制度、新型农村合作医疗制度、城乡医疗救助制度、农村最低生活保障制度，并且在实践的过程中不断完善这些制度，使越来越多的民众得到实惠和安定。特别地，2015 年的中央扶贫工作会议中提出“五个一批”工程，强调了社会保障体系在脱贫攻坚阶段的兜底作用。

学者们从多个角度多个层次对各项政策的扶贫效果进行了探讨。张川川等（2015）认为农村老年人通过领取新型农养老保险的养老金，保障了一定的消费水平，减少了外出劳作，提升了幸福感，并且降低了贫困发生率。程令国等（2013）认为新农保减少了农村老年人对子女经济上的依赖，对其居住和养老模式产生了一定的影响。方黎明（2013）等考察了不同地域的新型农村合作医疗和医疗救助制度，发现二者确实减轻了农户的医疗费用负担。齐良书（2011）则从宏观视角利用全国面板数据研究新农合制度的效果，发现新农合降低了各省的贫困率，而且对中低收入家庭收入起到显著的正向作用。李实等（2009）研究发现，低保缓解了城市贫困，但对缩小收入差距无效。文雯（2015）利用借助CHIP数据研究发现低保对城镇减贫成效显著，在低保救助下脱贫的城镇家庭比例大幅提高。

然而上述研究大都只关注各项公共政策对当前贫困的影响，忽视了对减贫效果持久性的评估。正如我们一直强调的，今天的贫困不等于明天的贫困，公共政策效应评估不应仅仅局限于检验其救助当前贫困的效果，还应该关注这些政策是否有效地降低了家庭未来贫困的风险，即检验其是否能够降低贫困脆弱性，有效地预防贫困。中国的贫困仍然主要集中在农村，本部分将以新型农村社会养老保险和农村最低生活保障为例分析社会保障制度的防贫效应。

7.1 新农保的防贫效应分析

在中国老龄化问题日趋突出、老龄人口比重迅速增加的历史背景下，老年人口特别是老年贫困人口的养老问题日益突显，为了改善和保障老年人口的生活，我国政府一直在不断尝试。新型农村社会养老保险（简称“新农保”）就是由政府组织实施的社会养老保险制度，目的是保障农村老年人基本生活，筹资方式是个人缴费、集体补助、政府补贴相结合，包括基础养老金和个人账户养老金两部分。2009年9月开始试点，之后逐步铺开，到2020年基本实现全覆盖。新农保对于提高农村老年人生活水平、破解城乡二元结构、扩大内需都有重要的作用。虽然新农保现阶段保障力度还不高，但仍在一定程度上增加了农村老年人的消费能力、缓解了家庭负担，提高了生活质量。长久以来的城乡二元结构使城乡差距越来越大，建立与城镇居民基本养老保险筹资方式相似的农村居民养老保险，有利于缩小城乡差异，减少劳动力流动障碍，促进城乡一体化。很自然的，随着社会保障水平提高、收入增加和未来不确定因素的降低，农村居民一起被抑制的消费需求会得到释放，客观上必然会起到刺激内需的作用。

在新农保政策不断推进的过程中，多位学者对新农保政策的政策效果进行了研究，但这些研究多关注新农保政策减少当前贫困的效果，对其能否显著降低农村家庭甚至农村老年人口的贫困脆弱性的研究还很少见。比如，范辰辰等（2014）研究发现，由于养老金收入会随年龄增长，新农保的政策对农村老年人口的减贫增收效果更为显著。王旭光等（2016）却认为新农保对于改善农村老年人生活品质的作用并不明显。郑研辉（2017）发现新农保增加了代际间私人转移支付。张川川等（2014）却认为指出新农保挤出了私人转移支付。樊丽明等（2014）探讨了公共转移支付对不同贫困动态的城乡居民家庭贫困脆弱性的影响，但并没有对新农保的影响进行专门的研究。本节将运用 CFPS 微观面板数据，研究新农保对农村家庭贫困脆弱性的政府效应。

7.1.1 分析方法框架

考虑到多维贫困脆弱性测度依然处于尝试阶段，关于维度选择和指标合成等方面都还不很成熟，研究新农保对农村家庭贫困脆弱性的影响仍采用一维贫困脆弱性测度结果。另外，后文构建分析模型时，需要用到家庭多于一年的贫困脆弱性测度结果，因此这里选择用截面数据测度期望贫困脆弱性 V_{ep_α}，并且为了分析的方便舍弃 V_{ep_1} 和 V_{ep_2}，仅以含义更加直观的 V_{ep_0} 作为模型的被解释变量。测度截面数据基础上的 V_{ep_0} 分八个步骤完成：

第一步，构建家庭人均收入对家庭各种内部外部特征的回归模型。

$$\ln w_h = X_h\beta + e_h \tag{7-1}$$

第二步，计算残差 e_h，与家庭特征做构建回归模型 7－2，用 OLS 得到 $\hat{\theta}_{ols}$。

$$\hat{e}^2_{ols,h} = X_h\theta + \eta_h \tag{7-2}$$

第三步，在模型 7－2 两边同时除上估计值 $X_h\hat{\theta}_{ols}$，模型变换为：

$$\frac{\hat{e}^2_{ols,h}}{X_h\hat{\theta}_{ols}} = \left[\frac{X_h}{X_h\hat{\theta}_{ols}}\right]\theta + \frac{\eta_h}{X_h\hat{\theta}_{ols}} \tag{7-3}$$

第四步，再用 OLS 估计模型 7-3，得到的回归参数 $\hat{\theta}_{FGLS}$。

第五步，在模型 7-1 两边同时除上 $\hat{\sigma}_{e,h}=\sqrt{X_h\hat{\theta}_{FGLS}}$，模型变换为：

$$\frac{\ln c_h}{\hat{\sigma}_{e,h}}=\left(\frac{X_h}{\hat{\sigma}_{e,h}}\right)\beta+\frac{e_h}{\hat{\sigma}_{e,h}} \tag{7-4}$$

第六步，用 OLS 估计模型 7-4 得到的回归参数得到 $\hat{\beta}_{FGLS}$。

第七步，将 $\hat{\beta}_{FGLS}$和 $\hat{\theta}_{FGLS}$代入期望和方差的估计方程，就得到了 $\ln c_h$ 和 $\sigma^2_{e_h}$的估计值作为未来收入均值和方差的估计值。

第八步，代入 V_{ep_α}，得到家庭 h 的消费维度贫困脆弱性，其中只取$\alpha=0$。

分析新农保对农村家庭贫困脆弱性的政策效应，采用固定效应面板模型。在进行 CFPS 数据加工和匹配的过程中发现，有些非常适合本书研究内容的变量数据缺失比较严重，如果硬要保留就要损失过多的样本量，所以只能舍弃。但是在进行实证研究时就会遇到某些可能有显著影响的因素没有合适的代表变量可以引入模型，进而产生遗漏变量问题。而面板数据固定效应模型在控制不随时间变化的未观测变量的影响方面有较好的效果。

$$V_{ht}=\beta_0+\beta_1 rins+\gamma X_{ht}+u_i+\lambda_t+e_{it} \tag{7-5}$$

其中，V_{ht}是家庭 h 第 t 期的贫困脆弱性，$rins$ 是家庭 h 第 t 期参加新农保情况，具体来讲就是家庭成员参加新农保者占比。X_{ht}是家庭 h 第 t 期的各项内部外部特征，u_i 是个体固定效应项，λ_t 是时间固定效应项。

7.1.2　实证分析结果

研究新农保对农村家庭贫困脆弱性的政策效应，采用 CFPS 数据，主要是考虑到 CFPS 基本上属于全国样本，代表性要强于只调查 9—12 个省份的 CHNS 数据。CFPS 目前已经发布到 2018 年这一轮，但是目前 2018 年调查数据尚未发布完整。因此决定由 2014 年和 2016 年的数据筛选面板数据。筛选过程是：首先，剔除城镇户口家庭，对于那种家庭成员一部分城镇户口一部分农村户口的家庭也同时剔除。其次，家庭参加新农保的情况是我们此项研究的关键变量，为了防止样本干扰，将家庭成员参保了其他类型养老保险的家庭剔除。最后，剔除关键变量缺失的家庭，并且在此基础上筛选两轮都参与调查的家庭构成面板，最终得到一个4256个家庭的两期农村面板数据。

首先，从家庭人口学特征、家庭资源禀赋特征、家庭风险响应策略特征、外部环境特征等方面筛选变量，构建家庭人均纯收入对数的均值和方差模型。尝试多种变量组合之后，最终确定模型包含以下变量：家庭人口学特征方面选择了家庭规模、家庭成员平均年龄和年龄平方、抚养比。家庭资源禀赋特征方面，选择了体现教育人力资本的成人平均受教育程度、体现健康人力资本的家庭成员自评不健康者占比、体现工作人力资本的家庭成员是否有自营者、体现物质资本的农业机械价值、体现社会资本的家庭中是否有党员。家庭响应策略特征方面，选择了家庭成员拥有医保者占比。外部环境特征方面，选择了村内各类基础设施数量、东部地区、沿海地区。2014年和2016年家庭收入均值方差模型的FGLS估计结果如表7－1所示，表中每个单元格上面是参数估计值，下面是标准差。另外，2016年未发布社区数据，但是考虑到社区变量在两年间不会有太大变化，2016年的社区变量参照2014年。

表7－1　　农村FGLS估计结果

变量类别	变量	2014年		2016年	
		$\hat{\beta}_{FGLS}$	$\hat{\theta}_{FGLS}$	$\hat{\beta}_{FGLS}$	$\hat{\theta}_{FGLS}$
家庭人口学特征	size	－0.0823*** (0.0101)	0.0085 (0.0232)	－0.0228** (0.0119)	0.0659* (0.0358)
	age	0.0517*** (0.0092)	－0.00713 (0.0019)	0.0476*** (0.0102)	－0.0041 (0.0299)
	age2	－0.00068*** (0.0000)	0.0002 (0.0002)	－0.0006*** (0.0001)	0.0001 (0.0003)
	dep	－0.389*** (0.0829)	－0.2440 (0.1690)	－1.0810*** (0.1210)	0.0962 (0.3480)

续表

变量类别	变量	2014 年		2016 年	
		$\hat{\beta}_{FGLS}$	$\hat{\theta}_{FGLS}$	$\hat{\beta}_{FGLS}$	$\hat{\theta}_{FGLS}$
家庭资源禀赋特征	edu	0.0711 ***	-0.0210 *	0.0551 ***	-0.0007
		(0.0055)	(0.0121)	(0.0065)	(0.0187)
	health_p	-0.212 *	0.0671	-0.1810 ***	0.1280
		(0.0270)	(0.0663)	(0.0441)	(0.1320)
	priv_i	0.484 ***	0.4790 ***	0.5630 ***	0.0657
		(0.0625)	(0.1380)	(0.0721)	(0.1340)
	agrm_v	0.0029 **	-0.0054 *	0.00112 *	-0.0008
		(0.0013)	(0.0027)	(0.00062)	(0.0009)
	party_i	0.0766	-0.0522	0.2120 ***	-0.1940
		(0.0504)	(0.1410)	(0.0625)	(0.1790)
家庭风险响应策略特征	medins_p	0.0326 **	-0.0058	0.1180 ***	0.0019
		(0.0312)	(0.0657)	(0.0413)	(0.1210)
外部环境特征	facil_n	0.0241 ***	0.0022	0.0142	0.0698 *
		(0.0082)	(0.0164)	(0.0123)	(0.0359)
	dist	-0.00263	0.0016	-0.0022 **	-0.0000
		(0.0007)	(0.0015)	(0.0009)	(0.0027)
	east	0.166 ***	-0.1330 *	0.0278	0.0293
		(0.0385)	(0.0747)	(0.0537)	(0.1650)
	coast	0.207 **	0.0221	0.1070	-0.3640
		(0.0637)	(0.1260)	(0.0848)	(0.2420)

总的来讲，各因素对家庭收入均值和方差的的影响方向基本符合预期。在 FGLS 估计的基础上，得到每个家庭的均值和方差估计，代入期望贫困脆弱性测度公式。如前所述，仅计算 V_{ep_0}，且在贫困线为 2 美元和国家线时分别计算。从而得到每个家庭 2 年在两条贫困线下的 4 个贫困脆弱性测度值。50% 为脆弱线，将每个家庭划分为脆弱家庭和不脆弱家庭，同时观察每个家庭在两年间的贫困状况，在此基础上汇总不同贫困状况下的脆弱情况，如表 7-2 所示。

表 7-2　　不同贫困状况家庭的贫困脆弱性比较

贫困线	贫困状况	2014 年		2016 年	
		贫困脆弱%	非脆弱%	脆弱%	非脆弱%
2 美元	贫困	53.60	46.40	39.77	60.23
	非贫困	23.35	76.65	18.09	81.91
国家线	贫困	43.27	56.73	27.74	72.26
	非贫困	15.52	84.48	10.35	89.65

表 7-2 中按不同贫困状况汇总的贫困脆弱性测度结果与前面章节中的测度结果有类似的结论。首先，贫困不等同于脆弱。二者是互相交叉的关系，贫困家庭中也有不脆弱的，非贫困家庭中也有脆弱的。其次，不论按哪条贫困线测度，贫困者的脆弱性总是高于非贫困者，意味着贫困者继续贫困的风险还是要高于非贫困者陷入贫困的风险。最后，从动态上看，不论是贫困者还是非贫困者，贫困脆弱率都呈下降趋势。

以家庭贫困脆弱性测度值为被解释变量，以家庭成员参加新农保者占比为关键解释变量，还筛选了一些重要的家庭特征变量作为协变量，运用面板数据时间和个体双固定效应模型来估计新型农村养老保险的政策效应，模型结果如表 7-3 所示。

表 7-3　　新农保政策效应分析的固定效应模型

变量类别	变量名称	国家线		2 美元	
		回归系数	标准差	回归系数	标准差
新农保	rins_p	-0.01270***	0.001318	-0.0104***	0.001158
家庭人口学特征	age	-0.00275***	0.000132	-0.0027***	0.000126
	age2	0.00803***	0.003600	0.00405	0.003425
	size	0.03533***	0.000975	0.03050***	0.001143
	labor	-0.01375***	0.001855	-0.01510***	0.001520
家庭资源禀赋特征	edu	-0.00900***	0.000393	-0.01178***	0.000318
	health_p	0.03960***	0.002395	0.04013***	0.002038
	agrm_v	-0.01185***	0.000358	-0.01155***	0.000333
	house_v	-0.02345***	0.000610	-0.01948***	0.000645
	giftout	-0.01478***	0.002525	-0.01333***	0.002150

续表

变量类别	变量名称	国家线		2 美元	
		回归系数	标准差	回归系数	标准差
家庭风险响应策略特征	medins_p	-0.05903 ***	0.003375	-0.05820 ***	0.000465
外部环境特征	dist	0.02583 ***	0.003550	0.030575 ***	0.004725
	facil_n	-0.00348 ***	0.000181	-0.00383 ***	0.002775
	east	-0.01558 ***	0.000490	-0.01563 ***	0.000200
—	const	0.52555	0.012675	0.507775 ***	0.011925
adjusted R^2		0.57335		0.58452	

由表 7-3 可以观察到新农保对农村家庭贫困脆弱性的政策效应。首先，家庭新农保参保情况的变量系数均为负值且显著，说明新型农村养老保险制度确实显著降低了农村家庭贫困脆弱性，起到了帮助农村家庭抵御风险的安全网作用。新农保参保情况的代表变量是家庭中参保人数占比，说明随着家庭中参保人数的增加，新农保的政策效应会更加明显。其次，拟合固定效应模型时同时采用了两种贫困线，可以看到变换贫困线的情况下新农保参保情况系数符号没变且依然显著，说明模型估计结果非常稳健。最后，需要注意的是，新农保参保情况变量的系数很小，说明新农保虽然对农村家庭贫困脆弱性有显著影响，但是影响力度还很有限。如模型中的另一个涉及保障的变量是家庭成员参加医保人员占比的系数就远高于新农保的系数。说明相对于医疗保险，新农保对农村家庭贫困脆弱性的影响还不大。究其原因，一方面新农保作为一项普惠性的社会保障制度，在我国人口众多且财力尚且有限的情况下，目前还只能遵循一种提供基本保障、保而不包的原则，保障额度有限。另一方面，相当多的参保家庭尚未开始领取养老金，新农保对这些家庭贫困脆弱性政策效应还没有完整体现。

模型中其他变量的影响也基本符合预期。第一，家庭人口学特征方面，成人平均年龄和劳动力数变量系数均为负且显著。劳动力数越多，为家庭赚取收入的人也越多，贫困脆弱性就越低，这一点不言自明。成人平均年龄系数为负，而年龄平方系数为正，说明年龄对家庭贫困脆弱性呈“U”形影响，平均年龄最低的年轻家庭和最高的老龄化家庭贫困脆弱性都高，而中等年龄家庭贫困脆弱性最低，这点也符合预期。年轻家庭劳动力少，进入劳动市场时间尚短，收入水平不高，财富积累还很有限，但是各项活动支出却很多。随着年龄的增长，上述情况逐渐改善，收入增加且更加稳定，财富积累也更充分。但是步入老年的家庭，收入能力下降，养老和疾病方面的支出大幅增加，因此贫困脆弱性也随着年龄而发生相应的变化。家庭规模变量系数为正，主要是因为家庭规模越大，相应地负担也会越重。第二，家庭资源禀赋特征方面，体现教育人力资本的家庭成员平均受教育程度、体现物质资本的农业机械价值和房屋价值、体现社会资本的人情礼支出，系数均为正且显著，而体现健康人力资本的家庭成员自评不健康者占比系数为负，充分证明了教育、健康、资产等要素对家庭贫困脆弱性的重要影响。第三，家庭风险响应策略特征方面，家庭成员拥有医保者占比系数为负，说明医疗保险确实起到了基本的保障作用。第四，外部环境特征方面，本村到县城距离系数为正，说明地理位置的便利影响了家庭的贫困脆弱性，某些极度贫困家庭往往居住在交通不发达地区也是这个道理。本村的基础设施数系数为负，基础设施数目变量是由 CFPS 中有关基础设施的问题加工匹配而来的，相关的基础设施包括诊所医院等医疗类设施、学校、幼儿园等教育类设施、教堂寺庙等宗教类设施、祠堂等家族祭祀类设施。拥有这些设施越多，村庄越发达或联系越紧密，对农村家庭的贫困脆弱性是一个很好的保障。

7.2 农村低保的防贫效应分析

作为社会保障体系的核心部分之一，最低生活保障制度（简称“低保”）在我国扶贫实践中发挥着重要的作用。低保制度包括城市低保和农村低保两部分，农村低保起步较晚但迅速发展。2002 年正式提出有条件的地区探索建立农村低保制度，2007 年在全国农村地区全面铺开，目前已成为以“精准扶贫”为导向的农村扶贫战略中的重要支柱。民政部数据显示，截至 2018 年农村低保对象共有 3519.7 万人，低保标准为 4833 元。中国农村低保是世界上救助人口最多、投入资金量最大的现金转移项目之一，对农村低保的政策效应评估无疑具有重要政策意义。

解垩（2015）研究城乡低保对老年人口多维贫困的影响，发现城镇低保在降低老年人多维贫困方面仅有微弱影响，农村低保却显著增加了老年人的多维贫困。谢东梅等（2016）研究发现农村低保有利于减少极端贫困，但对收入不平等影响有限。解垩（2016）用 CHARLS 数据考察农村低保的瞄准效率和消费效应，发现农村低保瞄准失效，对非贫困家庭的漏损率和对贫困家庭的排斥率都很高，且对农户的各项消费无显著影响。刘凤芹等（2016）利用住户调查数据中的多种指标低保救助资源的分配情况，发现仅有 32% 的资源真正救助了贫困人口。韩华为等（2017）用 CFPS 数据考察了农村低保制度的瞄准效果、救助充足性和减贫效应，发现农村低保救助水平不足且存在瞄准偏误，对应保样本的减贫效果不及对低保样本的减贫效果。已有文献主要关注低保对当前的一维和多维贫困以及收入分配、消费的影响，只有极少数的研究者从贫困脆弱性的角度研究低保的政策效应。徐超（2017）用一年的 CFPS 数据做了相关的尝试，发现低保不但存在瞄准偏差，还挤出了参保家庭私人转移支付和降低了居民的工作意愿，不但对贫困脆弱性没有产生明显的改善效果，反而有可能增加城乡低保家庭未来陷入贫困的可能性。本节将运用 CFPS 面板数据，分析低保对农村家庭贫困脆弱性的影响。

7.2.1　分析方法框架

分析新农保对农村家庭贫困脆弱性的政策效应，运用了面板数据固定效应模型，通过观察新农保代表变量的系数方向、大小和显著性来评估新农保的政策效应。根据回归系数是否显著去判断某个解释变量对被解释变量是否有显著影响是实证研究中比较常见的方法。但是涉及政策效应评价时，实证研究中还有一种比较常用的分析方法是借助反事实进行推断，本节将尝试用这种方法分析农村低保政策的防贫效应。

如果家庭是否领取低保是随机的，评价农村低保的政策效应将极其简单，只需将农村家庭贫困脆弱性测度结果按是否领取低保进行汇总，得到领取低保家庭和未领取低保家庭的平均贫困脆弱性，二者相减即可。即：

$$E(V_{1h} \mid MA_h = 1) - E(V_{0h} \mid MA_h = 0) \tag{7-6}$$

其中，MA_h 表示家庭 h 是否领取低保，领取等于 1，未领取等于 0；V_{1h}表示领取低保家庭的贫困脆弱性，V_{0h}表示未领取低保家庭的贫困脆弱性。

然而，家庭是否领取低保首先要看家庭基本情况是否达到了救助标准，达到标准的家庭才能申请低保，但是受到转移支付指标的限制以及基层分配低保名额的人为因素等影响，可能某些达到标准的家庭也未能获得救助，相反地，某些家庭状况没有那么窘迫的家庭却因各种因素获得了救助。也就是说，家庭是否领取低保可能受到家庭收入消费水平、教育程度、健康状况、人际关系、所在地区政策执行情况等诸多因素的影响，而不是一个随机现象。这就意味着直接进行均值对比得到的结果中可能既包含低保的政策效应，也包含其他因素的影响，此时就需要进行反事实推断。对领取低保的家庭而言，事实结果是其领取低保情况下的贫困脆弱性，而反事实结果是其未领取低保情况下的贫困脆弱性，二者之差就是领取低保带来的效应。即：

$$E(V_{1h} \mid MA_h = 1) - E(V_{0h} \mid MA_h = 1) = E(V_{1h} - V_{0h} \mid MA_h = 1) \tag{7-7}$$

但是这个差值无法直接计算，因为前者可观测，后者不存在。这里我们采用倾向值匹配法（简称 PSM 法）来为那些参加低保的家庭找到与其匹配的反事实样本。其基本思想是把影响家庭是否领取低保的诸多因素整合成一个倾向得分，然后用这个得分实现二者的匹配，并且在此基础上测算低保的政策效应。分三步来实现：

第一步，构建一个 logit 或 probit 模型，估计家庭领取低保的概率，作为倾向值得分：

$$p(X_h) = p(MA_h = 1 \mid X_h) \tag{7-8}$$

其中，X_h 是家庭 h 的那些可能影响到是否领取低保的内部外部特征变量，$p(X_h)$ 是家庭 h 领取低保的概率。

第二步，运用倾向值得分进行匹配。由 probit 或 logit 模型估计出每个家庭的倾向值得分后，对参与和未参与新农合的家庭进行匹配。比较常用的匹配方法 k 近邻匹配、半径匹配、和核匹配三种匹配方法。k 近邻匹配是为每个领取低保的家庭寻找倾向值得分最接近的 k 个未领取低保家庭与之相匹配，如果 $k=1$ 就是一对一匹配，如果 $k>1$ 就取 k 个家庭的平均值。半径匹配是每个参保家庭的倾向值得分为中心，以某个数值为半径，将这个半径内所有没领取医保的家庭与之相匹配。核匹配是将每一个领取医保的家庭与共同支持域内所有领取医保的家庭匹配，对这些未领取医保的家庭按接近程度赋予相应的权重。

第三步，根据匹配的结果计算平均处理效应：

$$ATT = \frac{1}{N_1}\sum(V_{1h} - \hat{V}_{0h}) \tag{7-9}$$

其中，ATT 是参加新农合的平均处理效应，N_1 是参加新农合的家庭数，V_{1h}是参加新农合的家庭 h 的贫困脆弱性，$\hat{V}_{0h}$是与家庭 h 相匹配的未参加新农合家庭的贫困脆弱性，如果是一对多的匹配，则需要对多个匹配家庭取平均。

7.2.2　实证分析结果

研究低保对农村家庭贫困脆弱性的政策效应，仍然采用 CFPS 数据 2014 年和 2016 年数据筛选面板数据。筛选过程是：首先，剔除城镇户口家庭，对于那种家庭成员既有城镇户口又有农村户口的家庭也同时剔除。其次，剔除关键变量缺失或存在极端值的家庭，并且在此基础上筛选两轮都参与调查的家庭构成面板，最终得到一个 4937 个家庭的两期农村面板数据。需要强调的一点是，2014 年以前 CFPS 问卷单独询问是否领取低保，而 2016 年 CFPS 问卷中不再单独询问这个问题，而是询问是否领取包括低保在内的一系列政府补助，用这个变量作为是否领取低保的代表变量会有一定误差，但是考虑到其他补助并没有低保这样普遍，回答领取了政府补助的家庭还是以领取低保者占主体，因此误差应该不会太大。

第一步，测度每个家庭的贫困脆弱性。仍然采用基于截面数据运用 FGLS 测度的方法，过程与上节完全相同不再赘述。将单个家庭的贫困脆弱性测度结果按是否领取低保进行汇总如表 7－4 所示。

表 7－4　领取和未领取低保家庭的贫困脆弱性对比

贫困线	是否领取低保	年份	
		2014 年	2016 年
2 美元	领取	45.69	30.42
	未领取	36.05	20.96
国家线	领取	26.14	13.61
	未领取	17.59	9.17

由表 7－4 可知，首先，领取低保家庭的贫困脆弱性高于未领取低保家庭。领取低保家庭收入水平相对低，拥有的各种资源禀赋也不占优势，风险来临时能够使用的风险响应策略也非常有限，更容易陷入贫困或难以脱离贫困。其次，两类家庭 2 美元贫困线时的贫困脆弱性都要高于国家线时的贫困脆弱性，这点也很正常，毕竟贫困标准越高，家庭收入水平低于贫困标准的可能性越大。最后，从动态上看，从 2014 年到 2016 年，两类家庭的贫困脆弱性都呈现下降越势，说明整体贫困脆弱性状况在不断改善，并且低保家庭的贫困脆弱性下降幅度更大些，说明低保可能确实对农村家庭的贫困脆弱性起到了作用，2016 年用是否领取政府补助作为是否领取低保的代表变量，也会有一定的影响。

第二步，考虑可能影响到家庭是否领取低保的因素，构建 probit 模型，模型结果如表 7－5 所示。

表 7 – 5　　估计倾向值得分的 logit 模型

变量类别	变量	2014 年		2016 年	
		回归系数	标准差	回归系数	标准差
家庭人口学特征	age	– 0. 00437	0. 03573	– 0. 00395 *	0. 001727
	age2	0. 00020	0. 00027	0. 00019 **	0. 00006
	hmarry	– 0. 40297 ***	– 0. 04758	– 0. 43396 ***	– 0. 04297
	size	0. 01942	– 0. 01068	0. 01854 **	– 0. 00520
	labor	– 0. 09652 ***	0. 02360	– 0. 11717 ***	0. 06131
家庭资源禀赋特征	edu	– 0. 10487 ***	0. 02495	– 0. 10012 ***	0. 02382
	hheal	0. 08642 ***	– 0. 01554	0. 09105 ***	– 0. 01403
	depos	– 0. 02525 ***	– 0. 00680	– 0. 02410 ***	– 0. 00649
	inc	– 0. 03496 ***	– 0. 00874	– 0. 04257 ***	– 0. 00789
	house_v	0. 01311 ***	0. 00419	0. 01251 ***	0. 00400
	land_v	– 0. 03593	0. 04088	– 0. 03245 ***	0. 03692
风险响应策略特征	rins_p	– 0. 16895 ***	– 0. 03496	– 0. 33260 ***	– 0. 03157
外部环境特征	east	– 0. 15536 ***	– 0. 03690	– 0. 21832 ***	– 0. 03523

表 7 – 5 列示了两年 logit 模型估计结果，除个别因素不显著外，大部分因素都显著且符号基本符合预期。家庭人口学特征方面，成人平均年龄和年龄平方一负一正，说明年龄对领取低保的概率呈“U”形影响。户主有配偶者和家庭劳动力数较多的家庭领取低保的概率更低，但是家庭规模越大，养家糊口压力更大，领取低保的概率也更高。家庭资源禀赋特征方面，成人平均受教育程度、家庭现金和银行存款、家庭人均纯收入、房屋价值、土地价值系数均为负，但户主自评健康状况的系数为正，说明资源禀赋存量越多的家庭，日子过得越好，越不需要领取低保，但是健康状况越差的家庭越可能因医疗支出增加而需要领取低保。风险响应策略特征方面，家庭成员拥有医保者占比系数为负且显著，说明医保确实在某种程度上帮助农村家庭应对了健康风险，从而降低了领取低保的概率。外部环境特征方面，东部地区的系数为负，说明总的来讲东部地区农村家庭领取低保的概率低于其他地区。

第三步，根据 logit 模型估计出每个家庭的倾向值得分，分别采用 k 近邻匹配（k = 5）、半径匹配（1/4 标准差）、核匹配（Epan 核函数）三种方法进行匹配，并计算领取低保的平均处理效应 ATT 结果如表 7 - 6 所示。

表 7 - 6　　国家线下低保对农村家庭贫困脆弱性的影响

贫困线	匹配方法	2014 年			2016 年		
		ATT	标准差	t 值	ATT	标准差	t 值
国家线	K 近邻匹配	-0.01075	0.00722	-1.490	-0.01203	0.00702	-1.713
	半径匹配	0.01603	0.00514	3.118	0.01379	0.00494	2.788
	核匹配	-0.00919	0.00831	-1.106	-0.00802	0.00494	-1.622

由表 7 - 6 可知，第一，总的来讲，领取低保的农村家庭与其匹配组相比贫困脆弱性有所下降。k 近邻匹配和核匹配方法下的平均处理效应均为负值。第二，平均处理效应数值都不大，说明低保在降低贫困脆弱性方面的力度不大。绝对值最大的负向效应仅为 1.2%，与领取低保家庭的平均贫困脆弱性相比，下降的幅度实在太微不足道了。第三，从 t 值来看，多数平均处理效应不显著，显著的效应均为正值，说明低保对农村家庭贫困脆弱性的影响要么不显著，要么就是正向影响，也就是低保不但没有显著地降低农村家庭的贫困脆弱性，反倒有可能增加其贫困的风险，这个结论令人沮丧，但却与目前多位学者的研究结论不谋而合，确实值得我们思考。第四，从动态上看，从 2014 年到 2016 年，低保对农村家庭贫困脆弱性的影响作用呈现微弱增强的趋势。如 k 近邻匹配方法下，2016 年低保的负向影响大于 2014 年，半径匹配法下虽为正向影响，但正向影响在逐渐变小。最后要注意的是，不同的匹配方法计算出来的平均处理效应并不相同，不但效应大小不同，甚至方向都不一样。这提醒我们在进行倾向值匹配时对方法和参数的选择要谨慎，把几种方法计算出来的平均处理效应用加权平均的方式综合一下应该更稳健些。

第四步，进行共同支持域和平稳性检验，判断匹配的有效性及 PSM 分析结果的可靠性。一方面，共同支持域越大，能保证绝大部分领取低保家庭都可以在未领取医保家庭中找到与之匹配的对象，也就越能充分使用样本信息，匹配也就越有效。对领取低保家庭组与未领取低保家庭组倾向得分进行比较后发现，大部分都在共同支持域内，样本损失不大。另一方面，平稳性是指匹配后领取医保家庭与未领取医保家庭在各协变量上没有显著差异，说明通过匹配实现了对样本选择偏误的校正，消除了二者的不可比性，匹配有效。分别对 k 近邻匹配、半径匹配和核匹配的结果进行平稳性检验，结果如表 7 – 7 所示。

表 7 – 7　　各种匹配方法的平稳性检验

匹配前	匹配前	k 近邻匹配	半径匹配	核匹配
Pseudo – R^2	0.12702	0.00278	0.00280	0.00273
LR 统计量	923.41242	9.45228	9.06552	11.47440
P 值	0.00000	0.77588	0.79873	0.64450
标准化偏差	0.45458	0.03470	0.02099	0.03278

表 7 – 7 仅汇报了 2014 年各种匹配方法下平稳性检验结果。首先，无论使用哪种匹配方法，匹配后 Pseudo – R^2 都显著下降，从 0.127 下降到不足 0.003，说明领取低保家庭组与其匹配的未领取低保家庭组在各项家庭特征方面不存在系统性差异。其次，匹配前 LR 统计量显著，三种匹配方法下匹配后 LR 统计量不再显著，可以拒绝各项家庭特征的联合显著性检验。再次，匹配前 P 值极小，拒绝无差异原假设，匹配后不能拒绝无差异原假设。最后，匹配后领取低保家庭与未领取低保家庭的家庭特征变量标准化偏差由 0.455 下降下 0.03 左右，远低于 20%，大大降低了结果偏误。总之，平稳性检验通过，前面所做的 PSM 分析结果均是可靠的。

第五步，稳健性估计。对 2 美元贫困线下测度的家庭贫困脆弱性进行上述的 PSM 分析，结果如表 7 – 8 所示。可以看到，虽然因为贫困线标准的提高计算出来的平均处理效应数值有一定变化，但是结论与国家线标准下的结论基本一致，说明应用 PSM 所进行的低保的减贫效应分析比较稳健。

表 7-8　　2 美元贫困线下低保对农村家庭贫困脆弱性的影响

贫困线	匹配方法	2014 年			2016 年		
		ATT	标准差	t 值	ATT	标准差	t 值
2 美元	K 近邻匹配	-0.00909	0.00613	-1.483	-0.01427	0.00969	-1.473
	半径匹配	0.01525	0.00613	2.488	0.00753	0.00692	1.088
	核匹配	0.00694	0.00603	1.151	-0.00577	0.00692	-0.833

第8章　结论与政策建议

本书在从贫困脆弱性的界定、测度和影响因素分析三个方面对国内外相关研究文献进行梳理的基础上，构建了一维贫困脆弱性和多维脆弱性测度的基本框架，运用CHNS和CFPS两个大型微观数据库进行实证测度和汇总。然后，从理论上分析贫困脆弱性的生成机制，在此基础上分析一维和多维贫困脆弱性的影响因素，对一维和多维贫困脆弱性进行分解，旨在找到贫困脆弱性生成机制中的核心因素和根源。最后，以降低贫困脆弱性的效果为标准对于社会保障制度中的新农保和农村低保进行政策效应评估，并在贫困脆弱性测度和发生机制分析的基础上给出相应的政策建议。

8.1　主要结论

8.1.1　一维贫困脆弱性各种测度结果不同，但基本结论一致

测度兼具前瞻性和动态性的贫困脆弱性，最理想的是面板数据，但是很多时候面板数据不可得，可能只有一期截面数据，也可能有多期截面数据，但因为样本跟踪率不高无法构成足够规模的面板数据。测度贫困脆弱性时，针对这三种数据构建了一维贫困脆弱性测度的方法体系。对于面板数据测度基于负向变动率的贫困脆弱性和期望贫困脆弱性VEP，估计VEP时尝试了两种估计参数的方法。对于截面数据利用FGLS法实现VEP的测度，对于多期截面数据构建伪面板实现VEP的测度。五种测度结果存在差异，但基本结论一致。第一，贫困家庭更脆弱。不论哪种测度，贫困家庭

的脆弱性都远高于非贫困家庭，不同贫困动态组的贫困脆弱性从高到低始终保持着两年都贫困组、前一年贫困后一年不贫困组、前一年不贫困后一年贫困组、两年都不贫困组的顺序，贫困脆弱性与贫困状态的高度相关性，证实了用贫困脆弱性预测贫困的可行性。当然，贫困脆弱性并不等于贫困，贫困者并不都脆弱，脆弱者也并非都贫困。二者既有重合的部分，也有不同的部分。第二，农村家庭更脆弱。农村家庭贫困脆弱性高于城镇，贫困线越高时二者的差异越大，不过城镇家庭内部的贫困脆弱性差异要高于农村。

8.1.2 一维测度各有优劣，基于跨期均值方差的 V_{ep2} 表现最优

基于跨期均值方差的 $V_{ep\alpha}$ 与基于回归均值方差的 $V_{ep\alpha}$ 在准确性和稳健性上互有优劣，但是前者的测度过程相对简单客观，后者容易受到构建 DGP 时变量选择的主观影响，效果可能不够稳定。从这个意义上讲，本书更偏向于基于跨期均值方差的测度。基于截面数据的测度准确性和稳健性均表现不佳，但确实能在某种程度上解决面板数据不可得的问题。此外，$V_{ep\alpha}$ 的三个具体指标中 V_{ep2} 表现最好，说明在贫困脆弱性测度实践中有必要在兼顾大家对 V_{ep_0} 的偏爱同时加大推广 V_{ep2} 的应用。

8.1.3 多维贫困脆弱性状况不容乐观

基于 A－F 双界线法的多维贫困脆弱性测度结果显示：第一，在农村，消费维度的贫困脆弱率高于收入维度且呈恶化趋势。这为我们的农村扶贫工作提供了新的思路，农村贫困人口的救助，不仅关注如何提高其收入水平，还应采取有针对性措施促进其消费水平的提升。第二，健康维度的贫困脆弱率低于消费维度但也存在恶化趋势，而且存在明显的地区差异。东部地区的健康贫困脆弱率最低，西部地区健康贫困脆弱率最高，多数省份健康贫困脆弱率在上升。第三，多维贫困脆弱性指数由贫困脆弱率与平均受剥夺程度共同决定，二者一降一升，相互抵消后多维贫困脆弱性指数仍

呈现出随脆弱线 k 增大而降低。此外，从动态上看多维贫困脆弱性指数呈上升趋势。基于资产的多维贫困脆弱性测度结果显示：第一，多维贫困脆弱率为 26.83%，地域之间、省份之间的多维贫困脆弱率差异较大。中部地区的多维贫困脆弱情况最为严重，其次是西部地区。第二，其次，无论从全国看还是分地域看，都是暂时成份占主导，与持久成分的贡献率大体呈 2:1 的比例，但是各省份之间差异很大。

8.1.4　一维贫困脆弱性的影响因素存在城乡差异和分位差异

一维贫困脆弱性影响因素分析分三步走，一是筛选因素，二是比较各因素的重要性，三是比较各因素对贫困脆弱性不同分位的影响。第一，城乡家庭贫困脆弱性的影响因素互有异同。劳动力数、教育、医保、年龄及各类物质资产变量对城乡家庭贫困脆弱性都呈负向影响。家庭规模和健康都呈正向影响。职业类型和职业地位对城镇家庭两者呈负向影响，对农村家庭呈正向影响。第二，各因素的重要性不同。无论城乡，物质资产类因素的重要性都远超过其他因素，说明保护、维持以及增加贫困脆弱家庭的物质资产是降低贫困脆弱性的首要途径。对城镇家庭而言，职业地位和单位类型也列入重要性排序的第一层次。医保列入重要性第二层次，说明了城乡医保制度推广的合理性。第三，对于贫困脆弱性程度不同的家庭，各因素的影响也不一样。在城镇，总资产、职业地位、单位类型、劳动力数、职业层次、健康状况、东部等因素更能降低高脆弱性家庭的贫困脆弱性，以救助高脆弱性家庭为主的政策设计可重点关注上述因素。但是医保、教育虽然也能降低贫困脆弱性，但对高脆弱性家庭影响不大，不能作为救助高脆弱性家庭的主要政策关注点。在农村，家电交通工具、农机、房屋、医疗可及性、社会资本更能降低高脆弱性家庭的贫困脆弱性，医保、劳动力数、教育、健康、职业层次虽然也能降低贫困脆弱性，但是对高脆弱性家庭影响不大。

8.1.5　多维贫困脆弱性的影响因素与一维互有异同

对多维贫困脆弱性影响因素的 Logit 模型分析结果显示：第一，多维与一维贫困脆弱性的影响因素互有异同。不同之处在于，一方面模型中包含的变量组合不同，某些对一维贫困脆弱性影响显著的因素并未出现在多维模型中，比如体现家庭负担的抚养比，体现地域特征的东中西、沿海内地，体现工作特征的一系列变量都未出现在多维模型中。另一方面，即使两类模型都包含的因素，回归系数的符号却完全相反，比如家庭规模、房屋价值、土地价值等因素回归系数符号均与一维模型相反。相同之处就在于，两类模型确实有些共同的因素影响方向也完全一致。比如体现社会资本的人情礼支出和体现响应策略的医保因素，回归系数符号相同。第二，各因素的影响在两年间基本稳定。无论从方向还是从显著性上，2014 年模型与 2016 年模型的一致性都比较高，回归系数差别也不大，只有一两个变量出现了一年显著一年不显著的情况。

8.1.6 城乡家庭贫困脆弱性根源不同

借鉴 Sharpley 分解的思想对城乡家庭的一维贫困脆弱性进行分解的主要结论有三点：第一，收入与脆弱性呈反向变动关系，变动性与脆弱性呈正向变动关系，贫困脆弱性相同或相近的家庭，其贫困脆弱性的根源可能完全不同，有的因低收入水平而脆弱，有的因高收入变动性而脆弱。城镇家庭贫困脆弱性主要源于高收入变动性，而农村家庭贫困脆弱性主要源于低收入水平。第二，在城镇，按年龄划分的 65 岁以上组、按家庭负担划分的高负担组、按教育划分的小学组、按职业划分的无自雇组，都是贫困脆弱性最高的组，而这些组共同的特征都是正向的变动效应占了主导。第三，在农村，贫困脆弱性最高的组是按年龄划分的 65 岁以上组、按家庭负担划分的高负担组、按教育划分的文盲组、按职业划分的全自雇组，其共同特征都是正向的收入效应占了主导。在降低贫困脆弱性的扶贫政策措施设计中可参考上述结论。农村扶贫政策措施应以提高收入水平为主要目标，城镇扶贫政策措施的设计要更复杂一些，对于贫困脆弱性程度最高的家庭仍应以提高收入水平为主要目标。对于其他家庭则应以降低收入变动性为主要目标。

8.1.7　多维贫困脆弱性中消费维度贡献率高于健康维度

基于 A－F 多维贫困脆弱性指数的分解主要结论有两点：第一，消费维度贡献率远高于健康维度。当前扶贫工作仍偏重增加农户的收入，但是也要看到，相当多的农村家庭即使收入没那么低而且拥有一些物质资产的时候仍然维持在较低的消费水平上。未来农村扶贫工作，还要有针对性地推动农村家庭的消费需求。第二，健康维度内部各指标间的贡献率差异较大。医疗可及性和健康状况贡献率最大，旨在健康贫困脆弱性的干预措施应从这两方面着手，重点关注这两方面。可以通过培训讲座或提供营养膳食补贴计划等方式，帮助脆弱农户建立良好的饮食和生活习惯。也可以推动医疗基础设施建设，让农村家庭的健康更有保障。值得注意的是，慢性病的贡献率有提高的趋势，提醒我们扶贫工作中对有慢性病患者的家庭应预先有所关注。

8.1.8　新农保和农村低保的防贫效应还有待加强

运用不同的方法对新农保和农村低保制度的防贫效应进行评估，发现新农保和农村低保对降低农村家庭贫困脆弱性的作用都很有限。第一，新农保显著降低了农村家庭贫困脆弱性，起到了帮助农村家庭抵御风险的安全网作用。随着家庭中参保人数的增加，新农保的政策效应会更加明显。第二，新农保虽然对农村家庭贫困脆弱性有显著影响，但是影响力度还很有限。究其原因，一方面新农保作为一项普惠性的社会保障制度，在我国人口众多且财力尚且有限的情况下，目前还只能遵循一种提供基本保障、保而不包的原则，保障额度有限。另一方面，相当多的参保家庭尚未开始领取养老金，新农保对这些家庭贫困脆弱性政策效应还没有完整体现。第三，领取低保家庭的贫困脆弱性与未领取低保家庭存在差异，但是二者差异不大，而且负向差异大都不显著。说明低保对农村家庭贫困脆弱性的影响要么不显著，要么就是正向影响，也就是低保不但没有显著地降低农村家庭的贫困脆弱性，反倒有可能增加其贫困的风险，这个结论令人沮丧，但却与目前多位学者的研究结论不谋而合，确实值得我们思考。第四，从动态上看，从低保对农村家庭贫困脆弱性的影响作用呈现微弱增强的趋势，这是一个可喜的变化。

8.2 政策建议

在贫困研究中引入贫困脆弱性，最根本的目标就是更有效地配置扶贫资源，减少扶贫政策成本，增强扶贫效果的稳定性，提升扶贫效率。在精准扶贫的大背景下，达成这一目标至关重要，努力的方向不外乎有三个方面：一要更好地识别救助对象，二要更有针对性地设计扶贫政策，三要更科学地制定具体的扶贫措施。本节的政策建议部分就按照这三个方面展开。

8.2.1 提高扶贫对象的瞄准效率

首先，精准扶贫的关键在于精准地定位扶贫对象。贫困脆弱性的提出就在于预测贫困。运用各种测度方法测度后的结果也一再呈现了贫困脆弱性与贫困状况的高度相关，验证了贫困脆弱性确实能够较为准确地预测家庭未来的贫困状况。进而建立在贫困脆弱性测度基础上的脆弱群体识别，可以作为传统扶贫对象瞄准的补充，在为已经贫困者解决困难的基础上，把那些很可能即将陷入贫困或者说贫困脆弱性较高的家庭也纳入扶贫的总体框架中，从而将扶贫从单一的事后救助，扩展为事后救助与事前预防相结合，从而提高扶贫效率和扶贫效果的稳定性。

其次，贫困脆弱性影响因素的分析结论也可作为强化瞄准机制的关键依据，比如在城镇家庭中高龄、资产存量较少、劳动力缺乏、健康状况不佳可作为扶贫对象识别时的辅助依据，而农村家庭中高龄、生产性资产缺乏、社会联系过少、居住地过于偏僻、慢性病等可作为扶贫对象识别时的辅助依据。

8.2.2 设计有针对性且主次分明的扶贫政策

首先，以降低贫困脆弱性为目标的前瞻性扶贫政策与传统的减贫政策存在很大差别。前者旨在事先预防贫困，后者旨在事后减少贫困。类似于公共卫生政策中治疗资金应更多地分配给发病率高的地区，而预防资金应更多地分配给患病风险高的地区。传统减贫政策项目资金的分配要依据贫困状况，预防性干预项目资金的分配要依据贫困脆弱性的程度。实践中，两种政策项目的实现渠道也存在差异，前者往往以各种转移性支付为主体，而后者的渠道更多样化些，如职业培训、农业推广、灌溉设施等。

其次，贫困脆弱性相同的家庭，其贫困脆弱性的根源可能完全不同，适用的帮扶救助措施可能也会截然不同。主要由收入波动性过大引起的贫困脆弱性，事先干预措施应以减少家庭风险或分担家庭风险为主，主要由收入水平过低引起的贫困脆弱性，事先干预措施应以直接增加当期收入转移支付项目或增加长期收入能力项目为主。农村家庭的贫困脆弱性主要源于收入效应，相应的扶贫政策应以提高收入水平为主要目标，包括直接增加现金收入的转移支付项目，直接减少支出的减免税费项目，间接增加长期收入能力的增加教育投入项目和组织培训项目等。城镇家庭的贫困脆弱性根源相对复杂，高脆弱性家庭的贫困脆弱性仍主要源于收入效应，相应的扶贫政策仍应以提高收入水平为主要目标。其他家庭的贫困脆弱性主要源于较高的收入变动性，相应的扶贫政策应以稳定收入水平为主要目标，不但要大力推进医疗保险、养老保险、最低生活保障等社会保障制度，还应推动人们认识和购买商业保险以达到更全面的保障。特别值得注意的是，教育是提高人力资本获取长期收入能力的一个最根本的手段，相对于其他的扶贫政策措施而言，见效较慢但效果却最长久。但是在贫困脆弱性分解过程中注意到一个现象，农村总离差线由正转负发生在大学段，而城镇总离差线由正转负发生在高中段，这充分说明农村教育收入率远低于城镇，达到转折点难度更大。因此应下大力气提高农村初高中教育质量，从根本上提高农村学生的大学录取率，同时还要出台相应的帮扶措施，保证考上大学的农村学生也能上得起学。

最后，前瞻性扶贫政策的设计还应分清主次。无论城乡，资产类因素都在降低贫困脆弱性方面发挥着最重要的作用，扶贫政策设计中应把扶持和保护城乡家庭的资产放在首要位置。医保作为社会安全网中的关键组成部分，对城乡家庭的贫困脆弱性也发挥了重要的影响，未来更应该不断完善和推进医保政策。教育人力资本、健康人力资本、技术人力资本在降低贫困脆弱性方面虽然也发挥了一定的作用，但是还没达到应有的力度，未来有很大提升空间。还要注意的是，即使是同一因素，对贫困脆弱性程度不同的家庭影响也并不相同。救助高脆弱性家庭的政策应该从那些随着贫困脆弱性分位点的提高而影响越来越大的负向因素。比如，教育和医保都对贫困脆弱性有显著的负向影响，但是其影响却随着分位点的提高越来越小，说明对于最脆弱的那部分家庭而言，提高教育和增加保障都难以发挥即时的效果，前者能够提高家庭的长期发展能力，但回报周期太长，后者能够减少家庭福利的波动性，但也不能解决眼前的困境。对贫困脆弱性最高的那部分家庭而言，能够直接提高当前收入的项目是他们最迫切需要的。

8.2.3 制定科学有效的扶贫措施

由贫困脆弱性的生成机制，家庭在遭遇风险时，根据自身的禀赋和能力，选择可以使用的风险响应策略进行预防或应对风险，风险的大小和响应的好坏最终决定了家庭最终的福利状况。因此，为了降低贫困脆弱性而设计的具体扶贫措施也可以从三个方面着手。一是降低风险和风险暴露，二是保护和增加家庭的资源禀赋，从而提升其风险响应能力，三是促使家庭拥有并使用更有效的风险响应策略。

8.2.3.1 在降低风险和风险暴露方面，加大对自然灾害类的共同风险和健康冲击为主的特殊风险的防范

健康冲击是家庭面对的众多可能冲击中波及面最广、发生概率最大、影响最严重的风险冲击。尤其是在农村，因病致贫因病返贫的现象在贫困

治理实践中屡见不鲜，对这类风险的事先防范和事后应对将是扶贫实践中需要长期面对的问题。事先的防范主要从降低患病风险入手。改善农村的卫生条件，提升农户整体健康状况，降低患病风险。加大农村医疗基础设施的建设和农村卫生保健人员的配备，保障农民患病时能够及时医治，不至于小病拖成大病。事后的应对主要指患病后的医疗救助。进一步推进医疗保险制度改革，扩宽资金渠道，增大医保报销的范围和比例。探索改变目前事后报销的程序，将医疗救助的时机前移，避免患病家庭因支付不起医疗费而放弃治疗的情况发生。探索医疗差别救助模式，贫困脆弱性程度高、医疗负担重的家庭适当提高报销比例。由于大病重病所需的药品和治疗手段可能超出医疗救助范围，因此目前常见的现象是越重的病，实际得到的报销比例越小，事实上不利于这些最需要救助的家庭，有必要根据实际的需求进行调整。

自然灾害预测难度大而且难以人为控制，因此对于自然灾害风险的防范主要从尽可能降低灾害损失方面着手。相对而言，自然灾害风险对农村家庭的影响更大，除了加强防灾和灾后安置的基础设施建设以外，还要理顺灾后救助的机制，使受灾者得到及时有效的救助，从而缩短其恢复正常生产和生活的时间。推动建立高效的风险分担机制，如与商业保险公司合作，推出一系列的农业保险为农业生产活动提供基本保障。对于自然环境过于恶劣，自然灾害频发的区域，也可通过易地扶贫搬迁的方式彻底解决问题。当然易地扶贫搬迁是一个大动作，绝对不是一搬了事，要有一整套的制度和设施与之相匹配。既要有完善的基础设施和公共服务设施以保障移民的基本生活条件，又要有健全和平等的医疗、教育、养老政策以消除移民的后顾之忧，还要有全面的就业安置、技能培训、产业扶持以实现生计策略的升级和稳定的收入流。

8.2.3.2 在提升家庭资源禀赋和响应能力方面，从提升人力资本和社会资本着手

从广义上讲，教育状况、健康状况、职业状况都属于人力资本的范畴，这些人力资本都与贫困脆弱性密切相关。教育是人力资本的基础；健康状况影响劳动者的劳动时间和生产率，也可能影响家庭成员的就业和劳动时长；人们的职业安排既取决于教育和健康资本，又是利用教育和健康资本实现收入的基本路径。贫困脆弱性较高的家庭往往在人力资本方面呈现多重劣势，并且形成恶性循环。教育和健康状况越差的家庭，职业状况越差，收入来源越匮乏，越容易陷入贫困。特别是，由于长期以来教育资源分配的城乡差距，农村贫困脆弱性家庭的教育现状更加恶劣。为了阻断这种恶性循环，要采取各种措施提升其长期发展能力。加大农村教育扶持力度，提高农村基础教育的质量，深化农村教育的广度和深度，启动教育帮扶项目，对贫困脆弱性高的家庭给予补贴，特别是针对孩子入学的补贴。在健康方面，改善卫生和医疗条件，建立健康档案，安排定期体检，配置家庭医生，加强健康和营养宣传，提高居民健康意识，通过及早预防和及时救治的方式保障家庭成员的健康状况。在工作方面，加强职业技能培训，拓宽就业渠道，增加收入来源等。总之从各个方面提升贫困脆弱家庭的人力资本存量，增强其内在的发展能力。

社会资本是家庭的另一类重要的资源禀赋，属于一种非正式的风险分担手段，在农村发挥着格外重要的作用。精准扶贫的过程中，要重视农村家庭社会资本的维护和培育。亲友和邻里关系是农村社会网络资源的主体，应在维护和改善现有网络的基础上，通过加强农村文化建设，丰富农村日常活动等方式，努力扩展社会网络的范围和异质性，从而在风险来临时能够对贫困脆弱性家庭提供更有效的支持。在前面的分析中发现，社会资本对城镇家庭贫困脆弱性的影响不显著，这在很大程度上可以归因于城镇家庭的居住安排相对封闭，邻里之间往来过少，同时交通、生活和工作压力导致亲友交往频率也不高。提升城镇家庭的社会资本虽然不是当前最迫切的目标，但在长期策略中不应忽视。

8.2.3.3 在风险响应方面，重在提升现有策略的效果和改善策略选择机制

风险响应策略分为正规和非正规策略，多数正规策略由政府或市场提供，如社保、低保、医保、金融支持等，而家庭自身响应策略多为非正规

策略。如果家庭能够获取的正规响应策略足够有效，或者家庭自身的响应策略选择足够合理，那么家庭最终的福利状况就不会太差。从政策干预的角度来看，一方面提供尽可能完善的正规响应策略，使其成为家庭应对风险的有效保障，另一方面改善家庭的策略选择，避免采取短视性行动。

由前面的分析结果，作为社会保障制度重要组成部分的低保制度，在降低农村家庭贫困脆弱性方面并未发挥应有的作用，低保的保障额度较低是一个原因，但是更重要的原因在于低保制度实施过程中的一些弊端。首先，瞄准低保对象时除了传统标准以外，还要将家庭的贫困脆弱性程度纳入瞄准依据，对于遭遇意外，患有大病或慢性病的家庭要重点救助。其次，加强对低保对象确认工作的质量控制，引入监督机制和规范审查程序，杜绝“骗保”现象的发生，确保低保救助能够给予真正需要的家庭。再次，打破单一的货币或实物支付形式，以支付就业培训费用、劳动薪酬津贴、推荐就业岗位等方式作为补充，促进低保与就业的连接，最大程度地避免低保对劳动意愿的挤出效应。最后，强化低保的动态监测，对低保对象实施弹性复核制度，有进有出，对于收入状况明显改善的家庭，及时取消其低保资格。对于没有取消低保资本的家庭也要科学地设定低保时限，从而阻断家庭对低保的长期依赖。

当家庭遭遇风险冲击引起的收入减少和支出增加超出家庭能够承受的程度时，如果能够较为顺畅地获得资金支持，家庭就很有可能实现风险冲击下的平稳过渡。家庭获取资金支持的途径不外乎两种，一是正规金融机构的贷款，二是民间借贷。目前农村金融普惠程度还不高，众多大型银行的基层网点尚不能便捷地为农村服务，应大力推动村镇银行的建设，还应大力推广服务成本较低的数字金融服务。民间借贷灵活方便、融资成本低，是正规金融的有力补充，但是要加强监管和政策干预，遏制恶性高利贷和非法交易，降低民间借贷的风险。同时引导农村家庭科学合理地使用民间借贷资金，更多地用于恢复或扩大生产能力和发展多种经营方面，而不仅仅用于短期消费。

家庭在选择响应策略和行动时，往往因自身的局限和当时的境遇而做出一些未必合理的决定，有必要采取措施促使其进行合理选择。首先，可以通过社区的公益广告牌、微信公众号、微博等多种渠道推送相关信息，引导家庭合理分配家庭资源，避免不必要的支出和高风险性的投资，这点对贫困脆弱的家庭非常重要。其次，加强政府救助项目和惠民政策的宣传，让贫困脆弱家庭深入了解如何在难以维持生存时向社会和政府求助，而不必采取减少营养摄入或让孩子辍学的短视性策略。最后，在健康医疗方面，鼓励居民定期体检，及早发现问题及时治疗，预防大病给家庭带来的灾难性影响。总之，以社区为依托，采取多种方式引导家庭改善行动策略，降低家庭未来福利状况的不确定性，从而有效地降低其贫困脆弱性。

附　录　贫困脆弱性分析相关数据表

附表 1　　基于负向变动率的贫困脆弱性按贫困动态汇总

贫困线	范围	平均贫困脆弱性	2011 年不贫 2015 年不贫	2011 年不贫 2015 年贫	2011 年贫 2015 年不贫	2011 年贫 2015 年贫
2 美元	总体	0.2337	0.1838	0.2505	0.4631	0.4689
	城镇	0.2073	0.1608	0.2517	0.4838	0.4829
	农村	0.2427	0.1926	0.2502	0.4583	0.4647
1 美元	总体	0.2337	0.2089	0.2963	0.5555	0.5910
	城镇	0.2073	0.1847	0.2140	0.5771	0.6121
	农村	0.2427	0.2172	0.3244	0.5504	0.5779
国家线	总体	0.2337	0.2197	0.3249	0.6150	0.6551
	城镇	0.2073	0.1869	0.2135	0.5908	0.6244
	农村	0.2427	0.2303	0.3943	0.6264	0.7165

附表 2　　基于负向变动率的贫困脆弱性按贫困和脆弱情况汇总（城镇）

贫困线	汇总指标	总体	非贫困者	贫困者	非贫困脆弱者	贫困脆弱者
2 美元	贫困率	0.1326	0.0000	1.0000	0.0805	0.2146
	平均贫困脆弱性	0.2073	0.1918	0.3452	0.0410	0.4810
	贫困脆弱率	0.3890	0.3522	0.6292	0.0000	1.0000
1 美元	贫困率	0.0760	0.0000	1.0000	0.0512	0.1149
	平均贫困脆弱性	0.2073	0.2037	0.3155	0.0410	0.4810
	贫困脆弱率	0.3890	0.3726	0.5882	0.0000	1.0000
国家线	贫困率	0.0641	0.0000	1.0000	0.0439	0.0958
	平均贫困脆弱性	0.2073	0.2055	0.3090	0.0410	0.4810
	贫困脆弱率	0.3890	0.3758	0.5814	0.0000	1.0000

附表 3　基于负向变动率的贫困脆弱性按贫困和脆弱情况汇总（农村）

贫困线	汇总指标	总体	非贫困者	贫困者	非贫困脆弱者	贫困脆弱者
2 美元	贫困率	0.1729	0.0000	1.0000	0.1384	0.2178
	平均贫困脆弱性	0.2427	0.2322	0.3259	0.0671	0.4848
	贫困脆弱率	0.4342	0.4106	0.5471	0.0000	1.0000
1 美元	贫困率	0.0671	0.0000	1.0000	0.0458	0.0948
	平均贫困脆弱性	0.2427	0.2401	0.3647	0.0671	0.4848
	贫困脆弱率	0.4342	0.4213	0.6136	0.0000	1.0000
国家线	贫困率	0.0295	0.0000	1.0000	0.0162	0.0468
	平均贫困脆弱性	0.2427	0.2418	0.4221	0.0671	0.4848
	贫困脆弱率	0.4342	0.4245	0.6897	0.0000	1.0000

附表 4　基于跨期均值方差的期望贫困脆弱性按贫困动态汇总

测度指标	贫困线	范围	平均贫困脆弱性	2011 年不贫 2015 年不贫	2011 年不贫 2015 年贫	2011 年贫 2015 年不贫	2011 年贫 2015 年贫
α = 0	2 美元	总体	0.2072	0.1220	0.2265	0.5376	0.5844
		城镇	0.1702	0.0995	0.1609	0.5358	0.6469
		农村	0.2199	0.1305	0.2423	0.5380	0.5656
	1 美元	总体	0.0826	0.0537	0.0952	0.4133	0.4667
		城镇	0.0791	0.0519	0.0626	0.4547	0.4989
		农村	0.0838	0.0543	0.1063	0.4034	0.4467
	国家线	总体	0.0418	0.0265	0.0592	0.3658	0.4758
		城镇	0.0573	0.0345	0.0458	0.4004	0.4627
		农村	0.0365	0.0239	0.0675	0.3496	0.5019
α = 1	2 美元	总体	0.0221	0.0106	0.0232	0.0652	0.0795
		城镇	0.0219	0.0112	0.0147	0.0736	0.1087
		农村	0.0222	0.0103	0.0253	0.0633	0.0707
	1 美元	总体	0.0116	0.0059	0.0130	0.0749	0.1003
		城镇	0.0129	0.0067	0.0073	0.0970	0.1187
		农村	0.0111	0.0056	0.0150	0.0696	0.0889
	国家线	总体	0.0077	0.0038	0.0093	0.0900	0.1347
		城镇	0.0106	0.0051	0.0049	0.0932	0.1148
		农村	0.0067	0.0033	0.0120	0.0886	0.1744

续表

测度指标	贫困线	范围	平均贫困脆弱性	2011 年不贫 2015 年不贫	2011 年不贫 2015 年贫	2011 年贫 2015 年不贫	2011 年贫 2015 年贫
α = 2	2 美元	总体	0.0062	0.0023	0.0059	0.0209	0.0274
		城镇	0.0070	0.0032	0.0029	0.0256	0.0403
		农村	0.0060	0.0019	0.0066	0.0198	0.0235
	1 美元	总体	0.0043	0.0017	0.0043	0.0319	0.0488
		城镇	0.0051	0.0021	0.0016	0.0455	0.0555
		农村	0.0040	0.0016	0.0052	0.0286	0.0446
	国家线	总体	0.0033	0.0013	0.0031	0.0461	0.0751
		城镇	0.0045	0.0018	0.0010	0.0457	0.0567
		农村	0.0030	0.0012	0.0045	0.0463	0.1117

附表 5　基于跨期均值方差的期望贫困脆弱性按贫困和脆弱情况汇总（城镇）

测度指标	贫困线	汇总指标	总体	非贫困者	贫困者	非贫困脆弱者	贫困脆弱者
α = 0	2 美元	贫困率	0.1326	0.0000	1.0000	0.0716	0.2437
		平均贫困脆弱性	0.1702	0.1415	0.3575	0.0240	0.4361
		贫困脆弱率	0.3547	0.3093	0.6517	0.0000	1.0000
	1 美元	贫困率	0.0760	0.0000	1.0000	0.0598	0.1243
		平均贫困脆弱性	0.0791	0.0714	0.1738	0.0067	0.2943
		贫困脆弱率	0.2519	0.2387	0.4118	0.0000	1.0000
	国家线	贫困率	0.0641	0.0000	1.0000	0.0514	0.1190
		平均贫困脆弱性	0.0573	0.0514	0.1428	0.0055	0.2813
		贫困脆弱率	0.1878	0.1768	0.3488	0.0000	1.0000
α = 1	2 美元	贫困率	0.1326	0.0000	1.0000	0.0878	0.2925
		平均贫困脆弱性	0.0219	0.0172	0.0528	0.0029	0.0896
		贫困脆弱率	0.2191	0.1787	0.4831	0.0000	1.0000
	1 美元	贫困率	0.0760	0.0000	1.0000	0.0583	0.1714
		平均贫困脆弱性	0.0129	0.0111	0.0357	0.0010	0.0773
		贫困脆弱率	0.1565	0.1403	0.3529	0.0000	1.0000
	国家线	贫困率	0.0641	0.0000	1.0000	0.0515	0.1477
		平均贫困脆弱性	0.0106	0.0092	0.0305	0.0007	0.0760
		贫困脆弱率	0.1311	0.1194	0.3023	0.0000	1.0000

续表

测度指标	贫困线	汇总指标	总体	非贫困者	贫困者	非贫困脆弱者	贫困脆弱者
α = 2	2 美元	贫困率	0.1326	0.0000	1.0000	0.1095	0.3729
		平均贫困脆弱性	0.0070	0.0054	0.0181	0.0013	0.0670
		贫困脆弱率	0.0879	0.0636	0.2472	0.0000	1.0000
	1 美元	贫困率	0.0760	0.0000	1.0000	0.0651	0.2439
		平均贫困脆弱性	0.0051	0.0042	0.0153	0.0007	0.0717
		贫困脆弱率	0.0611	0.0500	0.1961	0.0000	1.0000
	国家线	贫困率	0.0641	0.0000	1.0000	0.0568	0.1892
		平均贫困脆弱性	0.0045	0.0038	0.0140	0.0006	0.0712
		贫困脆弱率	0.0551	0.0478	0.1628	0.0000	1.0000

附表 6　基于跨期均值方差的期望贫困脆弱性按贫困和脆弱情况汇总（农村）

测度指标	贫困线	汇总指标	总体	非贫困者	贫困者	非贫困脆弱者	贫困脆弱者
α = 0	2 美元	贫困率	0.1729	0.0000	1.0000	0.1037	0.2678
		平均贫困脆弱性	0.2199	0.1913	0.3564	0.0437	0.4617
		贫困脆弱率	0.4215	0.3731	0.6529	0.0000	1.0000
	1 美元	贫困率	0.0671	0.0000	1.0000	0.0484	0.1165
		平均贫困脆弱性	0.0838	0.0783	0.1605	0.0111	0.2754
		贫困脆弱率	0.2750	0.2605	0.4773	0.0000	1.0000
	国家线	贫困率	0.0295	0.0000	1.0000	0.0220	0.0615
		平均贫困脆弱性	0.0365	0.0341	0.1050	0.0026	0.1809
		贫困脆弱率	0.1901	0.1812	0.3966	0.0000	1.0000
α = 1	2 美元	贫困率	0.1729	0.0000	1.0000	0.1292	0.2969
		平均贫困脆弱性	0.0222	0.0182	0.0413	0.0043	0.0733
		贫困脆弱率	0.2603	0.2213	0.4471	0.0000	1.0000
	1 美元	贫困率	0.0671	0.0000	1.0000	0.0538	0.1286
		平均贫困脆弱性	0.0111	0.0100	0.0268	0.0011	0.0573
		贫困脆弱率	0.1779	0.1662	0.3409	0.0000	1.0000
	国家线	贫困率	0.0295	0.0000	1.0000	0.0235	0.0756
		平均贫困脆弱性	0.0067	0.0061	0.0260	0.0004	0.0551
		贫困脆弱率	0.1144	0.1079	0.2931	0.0000	1.0000

续表

测度指标	贫困线	汇总指标	总体	非贫困者	贫困者	非贫困脆弱者	贫困脆弱者
α=2	2美元	贫困率	0.1729	0.0000	1.0000	0.1553	0.3443
		平均贫困脆弱性	0.0060	0.0046	0.0126	0.0013	0.0515
		贫困脆弱率	0.0930	0.0738	0.1853	0.0000	1.0000
	1美元	贫困率	0.0671	0.0000	1.0000	0.0609	0.1712
		平均贫困脆弱性	0.0040	0.0034	0.0115	0.0006	0.0608
		贫困脆弱率	0.0564	0.0501	0.1439	0.0000	1.0000
	国家线	贫困率	0.0295	0.0000	1.0000	0.0264	0.1096
		平均贫困脆弱性	0.0030	0.0026	0.0137	0.0003	0.0719
		贫困脆弱率	0.0371	0.0329	0.1379	0.0000	1.0000

附表7　基于跨期均值方差的期望贫困脆弱性各项汇总指标

测度指标	贫困线	范围	贫困率	贫困脆弱率	对贫困的贡献	对贫困脆弱性的贡献	平均贫困脆弱性	重合率
α=0	2美元	总体	0.1626	0.4045	1.0000	1.0000	0.2072	0.2624
		城镇	0.1326	0.3547	0.2075	0.2231	0.1702	0.2437
		农村	0.1729	0.4215	0.7925	0.7769	0.2199	0.2678
	1美元	总体	0.0694	0.2691	1.0000	1.0000	0.0826	0.1183
		城镇	0.0760	0.2519	0.2787	0.2380	0.0791	0.1243
		农村	0.0671	0.2750	0.7213	0.7620	0.0838	0.1165
	国家线	总体	0.0383	0.1895	1.0000	1.0000	0.0418	0.0760
		城镇	0.0641	0.1878	0.4257	0.2520	0.0573	0.1190
		农村	0.0295	0.1901	0.5743	0.7480	0.0365	0.0615
α=1	2美元	总体	0.1626	0.2498	1.0000	1.0000	0.0221	0.2959
		城镇	0.1326	0.2191	0.2075	0.2231	0.0219	0.2925
		农村	0.1729	0.2603	0.7925	0.7769	0.0222	0.2969
	1美元	总体	0.0694	0.1725	1.0000	1.0000	0.0116	0.1385
		城镇	0.0760	0.1565	0.2787	0.2308	0.0129	0.1714
		农村	0.0671	0.1779	0.7213	0.7692	0.0111	0.1286
	国家线	总体	0.0383	0.1187	1.0000	1.0000	0.0077	0.0958
		城镇	0.0641	0.1311	0.4257	0.2812	0.0106	0.1477
		农村	0.0295	0.1144	0.5743	0.7188	0.0067	0.0756

续表

测度指标	贫困线	范围	贫困率	贫困脆弱率	对贫困的贡献	对贫困脆弱性的贡献	平均贫困脆弱性	重合率
α = 2	2 美元	总体	0. 1626	0. 0917	1. 0000	1. 0000	0. 0062	0. 3512
		城镇	0. 1326	0. 0879	0. 2075	0. 2438	0. 0070	0. 3729
		农村	0. 1729	0. 0930	0. 7925	0. 7562	0. 0060	0. 3443
	1 美元	总体	0. 0694	0. 0576	1. 0000	1. 0000	0. 0043	0. 1908
		城镇	0. 0760	0. 0611	0. 2787	0. 2697	0. 0051	0. 2439
		农村	0. 0671	0. 0564	0. 7213	0. 7303	0. 0040	0. 1712
	国家线	总体	0. 0383	0. 0417	1. 0000	1. 0000	0. 0033	0. 1364
		城镇	0. 0641	0. 0551	0. 4257	0. 3364	0. 0045	0. 1892
		农村	0. 0295	0. 0371	0. 5743	0. 6636	0. 0030	0. 1096

附表 8　基于回归均值方差的期望贫困脆弱性按贫困动态汇总

测度指标	贫困线	范围	平均贫困脆弱性	2011 年不贫 2015 年不贫	2011 年不贫 2015 年贫	2011 年贫 2015 年不贫	2011 年贫 2015 年贫
α = 0	2 美元	总体	0. 2185	0. 1915	0. 2649	0. 3287	0. 3585
		城镇	0. 1462	0. 1287	0. 2171	0. 2571	0. 3718
		农村	0. 2378	0. 2109	0. 2750	0. 3359	0. 3568
	1 美元	总体	0. 0975	0. 0917	0. 1223	0. 1770	0. 1793
		城镇	0. 0680	0. 0595	0. 1233	0. 2349	NaN
		农村	0. 1055	0. 1006	0. 1220	0. 1673	0. 1793
	国家线	总体	0. 0405	0. 0385	0. 0634	0. 0934	0. 0753
		城镇	0. 0468	0. 0399	0. 0957	0. 1861	NaN
		农村	0. 0389	0. 0382	0. 0449	0. 0606	0. 0753
α = 1	2 美元	总体	0. 0213	0. 0179	0. 0265	0. 0350	0. 0419
		城镇	0. 0157	0. 0128	0. 0244	0. 0343	0. 0644
		农村	0. 0228	0. 0194	0. 0270	0. 0351	0. 0390
	1 美元	总体	0. 0089	0. 0082	0. 0118	0. 0195	0. 0178
		城镇	0. 0075	0. 0060	0. 0156	0. 0385	NaN
		农村	0. 0093	0. 0087	0. 0108	0. 0163	0. 0178
	国家线	总体	0. 0037	0. 0033	0. 0070	0. 0122	0. 0062
		城镇	0. 0052	0. 0041	0. 0125	0. 0308	NaN
		农村	0. 0032	0. 0032	0. 0038	0. 0056	0. 0062

续表

测度指标	贫困线	范围	平均贫困脆弱性	2011 年不贫 2015 年不贫	2011 年不贫 2015 年贫	2011 年贫 2015 年不贫	2011 年贫 2015 年贫
α = 2	2 美元	总体	0.0036	0.0029	0.0046	0.0064	0.0084
		城镇	0.0032	0.0023	0.0048	0.0088	0.0189
		农村	0.0038	0.0031	0.0045	0.0061	0.0070
	1 美元	总体	0.0015	0.0013	0.0021	0.0040	0.0030
		城镇	0.0016	0.0011	0.0037	0.0113	NaN
		农村	0.0014	0.0014	0.0017	0.0028	0.0030
	国家线	总体	0.0006	0.0005	0.0015	0.0031	0.0009
		城镇	0.0011	0.0008	0.0031	0.0092	NaN
		农村	0.0005	0.0005	0.0006	0.0009	0.0009

附表 9　基于回归均值方差的期望贫困脆弱性按贫困和脆弱情况汇总（城镇）

测度指标	贫困线	汇总指标	总体	非贫困者	贫困者	非贫困脆弱者	贫困脆弱者
α = 0	2 美元	贫困率	0.0994	0.0000	1.0000	0.0165	0.1411
		平均贫困脆弱性	0.1462	0.1346	0.2515	0.0158	0.2117
		贫困脆弱率	0.6657	0.6350	0.9444	0.0000	1.0000
	1 美元	贫困率	0.0497	0.0000	1.0000	0.0244	0.0707
		平均贫困脆弱性	0.0680	0.0651	0.1233	0.0065	0.1189
		贫困脆弱率	0.5470	0.5349	0.7778	0.0000	1.0000
	国家线	贫困率	0.0442	0.0000	1.0000	0.0191	0.0784
		平均贫困脆弱性	0.0468	0.0445	0.0957	0.0070	0.1012
		贫困脆弱率	0.4227	0.4075	0.7500	0.0000	1.0000
α = 1	2 美元	贫困率	0.0994	0.0000	1.0000	0.0558	0.1783
		平均贫困脆弱性	0.0157	0.0138	0.0333	0.0045	0.0361
		贫困脆弱率	0.3564	0.3252	0.6389	0.0000	1.0000
	1 美元	贫困率	0.0497	0.0000	1.0000	0.0403	0.0938
		平均贫困脆弱性	0.0075	0.0071	0.0156	0.0029	0.0286
		贫困脆弱率	0.1768	0.1686	0.3333	0.0000	1.0000
	国家线	贫困率	0.0442	0.0000	1.0000	0.0375	0.0952
		平均贫困脆弱性	0.0052	0.0049	0.0125	0.0024	0.0272
		贫困脆弱率	0.1160	0.1098	0.2500	0.0000	1.0000

续表

测度指标	贫困线	汇总指标	总体	非贫困者	贫困者	非贫困脆弱者	贫困脆弱者
α =2	2 美元	贫困率	0. 0994	0. 0000	1. 0000	0. 0549	0. 2056
		平均贫困脆弱性	0. 0032	0. 0026	0. 0079	0. 0007	0. 0090
		贫困脆弱率	0. 2956	0. 2607	0. 6111	0. 0000	1. 0000
	1 美元	贫困率	0. 0497	0. 0000	1. 0000	0. 0295	0. 1099
		平均贫困脆弱性	0. 0016	0. 0015	0. 0037	0. 0003	0. 0054
		贫困脆弱率	0. 2514	0. 2355	0. 5556	0. 0000	1. 0000
	国家线	贫困率	0. 0442	0. 0000	1. 0000	0. 0284	0. 1000
		平均贫困脆弱性	0. 0011	0. 0010	0. 0031	0. 0002	0. 0045
		贫困脆弱率	0. 2210	0. 2081	0. 5000	0. 0000	1. 0000

附表 10　基于回归均值方差的期望贫困脆弱性按贫困和脆弱情况汇总（农村）

测度指标	贫困线	汇总指标	总体	非贫困者	贫困者	非贫困脆弱者	贫困脆弱者
α =0	2 美元	贫困率	0. 1441	0. 0000	1. 0000	0. 0512	0. 1845
		平均贫困脆弱性	0. 2378	0. 2272	0. 3010	0. 0854	0. 3041
		贫困脆弱率	0. 6970	0. 6641	0. 8923	0. 0000	1. 0000
	1 美元	贫困率	0. 0547	0. 0000	1. 0000	0. 0196	0. 0727
		平均贫困脆弱性	0. 1055	0. 1040	0. 1298	0. 0245	0. 1470
		贫困脆弱率	0. 6608	0. 6482	0. 8784	0. 0000	1. 0000
	国家线	贫困率	0. 0222	0. 0000	1. 0000	0. 0144	0. 0288
		平均贫困脆弱性	0. 0389	0. 0385	0. 0469	0. 0084	0. 0651
		贫困脆弱率	0. 5381	0. 5325	0. 7000	0. 0000	1. 0000
α =1	2 美元	贫困率	0. 1441	0. 0000	1. 0000	0. 0937	0. 1909
		平均贫困脆弱性	0. 0228	0. 0215	0. 0308	0. 0089	0. 0358
		贫困脆弱率	0. 5188	0. 4905	0. 6872	0. 0000	1. 0000
	1 美元	贫困率	0. 0547	0. 0000	1. 0000	0. 0493	0. 0677
		平均贫困脆弱性	0. 0093	0. 0091	0. 0117	0. 0046	0. 0205
		贫困脆弱率	0. 2949	0. 2909	0. 3649	0. 0000	1. 0000
	国家线	贫困率	0. 0222	0. 0000	1. 0000	0. 0221	0. 0235
		平均贫困脆弱性	0. 0032	0. 0032	0. 0040	0. 0025	0. 0148
		贫困脆弱率	0. 0628	0. 0619	0. 0667	0. 0000	1. 0000

续表

测度指标	贫困线	汇总指标	总体	非贫困者	贫困者	非贫困脆弱者	贫困脆弱者
α =2	2 美元	贫困率	0.1441	0.0000	1.0000	0.0994	0.2099
		平均贫困脆弱性	0.0038	0.0035	0.0053	0.0015	0.0071
		贫困脆弱率	0.4050	0.3739	0.5897	0.0000	1.0000
	1 美元	贫困率	0.0547	0.0000	1.0000	0.0441	0.0733
		平均贫困脆弱性	0.0014	0.0014	0.0019	0.0005	0.0031
		贫困脆弱率	0.3629	0.3557	0.4865	0.0000	1.0000
	国家线	贫困率	0.0222	0.0000	1.0000	0.0219	0.0228
		平均贫困脆弱性	0.0005	0.0005	0.0006	0.0001	0.0012
		贫困脆弱率	0.3245	0.3209	0.3333	0.0000	1.0000

附表 11　基于回归均值方差的期望贫困脆弱性各项汇总指标

测度指标	贫困线	范围	贫困率	贫困脆弱率	对贫困的贡献	对贫困脆弱性的贡献	平均贫困脆弱性	重合率
α =0	2 美元	总体	0.1347	0.6904	1.0000	1.0000	0.2185	0.1757
		城镇	0.0994	0.6657	0.1558	0.2035	0.1462	0.1411
		农村	0.1441	0.6970	0.8442	0.7965	0.2378	0.1845
	1 美元	总体	0.0536	0.6367	1.0000	1.0000	0.0975	0.0723
		城镇	0.0497	0.5470	0.1957	0.1813	0.0680	0.0707
		农村	0.0547	0.6608	0.8043	0.8187	0.1055	0.0727
	国家线	总体	0.0268	0.5137	1.0000	1.0000	0.0405	0.0375
		城镇	0.0442	0.4227	0.3478	0.1737	0.0468	0.0784
		农村	0.0222	0.5381	0.6522	0.8263	0.0389	0.0288
α =1	2 美元	总体	0.1347	0.4845	1.0000	1.0000	0.0213	0.1889
		城镇	0.0994	0.3564	0.1558	0.1552	0.0157	0.1783
		农村	0.1441	0.5188	0.8442	0.8448	0.0228	0.1909
	1 美元	总体	0.0536	0.2700	1.0000	1.0000	0.0089	0.0713
		城镇	0.0497	0.1768	0.1957	0.1382	0.0075	0.0938
		农村	0.0547	0.2949	0.8043	0.8618	0.0093	0.0677
	国家线	总体	0.0268	0.0741	1.0000	1.0000	0.0037	0.0472
		城镇	0.0442	0.1160	0.3478	0.3307	0.0052	0.0952
		农村	0.0222	0.0628	0.6522	0.6693	0.0032	0.0235

续表

测度指标	贫困线	范围	贫困率	贫困脆弱率	对贫困的贡献	对贫困脆弱性的贡献	平均贫困脆弱性	重合率
α = 2	2 美元	总体	0.1347	0.3819	1.0000	1.0000	0.0036	0.2092
		城镇	0.0994	0.2956	0.1558	0.1634	0.0032	0.2056
		农村	0.1441	0.4050	0.8442	0.8366	0.0038	0.2099
	1 美元	总体	0.0536	0.3394	1.0000	1.0000	0.0015	0.0790
		城镇	0.0497	0.2514	0.1957	0.1564	0.0016	0.1099
		农村	0.0547	0.3629	0.8043	0.8436	0.0014	0.0733
	国家线	总体	0.0268	0.3026	1.0000	1.0000	0.0006	0.0347
		城镇	0.0442	0.2210	0.3478	0.1541	0.0011	0.1000
		农村	0.0222	0.3245	0.6522	0.8459	0.0005	0.0228

附表 12　　基于截面数据的期望贫困脆弱性按贫困动态汇总

测度指标	贫困线	范围	平均贫困脆弱性	2011 年不贫 2015 年不贫	2011 年不贫 2015 年贫	2011 年贫 2015 年不贫	2011 年贫 2015 年贫
α = 0	2 美元	总体	0.1670	0.1410	0.1927	0.2790	0.3321
		城镇	0.1084	0.0847	0.1696	0.2760	0.5011
		农村	0.1827	0.1584	0.1976	0.2793	0.3102
	1 美元	总体	0.0675	0.0626	0.0686	0.1524	0.1684
		城镇	0.0381	0.0299	0.0600	0.2521	NaN
		农村	0.0754	0.0715	0.0711	0.1358	0.1684
	国家线	总体	0.0270	0.0255	0.0299	0.0777	0.1564
		城镇	0.0223	0.0168	0.0349	0.1735	NaN
		农村	0.0283	0.0277	0.0271	0.0437	0.1564
α = 1	2 美元	总体	0.0152	0.0122	0.0175	0.0279	0.0362
		城镇	0.0086	0.0060	0.0140	0.0279	0.0510
		农村	0.0170	0.0141	0.0182	0.0279	0.0343
	1 美元	总体	0.0061	0.0056	0.0057	0.0148	0.0199
		城镇	0.0029	0.0021	0.0037	0.0246	NaN
		农村	0.0069	0.0065	0.0063	0.0131	0.0199
	国家线	总体	0.0024	0.0023	0.0023	0.0072	0.0190
		城镇	0.0017	0.0012	0.0021	0.0161	NaN
		农村	0.0026	0.0026	0.0025	0.0041	0.0190

续表

测度指标	贫困线	范围	平均贫困脆弱性	2011 年不贫 2015 年不贫	2011 年不贫 2015 年贫	2011 年贫 2015 年不贫	2011 年贫 2015 年贫
α = 2	2 美元	总体	0.0025	0.0019	0.0029	0.0049	0.0069
		城镇	0.0012	0.0008	0.0020	0.0049	0.0087
		农村	0.0029	0.0023	0.0031	0.0049	0.0067
	1 美元	总体	0.0010	0.0009	0.0009	0.0025	0.0042
		城镇	0.0004	0.0003	0.0004	0.0041	NaN
		农村	0.0012	0.0011	0.0010	0.0023	0.0042
	国家线	总体	0.0004	0.0004	0.0004	0.0012	0.0040
		城镇	0.0002	0.0002	0.0002	0.0026	NaN
		农村	0.0005	0.0005	0.0004	0.0007	0.0040

附表 13 基于截面数据的期望贫困脆弱性按贫困和脆弱情况汇总（城镇）

测度指标	贫困线	汇总指标	总体	非贫困者	贫困者	非贫困脆弱者	贫困脆弱者
α = 0	2 美元	贫困率	0.0994	0.0000	1.0000	0.0636	0.1549
		平均贫困脆弱性	0.1084	0.0935	0.2433	0.0078	0.2643
		贫困脆弱率	0.3923	0.3681	0.6111	0.0000	1.0000
	1 美元	贫困率	0.0497	0.0000	1.0000	0.0400	0.0805
		平均贫困脆弱性	0.0381	0.0370	0.0600	0.0034	0.1481
		贫困脆弱率	0.2403	0.2326	0.3889	0.0000	1.0000
	国家线	贫困率	0.0442	0.0000	1.0000	0.0334	0.0952
		平均贫困脆弱性	0.0223	0.0218	0.0349	0.0026	0.1158
		贫困脆弱率	0.1740	0.1647	0.3750	0.0000	1.0000
α = 1	2 美元	贫困率	0.0994	0.0000	1.0000	0.0705	0.2344
		平均贫困脆弱性	0.0086	0.0071	0.0223	0.0020	0.0392
		贫困脆弱率	0.1768	0.1503	0.4167	0.0000	1.0000
	1 美元	贫困率	0.0497	0.0000	1.0000	0.0471	0.0909
		平均贫困脆弱性	0.0029	0.0028	0.0037	0.0012	0.0296
		贫困脆弱率	0.0608	0.0581	0.1111	0.0000	1.0000
	国家线	贫困率	0.0442	0.0000	1.0000	0.0458	0.0000
		平均贫困脆弱性	0.0017	0.0017	0.0021	0.0008	0.0258
		贫困脆弱率	0.0359	0.0376	0.0000	0.0000	1.0000

续表

测度指标	贫困线	汇总指标	总体	非贫困者	贫困者	非贫困脆弱者	贫困脆弱者
α = 2	2 美元	贫困率	0.0994	0.0000	1.0000	0.0629	0.2368
		平均贫困脆弱性	0.0012	0.0010	0.0035	0.0001	0.0054
		贫困脆弱率	0.2099	0.1779	0.5000	0.0000	1.0000
	1 美元	贫困率	0.0497	0.0000	1.0000	0.0395	0.1034
		平均贫困脆弱性	0.0004	0.0004	0.0004	0.0000	0.0024
		贫困脆弱率	0.1602	0.1512	0.3333	0.0000	1.0000
	国家线	贫困率	0.0442	0.0000	1.0000	0.0354	0.0980
		平均贫困脆弱性	0.0002	0.0002	0.0002	0.0000	0.0016
		贫困脆弱率	0.1409	0.1329	0.3125	0.0000	1.0000

附表 14　基于截面数据的期望贫困脆弱性按贫困和脆弱情况汇总（农村）

测度指标	贫困线	汇总指标	总体	非贫困者	贫困者	非贫困脆弱者	贫困脆弱者
α = 0	2 美元	贫困率	0.1441	0.0000	1.0000	0.1041	0.1885
		平均贫困脆弱性	0.1827	0.1742	0.2334	0.0550	0.3242
		贫困脆弱率	0.4745	0.4499	0.6205	0.0000	1.0000
	1 美元	贫困率	0.0547	0.0000	1.0000	0.0504	0.0608
		平均贫困脆弱性	0.0754	0.0749	0.0842	0.0134	0.1634
		贫困脆弱率	0.4132	0.4105	0.4595	0.0000	1.0000
	国家线	贫困率	0.0222	0.0000	1.0000	0.0208	0.0256
		平均贫困脆弱性	0.0283	0.0279	0.0357	0.0045	0.0867
		贫困脆弱率	0.2890	0.2872	0.3333	0.0000	1.0000
α = 1	2 美元	贫困率	0.1441	0.0000	1.0000	0.1225	0.1932
		平均贫困脆弱性	0.0170	0.0159	0.0234	0.0055	0.0428
		贫困脆弱率	0.3060	0.2884	0.4103	0.0000	1.0000
	1 美元	贫困率	0.0547	0.0000	1.0000	0.0532	0.0612
		平均贫困脆弱性	0.0069	0.0069	0.0081	0.0023	0.0276
		贫困脆弱率	0.1811	0.1798	0.2027	0.0000	1.0000
	国家线	贫困率	0.0222	0.0000	1.0000	0.0217	0.0280
		平均贫困脆弱性	0.0026	0.0026	0.0036	0.0012	0.0199
		贫困脆弱率	0.0791	0.0779	0.1000	0.0000	1.0000

续表

测度指标	贫困线	汇总指标	总体	非贫困者	贫困者	非贫困脆弱者	贫困脆弱者
α = 2	2 美元	贫困率	0.1441	0.0000	1.0000	0.1246	0.1952
		平均贫困脆弱性	0.0029	0.0026	0.0043	0.0007	0.0086
		贫困脆弱率	0.2764	0.2599	0.3744	0.0000	1.0000
	1 美元	贫困率	0.0547	0.0000	1.0000	0.0536	0.0584
		平均贫困脆弱性	0.0012	0.0012	0.0015	0.0002	0.0045
		贫困脆弱率	0.2276	0.2267	0.2432	0.0000	1.0000
	国家线	贫困率	0.0222	0.0000	1.0000	0.0209	0.0276
		平均贫困脆弱性	0.0005	0.0005	0.0007	0.0001	0.0023
		贫困脆弱率	0.1877	0.1864	0.2333	0.0000	1.0000

附表 15　　基于截面数据的期望贫困脆弱性各项汇总指标

测度指标	贫困线	范围	贫困率	贫困脆弱率	对贫困的贡献	对贫困脆弱性的贡献	平均贫困脆弱性	重合率
α = 0	2 美元	总体	0.1347	0.4571	1.0000	1.0000	0.1670	0.1824
		城镇	0.0994	0.3923	0.1558	0.1811	0.1084	0.1549
		农村	0.1441	0.4745	0.8442	0.8189	0.1827	0.1885
	1 美元	总体	0.0536	0.3767	1.0000	1.0000	0.0675	0.0635
		城镇	0.0497	0.2403	0.1957	0.1347	0.0381	0.0805
		农村	0.0547	0.4132	0.8043	0.8653	0.0754	0.0608
	国家线	总体	0.0268	0.2647	1.0000	1.0000	0.0270	0.0352
		城镇	0.0442	0.1740	0.3478	0.1388	0.0223	0.0952
		农村	0.0222	0.2890	0.6522	0.8612	0.0283	0.0256
α = 1	2 美元	总体	0.1347	0.2787	1.0000	1.0000	0.0152	0.1987
		城镇	0.0994	0.1768	0.1558	0.1339	0.0086	0.2344
		农村	0.1441	0.3060	0.8442	0.8661	0.0170	0.1932
	1 美元	总体	0.0536	0.1557	1.0000	1.0000	0.0061	0.0637
		城镇	0.0497	0.0608	0.1957	0.0824	0.0029	0.0909
		农村	0.0547	0.1811	0.8043	0.9176	0.0069	0.0612
	国家线	总体	0.0268	0.0700	1.0000	1.0000	0.0024	0.0250
		城镇	0.0442	0.0359	0.3478	0.1083	0.0017	0.0000
		农村	0.0222	0.0791	0.6522	0.8917	0.0026	0.0280

续表

测度指标	贫困线	范围	贫困率	贫困脆弱率	对贫困的贡献	对贫困脆弱性的贡献	平均贫困脆弱性	重合率
α = 2	2 美元	总体	0.1347	0.2624	1.0000	1.0000	0.0025	0.2022
		城镇	0.0994	0.2099	0.1558	0.1689	0.0012	0.2368
		农村	0.1441	0.2764	0.8442	0.8311	0.0029	0.1952
	1 美元	总体	0.0536	0.2134	1.0000	1.0000	0.0010	0.0656
		城镇	0.0497	0.1602	0.1957	0.1585	0.0004	0.1034
		农村	0.0547	0.2276	0.8043	0.8415	0.0012	0.0584
	国家线	总体	0.0268	0.1778	1.0000	1.0000	0.0004	0.0393
		城镇	0.0442	0.1409	0.3478	0.1672	0.0002	0.0980
		农村	0.0222	0.1877	0.6522	0.8328	0.0005	0.0276

附表 16　基于伪面板数据的期望贫困脆弱性按贫困和脆弱情况汇总（城镇）

测度指标	贫困线	汇总指标	总体	非贫困者	贫困者	非贫困脆弱者	贫困脆弱者
α = 0	2 美元	贫困率	0.0994	0.0000	1.0000	0.0591	0.1620
		平均贫困脆弱性	0.0728	0.0659	0.1361	0.0351	0.1313
		贫困脆弱率	0.3923	0.3650	0.6389	0.0000	1.0000
	1 美元	贫困率	0.0497	0.0000	1.0000	0.0442	0.0619
		平均贫困脆弱性	0.0304	0.0299	0.0400	0.0179	0.0578
		贫困脆弱率	0.3122	0.3081	0.3889	0.0000	1.0000
	国家线	贫困率	0.0442	0.0000	1.0000	0.0407	0.0597
		平均贫困脆弱性	0.0222	0.0218	0.0306	0.0156	0.0512
		贫困脆弱率	0.1851	0.1821	0.2500	0.0000	1.0000
α = 1	2 美元	贫困率	0.0994	0.0000	1.0000	0.0862	0.1231
		平均贫困脆弱性	0.0139	0.0135	0.0169	0.0078	0.0247
		贫困脆弱率	0.3591	0.3497	0.4444	0.0000	1.0000
	1 美元	贫困率	0.0497	0.0000	1.0000	0.0500	0.0492
		平均贫困脆弱性	0.0107	0.0106	0.0126	0.0055	0.0209
		贫困脆弱率	0.3370	0.3372	0.3333	0.0000	1.0000
	国家线	贫困率	0.0442	0.0000	1.0000	0.0408	0.0513
		平均贫困脆弱性	0.0100	0.0099	0.0127	0.0051	0.0204
		贫困脆弱率	0.3232	0.3208	0.3750	0.0000	1.0000

续表

测度指标	贫困线	汇总指标	总体	非贫困者	贫困者	非贫困脆弱者	贫困脆弱者
α = 2	2 美元	贫困率	0.0994	0.0000	1.0000	0.0986	0.1007
		平均贫困脆弱性	0.0088	0.0088	0.0090	0.0037	0.0162
		贫困脆弱率	0.4116	0.4110	0.4167	0.0000	1.0000
	1 美元	贫困率	0.0497	0.0000	1.0000	0.0433	0.0584
		平均贫困脆弱性	0.0082	0.0081	0.0098	0.0031	0.0151
		贫困脆弱率	0.4254	0.4215	0.5000	0.0000	1.0000
	国家线	贫困率	0.0442	0.0000	1.0000	0.0335	0.0588
		平均贫困脆弱性	0.0080	0.0079	0.0105	0.0030	0.0148
		贫困脆弱率	0.4227	0.4162	0.5625	0.0000	1.0000

附表 17　基于伪面板数据的期望贫困脆弱性按贫困和脆弱情况汇总（农村）

测度指标	贫困线	汇总指标	总体	非贫困者	贫困者	非贫困脆弱者	贫困脆弱者
α = 0	2 美元	贫困率	0.1441	0.0000	1.0000	0.1168	0.2400
		平均贫困脆弱性	0.1077	0.1003	0.1517	0.0659	0.2545
		贫困脆弱率	0.2217	0.1969	0.3692	0.0000	1.0000
	1 美元	贫困率	0.0547	0.0000	1.0000	0.0539	0.0595
		平均贫困脆弱性	0.0296	0.0297	0.0288	0.0193	0.0949
		贫困脆弱率	0.1367	0.1360	0.1486	0.0000	1.0000
	国家线	贫困率	0.0222	0.0000	1.0000	0.0199	0.0405
		平均贫困脆弱性	0.0110	0.0110	0.0117	0.0078	0.0374
		贫困脆弱率	0.1094	0.1070	0.2000	0.0000	1.0000
α = 1	2 美元	贫困率	0.1441	0.0000	1.0000	0.1285	0.2472
		平均贫困脆弱性	0.0100	0.0095	0.0130	0.0072	0.0286
		贫困脆弱率	0.1316	0.1157	0.2256	0.0000	1.0000
	1 美元	贫困率	0.0547	0.0000	1.0000	0.0534	0.0622
		平均贫困脆弱性	0.0052	0.0052	0.0052	0.0032	0.0173
		贫困脆弱率	0.1426	0.1415	0.1622	0.0000	1.0000
	国家线	贫困率	0.0222	0.0000	1.0000	0.0211	0.0260
		平均贫困脆弱性	0.0044	0.0043	0.0054	0.0016	0.0139
		贫困脆弱率	0.2276	0.2261	0.2667	0.0000	1.0000

续表

测度指标	贫困线	汇总指标	总体	非贫困者	贫困者	非贫困脆弱者	贫困脆弱者
α = 2	2 美元	贫困率	0. 1441	0. 0000	1. 0000	0. 1386	0. 1600
		平均贫困脆弱性	0. 0041	0. 0040	0. 0047	0. 0009	0. 0132
		贫困脆弱率	0. 2587	0. 2539	0. 2872	0. 0000	1. 0000
	1 美元	贫困率	0. 0547	0. 0000	1. 0000	0. 0547	0. 0547
		平均贫困脆弱性	0. 0035	0. 0035	0. 0037	0. 0004	0. 0132
		贫困脆弱率	0. 2432	0. 2432	0. 2432	0. 0000	1. 0000
	国家线	贫困率	0. 0222	0. 0000	1. 0000	0. 0214	0. 0245
		平均贫困脆弱性	0. 0034	0. 0034	0. 0045	0. 0003	0. 0132
		贫困脆弱率	0. 2409	0. 2399	0. 2667	0. 0000	1. 0000

附表 18　基于伪面板数据的期望贫困脆弱性各项汇总指标

测度指标	贫困线	范围	贫困率	贫困脆弱率	对贫困的贡献	对贫困脆弱性的贡献	平均贫困脆弱性
α = 0	2 美元	总体	0. 1347	0. 2577	1. 0000	1. 0000	0. 1003
		城镇	0. 0994	0. 3923	0. 1558	0. 3213	0. 0728
		农村	0. 1441	0. 2217	0. 8442	0. 6787	0. 1077
	1 美元	总体	0. 0536	0. 1738	1. 0000	1. 0000	0. 0298
		城镇	0. 0497	0. 3122	0. 1957	0. 3792	0. 0304
		农村	0. 0547	0. 1367	0. 8043	0. 6208	0. 0296
	国家线	总体	0. 0268	0. 1254	1. 0000	1. 0000	0. 0134
		城镇	0. 0442	0. 1851	0. 3478	0. 3116	0. 0222
		农村	0. 0222	0. 1094	0. 6522	0. 6884	0. 0110
α = 1	2 美元	总体	0. 1347	0. 1796	1. 0000	1. 0000	0. 0108
		城镇	0. 0994	0. 3591	0. 1558	0. 4221	0. 0139
		农村	0. 1441	0. 1316	0. 8442	0. 5779	0. 0100
	1 美元	总体	0. 0536	0. 1837	1. 0000	1. 0000	0. 0063
		城镇	0. 0497	0. 3370	0. 1957	0. 3873	0. 0107
		农村	0. 0547	0. 1426	0. 8043	0. 6127	0. 0052
	国家线	总体	0. 0268	0. 2478	1. 0000	1. 0000	0. 0056
		城镇	0. 0442	0. 3232	0. 3478	0. 2753	0. 0100
		农村	0. 0222	0. 2276	0. 6522	0. 7247	0. 0044

续表

测度指标	贫困线	范围	贫困率	贫困脆弱率	对贫困的贡献	对贫困脆弱性的贡献	平均贫困脆弱性
α = 2	2 美元	总体	0. 1347	0. 2910	1. 0000	1. 0000	0. 0051
		城镇	0. 0994	0. 4116	0. 1558	0. 2986	0. 0088
		农村	0. 1441	0. 2587	0. 8442	0. 7014	0. 0041
	1 美元	总体	0. 0536	0. 2816	1. 0000	1. 0000	0. 0045
		城镇	0. 0497	0. 4254	0. 1957	0. 3188	0. 0082
		农村	0. 0547	0. 2432	0. 8043	0. 6812	0. 0035
	国家线	总体	0. 0268	0. 2793	1. 0000	1. 0000	0. 0044
		城镇	0. 0442	0. 4227	0. 3478	0. 3194	0. 0080
		农村	0. 0222	0. 2409	0. 6522	0. 6806	0. 0034

参考文献

[1] 阿尔基尔．贫困的缺失维度［M］．北京：科学出版社，2010.

[2] 阿玛蒂亚·森．贫困与饥荒：论权利与剥夺［M］．北京：商务印书馆，2001.

[3] 蔡昉．转轨中的城市贫困问题［M］．北京：社会科学出版社，2003.

[4] 蔡生菊．脆弱性贫困与农村妇女贫困问题——基于甘肃省的实证调查［J］．天水行政学院学报，2017（2）.

[5] 陈灿平．西部地区新生代农民工贫困脆弱性的评价——基于生计资本考察［J］．西南民族大学学报（人文社科版），2018（5）.

[6] 陈传波．农户风险与脆弱性：一个分析框架及贫困地区的经验［J］．农业经济问题，2005（8）.

[7] 陈光燕，杨浩．脆弱性视角下气象灾害对农村贫困的影响分析［J］．四川农业大学学报，2017（12）.

[8] 陈健生．生态脆弱地区农村慢性贫困研究［M］．第1版．北京：经济科学出版社，2009.

[9] 陈立中，张建华．经济增长，收入分配与减贫进程间的动态联系——来自中国农村的经验分析［J］．中国人口科学，2007（1）.

[10] 丁建军．多维贫困的理论基础，测度方法及实践进展［J］．西部论坛，2014（1）.

[11] 都阳，John Giles. 城市劳动力市场上的就业冲击对家庭教育决策的影响［J］．经济研究，2006（4）.

[12] 段志民，孙伯驰．我国家庭资产贫困脆弱性的测度研究［J］．统计与管理，2018（11）．

[13] 樊丽明，解垩．公共转移支付减少了贫困脆弱性吗？［J］．经济研究，2014（8）．

[14] 方迎风．中国贫困的多维测度［J］．当代经济科学，2012（4）．

[15] 封进，余央央．中国农村的收入差距与健康［J］．经济研究，2007（1）．

[16] 冯娇，周立华，陈勇．贫困脆弱性研究进展［J］．中国沙漠，2017（11）．

[17] 弗朗索瓦·布吉尼翁，路易斯·A. 达席尔瓦．经济政策对贫困和收入分配的影响：评估技术和方法［M］．北京：中国人民大学出版社，2007.

[18] 冯星光，张晓静．贫困测度指标及其评价［J］．统计与信息论坛，2006（5）．

[19] 高梦滔．健康风险冲击对农户收入的影响［J］．经济研究，2005（12）．

[20] 高梦滔，姚洋．性别，生命周期与家庭内部健康投资——中国农户就诊的经验证据［J］．经济研究，2004（7）．

[21] 高若晨，李实．农村劳动力外出是否有利留守家庭持久脱贫？——基于贫困脆弱性方法的实证分析［J］．北京师范大学学报（社会科学版），2018（4）．

[22] 高艳云．中国城乡多维贫困的测度及比较［J］．统计研究，2012（11）．

[23] 郭建宇，吴国宝．基于不同指标及权重选择的多维贫困测量——以山西省贫困县为例［J］．中国农村经济，2012（2）．

[24] 郭君平，宁爱照，曲颂．贫困脆弱性视角下参与式社区综合发展的精准“防贫”效应分析［J］．中国农业大学学报（社会科学版），2018（4）．

［25］国情调查课题组．脆弱性与贫困：江苏李庄村实证分析［J］．现代经济探讨，2009（7）．

［26］韩峥．脆弱性分析和制图系统在中国扶贫项目的应用［J］．中国农业资源与区划，2001（2）．

［27］韩峥．脆弱性与农村贫困［J］．农业经济问题，2004（10）．

［28］何思妤，黄婉婷．库区移民贫困脆弱性与精准脱贫方略重构——基于长江上游386户库区农村移民的分析［J］．农村经济，2018（12）．

［29］洪小良．城市贫困家庭的社会关系网络与社会支持［M］．北京：中国人民大学出版社，2008．

［30］洪兴建，高鸿桢．反贫困效果的模型分解及中国农村反贫困的实证分析［J］．统计研究，2005（3）．

［31］洪兴建，邓倩．中国农村贫困的动态研究［J］．统计研究，2013（5）．

［32］胡鞍钢，常志霄．城镇贫困与综合性反贫困政策框架［J］．经济学家，2000（6）．

［33］胡金焱．民间借贷，社会网络与贫困脆弱性［J］．山东师范大学学报（人文社会科学版），2015（4）．

［34］胡永和，蒋永穆．基于脆弱性上升的中国城镇贫困现象解析［J］．经济体制改革，2009（4）．

［35］黄潇．什么引致了农村居民贫困风险——来自贫困脆弱性测度和分解的证据［J］．贵州财经大学学报，2018（1）．

［36］蒋丽丽．贫困脆弱性理论与政策研究新进展［J］．经济学动态，2017（6）．

［37］解垩．中国老年家庭的经济脆弱性与贫困［J］．人口与发展，2014（2）．

［38］解垩．代际间向上流动的私人转移支付与贫困脆弱性［J］．经济管理，2015（3）．

[39] 赖俊明，徐保红．贫困脆弱性对农户劳动力迁移的影响研究[J]．数理统计与管理，2019（4）．

[40] 李齐云，席华．新农保对家庭贫困脆弱性的影响——基于中国家庭追踪调查数据的研究[J]．上海经济研究，2015（7）．

[41] 李实．对收入分配研究中几个问题的进一步说明[J]．经济研究，2000（7）．

[42] 李实，赵人伟．中国居民收入分配再研究[J]．经济研究，1999（4）．

[43] 李实，John Knight．中国城市中的三种贫困类型[J]．经济研究，2002（10）．

[44] 李小云，董强，饶小龙，等．农户脆弱性分析方法及其本土化应用[J]．中国农村经济，2007（4）．

[45] 李雪萍，王蒙．多维贫困“行动—结构”分析框架的建构——基于可持续生计，脆弱性，社会排斥三种分析框架的融合[J]．江汉大学学报（社会科学版），2015（6）．

[46] 梁凡，朱玉春．农户贫困脆弱性与人力资本特征[J]．华南农业大学学报（社会科学版），2018（2）．

[47] 梁凡，朱玉春．资源禀赋对山区农户贫困脆弱性的影响[J]．西北农林科技大学学报（社会科学版），2018（5）．

[48] 林伯强．中国的经济增长，贫困减少与政策选择[J]．经济研究，2003（12）．

[49] 林洪涛，孙浩进．黑龙江省农村贫困地区农民的脆弱性风险及对策[J]．东北农业大学学报社会科学版，2006（3）．

[50] 林文，邓明．贸易开放度是否影响了我国农村贫困脆弱性——基于 CHNS 微观数据的经验分析[J]．国际贸易问题，2014（6）．

[51] 刘国恩，William H. Dow，傅正泓，等．中国健康人力资本与收入增长[J]．经济学季刊，2004（1）．

[52] 刘建华．贫困问题的社会制度分析[J]．当代经济研究，2005

(10).

[53] 刘欢. 农村老龄家庭贫困脆弱性特征与社会保障水平关联研究[J]. 首都经济贸易大学学报（双月刊），2018（1）.

[54] 刘伟，朱玉春. 健康风险对农户贫困脆弱性的影响研究[J]. 湖北农业科学，2014（7）.

[55] 吕娜. 健康人力资本与经济增长研究文献综述[J]. 经济评论，2009（6）.

[56] 马丁·瑞沃林. 贫困的比较[M]. 第1版. 北京：北京大学出版社，2004.

[57] 聂荣，张志国. 中国农村家庭贫困脆弱性动态研究[J]. 农业技术经济，2014（10）.

[58] 宁静，殷浩栋，汪三贵，王琼. 易地扶贫搬迁减少了贫困脆弱性吗？——基于8省16县易地扶贫搬迁准实验研究的PSM－DID分析[J]. 中国人口·资源与环境，2018（11）.

[59] 潘泽泉，罗宇翔. 脆弱性，风险承担网络与农村贫困研究——基于湖南10村调查的数据分析[J]. 中国农业大学学报（社会科学版），2015（6）.

[60] 尚卫平，姚智谋. 多维贫困测度方法研究[J]. 财经研究，2005（12）.

[61] 沈红. 中国贫困研究的社会学评述[J]. 社会学研究，2000（2）.

[62] 田子，解垩. 新农保和城居保对城乡老年人口的减贫效应：基于贫困脆弱性视角的分析[J]. 公共财政研究，2018（5）.

[63] 万广华，章元. 我们能够在多大程度上准确预测贫困脆弱性？[J]. 数量经济技术经济研究，2009，（6）.

[64] 万广华，刘飞，章元. 资产视角下的贫困脆弱性分解：基于中国农户面板数据的经验分析[J]. 中国农村经济，2014（4）.

[65] 王春超，叶琴. 中国农民工多维贫困的演进——基于收入与教

育维度的考察［J］. 经济研究，2014（12）.

［66］王国敏，张宁，杨永清．贫困脆弱性解构与精准脱贫制度重构——基于西部农村地区［J］. 社会科学研究，2017（9）.

［67］王海港．中国居民的收入分配和收入流动性研究［M］. 第1版. 广州：中山大学出版社，2007.

［68］王海燕．标准化系数与偏相关系数的比较与应用［J］. 数量经济技术经济研究，2006（9）.

［69］王素霞，王小林．中国多维贫困测量［J］. 中国农业大学学报（社会科学版），2013（6）.

［70］王一兵，张东辉．HT模型在健康人力资本对个人收入影响中的应用研究［J］. 统计与信息论坛，2008（8）.

［71］王朝明．中国城镇新贫困人口论［J］. 经济学家，2000（2）.

［72］王朝明．社会资本与城市贫困问题研究：一个理论框架及四川城市社区经验证据的检验［M］. 成都：西南财经大学出版社，2009.

［73］魏众．健康对非农业就业及其工资决定的影响［J］. 经济研究，2004（2）.

［74］魏颖．中国代际收入流动与收入不平等问题研究［M］. 第1版. 北京：中国财政经济出版社，2009.

［75］伍艳．贫困地区农户生计脆弱性的测度——基于秦巴山片区的实证分析．西南民族大学学报（人文社科版），2015（6）.

［76］邢春冰．不同所有制企业的工资决定机制考察［J］. 经济研究，2005（6）.

［77］徐超，李林木．城乡低保是否有助于未来减贫——基于贫困脆弱性的实证分析［J］. 财贸经济，2017（5）.

［78］徐超，宫兵．农民创业是否降低了贫困脆弱性［J］. 现代财经（天津财经大学学报），2017（5）.

［79］徐戈，陆迁，姜雅莉．社会资本，收入多样化与农户贫困脆弱性［J］. 中国人口·资源与环境，2019（2）.

[80] 许启发，王侠英，蒋翠侠．城乡居民贫困脆弱性综合评价：来自安徽省的经验证据 [J]. 经济问题，2017 (8).

[81] 薛进军，园田正．中国的教育差距与收入差距 [J]. 中国人口科学，2008 (1).

[82] 杨浩，庄天慧，蓝红星．气象灾害对贫困地区农户脆弱性影响研究——基于全国 592 个贫困县 53271 户的分析 [J]. 农业技术经济，2016 (3).

[83] 杨建芳，龚六堂，张庆华．人力资本形成及其对经济增长的影响——一个包含教育和健康投资的增长模型及其检验 [J]. 管理世界，2006 (5).

[84] 杨龙，汪三贵．贫困地区农户脆弱性及其影响因素分析 [J]. 中国人口·资源与环境，2015 (10).

[85] 杨龙，李萌，汪三贵．贫困村互助资金降低农户脆弱性了吗——来自 5 省 1213 户三期面板数据的证据 [J]. 农业技术经济，2018 (6).

[86] 姚鸣镝．政府转移支付对家庭贫困脆弱性的影响研究——基于 CFPS 微观数据的分析 [J]. 财会学习，2018 (15).

[87] 叶初升，赵锐．中国农村的动态贫困：状态转化与持续——基于中国健康与营养调查微观数据的生存分析 [J]. 华中农业大学学报（社会科学版），2013 (3).

[88] 尹海洁．城市贫困人口的经济支持网研究 [M]. 哈尔滨：哈尔滨工业大学出版社，2008.

[89] 尹志超，甘犁．公共部门和非公共部门工资差异的实证研究 [J]. 经济研究，2009 (4).

[90] 詹姆斯·沃尔芬森，弗朗索瓦·布吉尼翁．发展与减贫：回顾和展望·世界银行和国际货币基金组织年会，2004.

[91] 张车伟．营养，健康与效率——来自中国农村的证据 [J]. 经济研究，2003 (1).

[92] 张栋浩，尹志超．金融普惠，风险应对与农村家庭贫困脆弱性[J]．中国农村经济，2018（4）．

[93] 张华泉．正规金融对西部民族地区脆弱性贫困的治理研究——以宁夏农村为证[J]．四川农业大学学报，2018（6）．

[94] 张丽，刘玉花，齐顾波．生计脆弱性下贫困农户的农业技术服务需求——基于广西A县的实地调研[J]．农业经济，2008（8）．

[95] 张建华，陈立中．总量贫困测度研究述评[J]．经济学季刊，2006（4）．

[96] 张倩，孟慧新．气候变化影响下的社会脆弱性与贫困：国外研究综述[J]．中国农业大学学报（社会科学版），2014（6）．

[97] 张全红．中国多维贫困的动态变化：1991－2011[J]．财经研究，2015（4）．

[98] 张茵，万广华．全球化加剧了城市贫困吗？[J]．经济学季刊，2006（10）．

[99] 张莹，万广华．我国城市贫困地区差异之研究[J]．管理世界，2006（10）．

[100] 张颖莉，游士兵．贫困脆弱性是否更加女性化？——基于CHNS九省区2009年和2011年两轮农村样本数据[J]．妇女研究论丛，2018（7）．

[101] 张志国．中国农村家庭贫困脆弱性影响因素研究——基于可持续生计分析框架[J]．农村经济与科技，2018（5）．

[102] 章晓懿，沈崴奕．医疗救助对低收入家庭贫困脆弱性的缓解作用研究[J]．东岳论丛，2014（8）．

[103] 章元．贫困的脆弱性研究综述[J]．经济学动态，2006（1）．

[104] 周君璧，施国庆．农村家庭贫困脆弱性与扶贫对象精准确定[J]．贵州社会科学，2017（9）．

[105] 祝建华，陈林．贫困脆弱性的形成机理与消减策略[J]．学习与实践，2018（12）．

［106］邹薇，方迎风．健康冲击，“能力”投资与贫困脆弱性：基于中国数据的实证分析［J］．社会科学研究，2013（3）．

［107］邹薇，郑浩．我国家户贫困脆弱性的测度与分解——一个新的分析思路［J］．社会科学研究，2014（5）．

［108］Ahamed, I. I. and M. Lipton, 1999, "Impact of Structural Adjustment on Sustainable Rural Livelihoods: A Review of the Literature", IDS Working Paper 62, Institute for Development Studies: Sussex.

［109］Alang, J., P. B. Siegel, S. L. Jorgensen, 2001, "Vulnerability: A Review from Different Displines", World Bank Social Protection Discussion Paper, No. 0115.

［110］Alejandro, 2010, "Remittances and Vulnerability to Poverty in Rural Mexico", World Development, Vol. 38 (6), PP. 828 – 839.

［111］Alice Atieno Oluoko – Odingo, 2011, "Vulnerability and Adaptation to Food Insecurity and Poverty in Kenya", Annals of the Association of American Geographers, Vol. 101 (1), PP1 – 20.

［112］Amemiya, T., 1977, "The maximum likelihood estimator and the non – linear three stage least squares estimator in the general nonlinear simultaneous equation model", *Econometrica*, Vol. 45, PP955 – 968.

［113］Amin, S., A. Rai, Giorgio Topa, 1999, "Does Microcredit Reach the Poor and Vulnerable? Evidence from Northern Bangladesh", CID Working Paper No. 28, Harvard University.

［114］Armando Barrientos, 2011, "Social protection and poverty", International Journal of Social Welfare, Vol. 20, PP240 – 249.

［115］Azkia, Mosta, Critique. 2005, "Poverty, Vulnerability and Development: Case Study of the Garmsar and Dashte Azadegan Villages", Critical Middle Eastern Studies, Vol. 14 (1), PP109 – 125.

［116］Bane, M. J., D. Ellwood, 1986, "Slipping Into and Out of Poverty: the Dynamics of Spells", *The Journal of Human Resources*, Vol. 21 (1),

PP1 –23.

[117] Barrett, C, 1999, "On Vulnerability, Asset Poverty and Subsidiarity", Comments to the Ford/Rockfeller Foundations Seminar Series "Managing Vulnerability and Shocks within the Agro – Food System", New York, May. 26.

[118] Barrett, C. 1999, "Food security and Food Assistance Programs", Chapter for Bruce L. Gardner and Gordon C. Rausser, eds, Handbook of Agricultural Economics . Amsterdam: Elsevier Science.

[119] Baulch Bob, John Hoddinott, 2000, "Economic Mobility and Poverty Dynamics in Developing Countries", Journal of Development Studies, Vol. 36, PP1 –24.

[120] Bebbington, A. , 1999, "Capital and Capabilities: A Framework for Analyzing Peasant Viability, Rural Livelihoods and Poverty", World Development, Vol. 27, PP2021 –2034.

[121] Benson, C. , E. J. Clay, 2000, "Developing Countries and the Economic Impacts of Natural Disasters", in Managing Disaster Risk in Emerging Economies, A. Kreimer and M. Arnold, eds, The World Bank.

[122] Benu Bidani, Martin Ravallion, 1997, "Decomposing social indicators using distributional data", Journal of Econometrics, Vol. 77 (1), PP125 –139.

[123] Bernd Hardeweg, Andreas Wagener, Hermann Waibel. 2013, "A distributional approach to comparing vulnerability, applied to rural provinces in Thailand and Vietnam", Journal of Asian Economics, Vol. 25 , PP53 –65.

[124] Best, Jacqueline. 2013, "Redefining Poverty as Risk and Vulnerability: shifting strategies of liberal economic governance", Third World Quarterly, Vol. 34 (1), PP109 –129.

[125] Bigman, D. , S. Dercon, D. Guillaume, et al, 2000, "Community Targeting for Poverty Reduction in Burkina Faso", *World Bank Econ Rev*, Vol. 14 (1), PP167 –193.

[126] Blackie, P. , T. Cannon, I. Davis, et al, 1994, "At Risk: Natural Hazards, People' s Vulnerability and Disasters", Routledge: New York.

[127] Bob Baulch, Neil McCulloch, 2002, "Being Poor and Becoming Poor: Poverty Status and Poverty Transitions in Rural Pakistan", *Journal of Asian and African Studies*, Vol. 37 (2), PP168 - 185.

[128] Buhong Zheng, 2001, "Statistical inference for poverty measures with relative poverty lines", *Journal of Econometrics*, Vol. 101 (2), PP337 - 356.

[129] Cahyadi, Eko Ruddy, Waibel, Hermann. 2016, "Contract Farming and Vulnerability to Poverty among Oil Palm Smallholders in Indonesia", Journal of Development Studies, Vol. 52, No. 5, PP681 - 695.

[130] Camilo Dagum, 1990, "On the relationship between income inequality measures and social welfare functions", *Journal of Econometrics*, Vol. 43 (12), PP91 - 102.

[131] Calvo Cesar, Dercon Stefan. 2013, "Vulnerability to individual and aggregate poverty", Social Choice & Welfare, Vol. 41 (4), PP721 - 740.

[132] Carlo Cafiero, 2006, "Risk and vulnerability considerations in poverty analysis: recent advances and future directions", working paper of World Bank.

[133] Carter, M. , J. May, 1999, "Poverty, Livelihood and Class in Rural South Africa. ", *World Development*, Vol. 27, PP1 - 20.

[134] Carter, M. R. , J. May, 2001, "One kind of Freedom: Poverty Dynamics in Post - apartheid South Africa", World Development, Vol. 29 (12), PP 1987 - 2006.

[135] Celidoni, Martina. 2013, "Vulnerability to poverty: an empirical comparison of alternative measures", Applied Economics, Vol. 45, No. 12, PP1493 - 1506.

[136] Cesar Calvo, 2008, "Vulnerability to multimentional poverty: Peru, 1998 - 2002", *World Development*, Vol. 36 (6), PP1011 - 1020.

[137] Chambers, R., 1989, "Editorial Introduction: Vulnerability, Coping and Policy", *IDS Bulletlin*, Vol. 20 (2), PP1 -7.

[138] Champernowne, E. G., 1953, "A Model of Income Distribution", *Economic Journal*, Vol. 63, PP 318 -351.

[139] Chaudhuri, S., 2000, "Empirical Methods for Assessing Household Vulnerability to Poverty", mimeo, Department of Economics, Columbia University: New York.

[140] Chaudhuri, S., J. Jalan, A. Suryahadi, 2002, "Assessing Household Vulnerability to Poverty: A Methodology and Estimates for Indonesia", Columbia University Department of Economics Discussion Paper No. 0102 -52.

[141] Chaudhuri, S., L. Christiaensen, 2002. "Assessing Household Vulnerability to Poverty: Illustrative Examples and Methodological Issues", Presentation at the IFPRI - World Bank Conference on "Risk and Vulnerability Estimation and policy applications," Sep. 23 -24, Washington DC.

[142] Chaudhuri, S., 2003, "Assessing vulnerability to poverty: concepts, empirical methods and illustrative examples", Columbia University Department of Economics, Discussion Paper , Jun.

[143] Christiaensen, L., R. Boisvert, 2000, "On Measuring Households Food Vulnerability: Case Evidence from Northern Mali", Working Paper, Department of Agricultural, Resource and Managerial Economics.

[144] Christansen, Luc, Kalanidhi Subbarao, 2001, "Towards an Understanding of Vulnerability in Rural Kenya" , Mimeo, The World Bank: Washington DC.

[145] Christiaensen, L. J., K. Subbarao, 2005, "Towards an Understanding of Vulnerability in Rural Kenya" , *Journal of African Economies*, Vol. 14 (4), PP520 -558.

[146] Christopher T. Whelan, Bertrand Maître. 2010, "Welfare regime and social class variation in poverty and economic vulnerability in Europe: an analysis

of EU – SILC", Journal of European Social Policy, Vol. 20 (4): PP316 – 332.

[147] Christopher P. Blocker, Julie A. Ruth, Srinivas Sridharan. 2013, "Understanding poverty and promoting poverty alleviation through transformative consumer research", Journal of Business Research, Vol. 66, PP1195 – 1202.

[148] Cowell, F. A., 1995, "Measuring Inequality", London: Prentice Hall.

[149] Cunningham, W., W. F. Maloney, 2000, "Measuring Vulnerability: Who Suffered in the 1995 Mexican Crisis?", Mimeo, The World Bank: Washington DC.

[150] Damien E' Chevin. 2013, "Measuring Vulnerability to Asset – Poverty in Sub – Saharan Africa", World Development, Vol. 46, PP211 – 222.

[151] Davies, S., 1996, "Adaptable Livelihoods. Coping with Food Insecurity in the Malian Sahel", New York: St. Martin' s Press.

[152] Davis, A. P., 1996, "Targeting the Vulnerable in Emergency Situations: Who is Vulnerable?", Lancet, Vol. 348 (9031), PP868 – 871.

[153] Deaton, A., 1992, "Understanding Consumption", Oxford University Press: NewYork.

[154] Dercon Stefan. 1996, "Risk, crop choice, and savings: Evidence from Tanzania", *Economic Development and Cultural Change*, Vol. 44, PP485 – 513.

[155] Dercon Stefan, Krishnan Pramila, 1996, "Income portfolios in rural Ethiopia and Tanzania: Choices and constraints", *Journal of Development Studies*, Vol. 32, PP850 – 875.

[156] Dercon Stefan, Krishnan Pramila. 2000, "Vulnerability, Seasonality and Poverty in Ethiopia", Journal of Development Studies, Vol. 36 (6), PP25 – 53.

[157] Dercon Stefan, Krishnan Pramila. 2000, "In sickness and in health: Risk – sharing Within households in rural Ethiopia", Journal of Political

Economy, Vol. 108, PP688 – 727.

[158] Dercon Stefan. 2002, "Risk – Sharing and Vulnerability", Comments prepare for a workshop on measuring vulnerability, Jun. 27.

[159] Devereus, S., 1999, "Making less Last Longer: Informal Safety Nets in Malawi", IDS Discussion Paper 373, Institute for Development Studies: Sussex.

[160] Diana Worts, Manda Sacker, Peggy McDonough. 2010, "Re – Assessing Poverty Dynamics and State Protections in Britain and the US: The Role of Measurement Error", Social Indicators Research, Vol. 97 (3), PP. 419 – 438.

[161] Dutta Indranil, Foster James, Mishra Ajit. 2011, "On measuring vulnerability to poverty", Social Choice & Welfare, Vol. 37 (4), PP743 – 761.

[162] Dylan W. Malcomb, Elizabeth A. Weaver, Amy Richmond Krakowka, 2014, "Vulnerability modeling for sub – Saharan Africa: An operationalized approach in Malawi", Applied Geography, Vol. 48, PP17 – 30.

[163] Eilerts, G., 1994, "An assessment of Vulnerability in Zimbabwe's Communal lands", Harare: Mimeo, FEWS. PP42.

[164] Elbers, C., J. Lanjouw, P. Lanjouw, 2001, "Welfare in Villages and Towns Micro – level estimation of poverty and inequality", Mimeo, The World Bank.

[165] Elbers, C., J. W. Gunning, 2003, "Estimating Vulnerability", Paper presented at The Staying Poor: Chronic Poverty and Development Policy Conference, Chronic Poverty Research Centre, University of Manchester, Apr. 7 – 9.

[166] Enda Murphy, Mark Scott. 2014, "Household vulnerability in rural areas: Results of an index applied during a housing crash, economic crisis and under austerity conditions", Geoforum, Vol. 51, PP75 – 86.

[167] Eswarappa Kasi. 2013, "Conceptual and Methodological Issues of Poverty and Vulnerability: An Ethnographic Study from the South", Advances in Anthropology, Vol. 3 (1), PP38 – 45.

[168] Evans Ruth. 2015, "HIV – related stigma, asset inheritance and chronic poverty: Vulnerability and resilience of widows and caregiving children and youth in Tanzania and Uganda", Progress in Development Studies, Vol. 15 (4), PP326 – 342.

[169] Feeny Simon, McDonald Lachlan. 2016, "Vulnerability to Multidimensional Poverty: Findings from Households in Melanesia", Journal of Development Studies, Vol. 52 (3), PP447 – 464.

[170] Foster, J., J. Greere, E. Thorbecke, 1984, "A class of decomposable poverty measures", *Econometrica*, Vol. 52 (3): 761 – 766.

[171] Friedman, M. A., 1957, "Theory of Consumption Function" [M]. Princeton University Press. Francois Bourguignon, 2004, "Estimating individual vulnerability to poverty with pseudo – panel data", working paper of World Bank, Aug.

[172] Gaiha Raghav, Imap Katsushi. 2004, "Vulnerability, shocks and persistence of poverty: estimates for semi – arid rural South India", Oxford Development Studies, Vol. 32 (2) PP261 – 281.

[173] Giang Long T., Pfau Wade D. 2009, "Vulnerability of Vietnamese Elderly to Poverty: Determinants and Policy Implications", Asian Economic Journal, Vol. 23 (4), PP419 – 437.

[174] Glewwe, P., G. Hall, 1998, "Are some groups more vulnerable to macro economic shocks than others? Hypothesistests based on panel data from Peru", *Journal of Development Economics*, Vol. 56 no. 1, PP181 – 206.

[175] Govt. of Pakistan, 2003, "Accelerating Economic Growth and Reducing Poverty: The Road Ahead", Poverty Reduction Strategy Paper, Islamabad: Govt. of Pakistan.

[176] Graham Carol. 2002, "Mobility, Opportunity and Vulnerability: The Dynamics of Poverty and Inequality in a Global Economy", Journal of Human Development, Vol. 3 (1), PP57 – 94.

[177] Guilherme Ottoni Teixeira Costa, Ana Flávia Machado, Pedro V. Amaral. 2018, "Vulnerability to poverty in Brazilian municipalities in 2000 and 2010: A multidimensional approach", EconomiA, Vol. 19 (1), PP132 - 148.

[178] Guimarães, Ricardo J. R. 2007, "Searching for the Vulnerable: A Review of the Concepts and Assessments of Vulnerability Related to Poverty", European Journal of Development Research, Vol. 19 (2), PP234 - 250.

[179] Günther Isabel, Maier Johannes K. 2014, "Poverty, Vulnerability, and Reference - Dependent Utility", Review of Income & Wealth, Vol. 60 (1) PP155 - 181.

[180] Gwatkin, D. R., S. Rustein, K. Johnson, et al, 2000, "Socio - Economic Differences in Health, Nutrition and Population in Morocco", The world Bank.

[181] Harrower, S., J. Hoddinott, 2002, "Consumption Smoothing and Vulnerability in the Zone Lacustre, Mali", Draft, International Food Policy Research Institute: Washington DC.

[182] Heitzmann, K., R. S. Canagarajah, P. B. Siegel, 2002, "Guidelines for Assessing the Sources of Risk and Vulnerability", Social Protection Discussion Paper 0218. Washington DC: World Bank.

[183] Hoddinott, J., Kinsey, B., 2001, "Child health in the time of drought", *Oxford Bulletin of Economics and Statistics*, Vol. 63, PP 409 - 436.

[184] Hoddinott, J., Kinsey, B., 1999, "Adult health in the time of drought", Mimeo, International Food Policy Research Institute, Washington D. C.

[185] Hoddinott, J., A. R. Quisumbing, 2003, "Data Sources for Microeconometric Risk and Vulnerability Assessments", Manuscript, International Food Policy Research Institute, Washington DC.

[186] Hoddinott, J., A. R. Quisumbing, 2008, "Methods for Microeconometric Risk and Vulnerability Assessments", International Food Policy Research

Institute, Washington DC.

[187] Holzmann, R. , 2001, "Risk and Vulnerability: The forward looking role of Social protection in a globalizing world", Paper prepared for "The Asia andPacificForum on Poverty - Policy and Institutional Reforms for Poverty Reduction", Asian Development Bank, Manila, Feb. 5 -9.

[188] Holzmann, R. , S. Jorgensen, 2000, "Social Risk Management: A new Conceptual Frame work for Social Protection and Beyond", Social Protection Discussion Paper No. 0006, The World Bank.

[189] Imai Katsushi S. 2011, "Poverty, undernutrition and vulnerability in rural India: role of rural public works and food for work programmes", International Review of Applied Economics, Vol. 25 (6), PP669 -691.

[190] Jacoby, H. , E. Skoufias. 1997, "Risk, Finacial Markets, and Human Capital in a Developing Country", Review of Economic Studies, Vol. 64 (2), PP 311 -335.

[191] Jalan, J. , M. Ravallion. 1998, "Determinants of Transient and Chronic Poverty: Evidence from Rural China", The World Bank Policy Research Working Paper No. 1936.

[192] Jalan J. , M. Ravallion. 1999, "Are the Poor Less Well Insured? Evidence for Rural China", *Journal of Comparative Economics* , Vol. 26 (2), PP338 -357.

[193] Jalan J. , M. Ravallion. 2000, "Transient poverty in post - reform rural China", *Journal of Comparative Economics*, Vol. 26, PP337 -358.

[194] Jalan J. , M. Ravallion. 2003, "Does piped water reduce diarrhea for children in rural India?", *Journal of Econometrics*, Vol. 112 (1), PP153 -173.

[195] James D. Ford, Lea Berrang - Ford, Malcolm King. 2010, "Vulnerability of Aboriginal health systems in Canada to climate change", Global Environmental Change, Vol. 20 PP668 -680.

[196] Jean -Francois Trani, Parul Bakhshi, Ayan A. Noor. 2010, "Pov-

erty, vulnerability, and provision of healthcare in Afghanistan", Social Science & Medicine, Vol. 70 PP1745 - 1755.

[197] Jha Raghbendra, Tu Dang. 2010, "Vulnerability to Poverty in Papua New Guinea in 1996", Asian Economic Journal, Vol. 24 (3), PP235 - 251.

[198] Jochen Hinkel. 2011, "Indicators of vulnerability and adaptive capacity: Towards a clarification of the science - policy interface", Global Environmental Change, Vol. 21 PP198 - 208.

[199] Johannes Hoogeveen, Emil Tesliuc, Renos Vakis, et al, "A Guide to the Analysis of Risk, Vulnerability and Vulnerable Groups", Working Paper, Social Protection Unit, Human Development Network, The World Bank.

[200] Kalim U. Shah, Hari Bansha Dulal, Craig Johnson. 2013, "Understanding livelihood vulnerability to climate change: Applying the livelihood vulnerability index in Trinidad and Tobago", Geoforum, Vol. 47 PP125 - 137.

[201] Kamanou Gisele, Jonathan Morduch, 2002, "Measuring Vulnerability to Poverty", NYU Wagner Working Paper No. WP1012. New York: New York University.

[202] Katsushi S. Imai, Xiaobing Wang. 2010, "Poverty and vulnerability in rural China: effects of taxation", Journal of Chinese Economic and Business Studies, Vol. 8 (4), PP399 - 425.

[203] Keogh, E., 1997, "Geographical Targeting of Districts in Zimbabwe", Harare: Social Development Fund, Government of Zimbabwe.

[204] Kochar, A., 1999, "Smoothing consumption by smoothing income: Hours - of - Work responses to idiosyncratic agricultural shocks in rural India", *Review of Economics and Statistics*, Vol. 81 (1), PP 50 - 61.

[205] Kochar, A., 1995, "Explaining Household Vulnerability to Idiosyncratic Income Shocks", *American Economic Review Papers and Proceedings*, Vol. 85 (2) PP159 - 164.

[206] Kühl, J., 2003, "Disaggreating household Vulnerability - Analy-

zing Fluctuations in Consumption Using A Simulation Approach", Copenhagen: Institute of Economics, University of Copenhagen. Unpublished manuscript.

[207] Kundu Amit. 2011, "Effectiveness of Microfinance Under SGSY Scheme to Reduce Poverty and Vulnerability of Rural Households: A Natural Experiment", IUP Journal of Financial Economics, Vol. 9 (3) PP40 -55.

[208] Kurosaki Takashi, 2006, "Consumption Vulnerability to Risk in Rural Pakistan", *Journal of Development*, Vol. 42 (1), PP70 -89.

[209] Lant Pritchett, 2000, "Quantifying vulnerability to poverty: A proposed Measure, Applied to Indonesia", working paper of World Bank.

[210] Le - Le Zou, Yi - Ming Wei. 2010, "Driving factors for social vulnerability to coastal hazards in Southeast Asia: results from the meta - analysis", Nat Hazards, Vol. 54, PP901 -929.

[211] Leo C. Zulu, Robert B., Richardson. 2013, "Charcoal, livelihoods, and poverty reduction: Evidence from sub - Saharan Africa", Energy for Sustainable Development, Vol. 17, PP127 -137.

[212] Ligon Ethan, 2001, "Targeting and Informal Insurance", UC Berkeley Woring Paper.

[213] Ligon, E., L. Schechter, 2002, "Measuring Vulnerability". Manuscript, University of California, Berkeley.

[214] Loughhead S., and O. Mittai, 2000, " Urban Poverty and Vulnerability in India: A Social Perspective", Paper presented at the Urban Forum: Urban Poverty Reduction in the 21st Century, Sponsored by the World Bank, Apr. 3 -5, Chantilly, Virginia.

[215] Mace Barbara, 1991, "Full Insurance in the Presence of Aggregate Uncertainty", *Journal of Political Economy*, Vol. 99, PP 928 -56.

[216] Mai Katsushi S., Gaiha Raghav, Kang Woojin. 2011, "Vulnerability and poverty dynamics in Vietnam", Applied Economic, Vol. 43 (25), PP3603 -3618.

[217] Maithili Ramachandran, K. S. Kavi Kumar, Brinda Viswanathan, "Health Poverty and Vulnerability: An Empirical Analysis of Women in Uttar Pradesh, India".

[218] Mansuri, G. , A. Healy, 2001, "Vulnerability Prediction in Rural Pakistan", Mimeo, The World Bank.

[219] Martin Biewen, 2002, "Bootstrap inference for inequality, mobility and poverty measurement", *Journal of Econometrics*, Vol. 108 (2), PP 317 – 342.

[220] Martin Ravallion, Gaurav Datt, "Is India's Economic Growth Leaving the Poor Behind?", World Bank Policy Research Working Paper No. 2846.

[221] Martin Ravallion, Shaohua Chen, "China's Uneven Progress Against Poverty", World Bank Policy Research Working Paper No. 3408.

[222] Martin Ravallion, "On the Urbanization of Poverty", World Bank Policy Research Working Paper No. 2586.

[223] Martin Ravallion, "How Relevant is Targeting to the Success of an Antipoverty Program?", World Bank Policy Research Working Paper No. 4385.

[224] Martin Ravallion, "Why has Economic Growth Been More Pro – poor in Some States of India Than Others?", Journal of Development Economics, Vol. 68 (2), PP381 – 400.

[225] Martin Ravallion, "A Poverty – inequality Trade – off?", World Bank Policy Research Working Paper No. 3579.

[226] Martin Ravallion, "Inequality is Bad for the Poor", World Bank Policy Research Working Paper No. 3677.

[227] Martin Ravallion, "The Mystery of the Vanishing Benefits: Ms. Speedy Analyst's Introduction to Evaluation", World Bank Policy Research Working Paper No. 2153.

[228] Martina Celidoni. 2015, "Decomposing Vulnerability to Poverty", Review of Income and Wealth Series, Vol. 61 (1), PP59 – 74.

[229] Martorell, R. , J. Behrman, H. Delgado, et al, 2000, "Early nutrition, human capital and economic productivity", Research proposal, Emory University. Mauricio Gallardo. 2013, "Using the downside mean – semideviation for measuring vulnerability to poverty", Economics Letters, Vol. 120, PP416 – 418.

[230] Maxwell, D. , C. Levin, M. Armar – Klemesu, et al, 2000, "Urban Livelihoods and Food and Nutrition Security in Greater Accra, Ghana", Research Report 112. International Food Policy Research Institute.

[231] McCloskey, D. , 1976, "English open fields as behavior towards risk", Research in Economic History, Vol. 1 (2), PP 124 – 171.

[232] McCulloch, N. , B. Baulch, 2000, "Simulating the Impact of Policy Upon Chronic and Transitory Poverty in Rural Pakistan", Journal of Development Studies, Vol. 36 (6), PP100 – 130.

[233] McCulloch, N. , M. Calandrino, 2003, "Vulnerability and Chronic Poverty in Rural Sichuan", World Development, Vol. 31 (3), PP611 – 628.

[234] McElroy, M. , 1990, "The empirical content of Nash – bargained household behavior", *Journal of Human Resources*, Vol. 25, PP 559 – 583.

[235] Mengjie Sun, Baofeng Chen, Jinzheng Ren. 2010, "Natural Disaster's Impact Evaluation of Rural Households' Vulnerability: The case of Wenchuan earthquake", Agriculture and Agricultural Science Procedia No. 1, PP52 – 61.

[236] Morduch, J. , 1990, "Risk, production and saving: Theory and evidence from Indian households", mimeo, Harvard University.

[237] Morduch, J. , 1994, "Poverty and Vulnerability", American Economic Review, Vol. 84 (2), PP221 – 225.

[238] Morduch, J. , 1995, "Income smoothing and consumption smoothing", *Journal of Economic Perspectives*, Vol. 9 (2), PP 103 – 114.

[239] Morduch, J. , 1999, "Between the market and state: Can informal insurance patch the safety net?", *World Bank Research Observer*, Vol. 14 (2),

PP187 – 208.

[240] Moser, C., J. Holland, 1997, "household Responses to Poverty and Vulnerability. Volume 4: Confronting Crisis in Cawana, Lusaka, Zambia", Urban Management Programme, Report No. 24, The World Bank.

[241] Moser, C., 1998, "The Asset Vulnerability Framework: Reassessing Urban Poverty Reduction Stratigies", *World Development*, Vol. 26 (1), PP1 – 19.

[242] Narayan, D., R. Patel, K. Schafft, et al, 2000, "Voices of the Poor: Can Anyone Hear Us?" Oxford University Press.

[243] National Research Council, 1986, "Nutrient Adequacy: Assessment Using Food Consumption Surveys", Washington: National Academy Press.

[244] Neil Mcculloch, 2003, "Vulnerability and Chronic Poverty in Rural Sichuan", *World Development*, Vol. 31 (3), PP611 – 628.

[245] N. Kakwani, K. Subbarao, 1990, "Rural poverty and its alleviation in India", Economic *and Political Weekly*, Vol. 25 (13), PP A2 – A16.

[246] N. Kakwani, 2000, "On measuring growth and inequality components of poverty with application to Tailand", Discussion Paper of School of economics, the University of New South Wales.

[247] Oliveira Leonardo, De Souza Debora, Dos Santos Luciana. 2016, "Construction of a Consumption Aggregate Based on Information from POF 2008 – 2009 and Its Use in the Measurement of Welfare, Poverty, Inequality and Vulnerability of Families", Review of Income & Wealth, Vol. 62, PP179 – S210.

[248] Partha Dasgupta, 1997, "Nutritional status, the capacity for work, and poverty traps", Journal of Econometrics, Vol. 77 (1), PP5 – 37.

[249] Philip Young P. Hong, Shanta Pandey. 2007, Human capital as structural vulnerability of US poverty", Equal Opportunities International, Vol. 26 (1), PP18 – 43.

[250] Pradhan, M., A. Suryahadi, S. Sumarto, et al, 2000, "Measure-

ments of Poverty in Indonesia, 1996, 1999, and Beyond", Policy Research Working Paper 2438, The World Bank: Washington DC.

[251] Pritchett Lant, Asep Suryahadi, Sudarno Sumarto, 2000, "Quantifying Vulnerability to Poverty: A Proposed measure, Applied to Indonesia", Policy Research Working Paper 2437, The World Bank: Washington DC.

[252] Pritchett Lant, Asep Suryahadi, Sudarno Sumarto, 2000, "Quantifying Vulnerability to poverty: a proposed measure with application to Indonesia", Mimeo, Social Monitoring and Early Response Unit, Jakarta.

[253] Putnam, R. D. , 1993, "Making Democracy Work: Civic Tradition in Modern Italy", Princeton: Princeton University Press.

[254] Quisumbing A. , 2002, "Consumption Smoothing, Vulnerability, and Poverty in Rural Bangladesh", Draft. International Food Policy Research Institute: Washington DC.

[255] Quisumbing, A. , 2002. "Consumption Smoothing, Vulnerability, and Poverty in Rural Ethiopia", Draft. International Food Policy Research Institute: Washington DC.

[256] Quisumbing, A. R. , and J. A. Maluccio, 2003, "Resources at Marriagean Intra household Allocation: Evidence from Bangladesh, Ethiopia, Indonesia, and South Africa", *Oxford Bulletin of Economics and Statistics*, Vol. 65 (3), PP283 - 387.

[257] Raghbendra Jha, Tu Dang. 2010, "Economic vulnerability and poverty in Tajikistan", Econ Change Restruct, Vol. 43, PP95 - 112.

[258] Ravallion Martin, 1988, "Expected Poverty under Risk - Induced Welfare Variability", Economic Journal, Vol. 98, PP1171 - 1182.

[259] Richard Friend, Marcus Moench. 2013, "What is the purpose of urban climate resilience? Implications for addressing poverty and vulnerability", Urban Climate, Vol. 6 PP98 - 113.

[260] Rosa A. Abraham, K. S. Kavi Kumar. 2008, "Multidimensional

Poverty and Vulnerability", Economica Political weekly, Vol. 43 (20), PP77, 79 - 87.

[261] Rosenzweig, Mark R., Kenneth I. Wolpin, 1993, "Credit Market Constraints, Consumption Smoothing and the Accumulation of Durable Production Assets in Low - Income Countries", *Journal of Political Economy*, Vol 101 (2), PP223 - 244.

[262] Rousham Emily. 2004, "Book review of Poverty and Vulnerability in Dhaka Slums: the Urban Livelihood Study", Annals of Human Biology, Vol. 31 (5), PP594 - 601.

[263] Roy Brouwer, Sonia Akter. 2007, "Socioeconomic Vulnerability and Adaptation to Environmental Risk: A Case Study of Climate Change and Flooding in Bangladesh", Risk Analysis, Vol. 27 (2).

[264] Russell Davidson, Emmanuel Flachaire, 2007, "Asymptotic and bootstrap inference for inequality and poverty measures", *Journal of Econometrics*, Vol. 141 (1), PP141 - 166.

[265] Rutrerford S. G., 1955, "Income Distribution: A New Model", *Econometrica*, Vol. 23, PP277 - 294.

[266] Sawada, Y., M. Lokshin, 2001, "Household Schooling Decisions in Rural Pakistan", World Bank, Education Working Paper No. 2541, Mar.

[267] Schechter Laura, 2001, "Identifying Vulnerable Households", Draft. Dept Agricultural Economics, University of California at Berkeley.

[268] SD Tendulkar, LR Jain, 1995, "Economic Growth, Relative Inequality, and Equity: The Case of India", *Asian Development Review*, Vol. 13 (2), PP 138 - 168.

[269] Sen, A., 1981, "Poverty and famines", Oxford: Oxford University Press.

[270] Sen, A., 1988, "The concept of development", *Handbook of Development Economics* Vol. 1, Amsterdam: North Holland.

[271] Serra, R., 1999, "Putnam in India: Is Soial Capital a Meaningful and Measurable Concept at Indian State Level?", IDS Working Paper No. 72. Institute for Development Studies: Sussex.

[272] Shafiq Dhanani, 2002, "Poverty, Vulnerability and Social Protection in a Period of Crisis: The Case of Indonesia", World Development, Vol. 30, PP1211 - 1231.

[273] Shahadat Hossain, 2007, "Poverty and Vulnerability in urban Bangladesh: the Case of Slum communities in Dhaka City", International Journal of Development Issures, Vol. 6 (1), PP50 - 62.

[274] Shaohua Chen, Martin Ravallion, Youjuan Wang, "Di Bao: A Guaranteed Minimum Income in Urban China?", World Bank Policy Research Working Paper No. 1694.

[275] Sharma, M., I. Burton, M. Vanalast, et al, 2000, "Reducing Vulnerability to Environmental Variability: Background Paper for the Bank's Environmental Strategy", Mimeo, The World Bank.

[276] Shubham Chaudhuri, 2003, "Assessing vulnerability to poverty: concepts, empirical methods and illustrative examples", discussion paper of Columbia University, Jul.

[277] Shorrocks, A. F., G. Wan, 2006, "Ungrouping Income Distribution: Synthesizing Samples for Inequality and Poverty Analysis", WIDER Research Paper No. 16.

[278] Singh, S. K., G. S. Maddala, 1976, "A Fuction for Size Distribution of Incomes", *Econmetrics*, Vol. 44 (5), PP 63 - 70.

[2790] Skoufias, E., 2002, "Measuring Household Vulnerability to Risk: Estimate from Russia", Draft. International Food Policy Research Institute: Washington DC.

[280] Skoufias, E., A. R. Quisumbing, 2002, "Consumption Insurance and Vulnerability to Poverty: A Synthesis of the Evidence from Bangladesh, Ethi-

opia, Mali, Mexico and Russia", Draft. International Food Policy ReSearch Institute: Washington DC.

[281] Skoufias Emmanuel, Quisumbing. 2005, "Consumption Insurance and Vulnerability to Poverty: A Synthesis of the Evidence from Bangladesh, Ethiopia, Mali, Mexico and Russia", European Journal of Development Research, Vol. 17 (1), PP24 - 58.

[282] Sonia Akter, Bishawjit Mallick. 2013, "The poverty - vulnerability - resilience nexus: Evidence from Bangladesh", Ecological Economics, Vol. 96, PP114 - 124.

[283] Stefan Dercon, Luc Christiaensen. 2011, "Consumption risk, technology adoption and poverty traps: Evidence from Ethiopia", Journal of Development Economics, Vol. 96, PP159 - 173.

[284] Stein, A., J. Behrman, R. Grajeda. 2003, "Education and health over the life course in Guatemala", Research proposal, Emory University.

[285] Suryahadi, A., S. Sumarto. 2003, "Poverty and Vulnerability in Indonesia Before and After the Economic Crisis", *Asian Economic Journal*, Vol. 17 (1), PP45 - 64.

[286] Susanne C. Moser. 2010, "Now more than ever: The need for more societally relevant research on vulnerability and adaptation to climate change", Applied Geography, Vol. 30, PP464 - 474.

[287] Swain Ranjula Bali, Floro Maria. 2012, "Assessing the Effect of Microfinance on Vulnerability and Poverty among Low Income Households", Journal of Development Studies, Vol. 48 (5), PP605 - 618.

[288] Syud Amer Ahmed, Noah S. Diffenbaugh, Thomas W. Hertel. 2011, "Climate volatility and poverty vulnerability in Tanzania", Global Environmental Change, Vol. 21, PP46 - 55.

[289] Takashi Kurosaki, 2007, "Targeting the Vulnerable and the Choice of Vulnerability Measures: Review and Application to Pakistan".

[290] Tesliuc, E. , K. Lindert, 2002, "Vulnerability: A quantitative and qualitative assessment", Guatemala Poverty Assessment Program. Washington DC: The World Bank.

[291] Townsend Robert, 1994, "Risk and Insurance in Village India", *Economerica*, Vol. 62, PP 539 - 91.

[292] Vatsa, K. , F. Krimgold, 2000, "Financing Disaster Mitigation for the Poor", in Managing Disaster Risk in Emerging Economies, A. Kreimer and M. Arnold, eds, The world Bank.

[293] Vella V. , M. Vichi, 1997, "Classification of Poverty in South Africa Using Cluster Analysis", Mimeo, The world Bank.

[294] Webb, P. , A. Harinarayan, 1999, "A Measure of Uncertainty: the Nature of Vulnerability and its Relationship to Malnutrition", Disasters, Vol. 23 (4), PP292 - 305.

[295] World Bank, 1986, "Poverty and Hunger: Issues and Options for Food Security in Developing Countries", Washington D. C.

[296] World Bank, 2001, "World Development Report 2000/2001: Attacking Poverty", New York, Oxford University Press.

[297] Yusuf Oyindamola, Adeoye Babatunde, Oladepo Oladimeji, 2010, "Poverty and fever vulnerability in Nigeria: a multilevel analysis", Malaria Journal, Vol. 9, PP235 - 240.

[298] Ziliak James P. 2015, "Income, program participation, poverty, and financial vulnerability: Research and data needs", Journal of Economic & Social Measurement, Vol. 40 (4), PP27 - 68.